Denkmalrecht unter Denkmalschutz?

DRESDNER SCHRIFTEN ZUM ÖFFENTLICHEN RECHT

Herausgegeben von Jochen Rozek

Band 3

PETER LANG
Frankfurt am Main · Berlin · Bern · Bruxelles · New York · Oxford · Wien

Ansgar Hense (Hrsg.)

Denkmalrecht unter Denkmalschutz?

Aktuelle rechtspolitische, verfassungs- und verwaltungsrechtliche Probleme von Denkmalschutz und Denkmalpflege

PETER LANG
Europäischer Verlag der Wissenschaften

Bibliografische Information Der Deutschen Bibliothek
Die Deutsche Bibliothek verzeichnet diese Publikation in der Deutschen Nationalbibliografie; detaillierte bibliografische Daten sind im Internet über <http://dnb.ddb.de> abrufbar.

ISSN 1439-0132
ISBN 3-631-51156-6

www.peterlang.de

Vorwort

Als Dieter Hoffmann-Axthelm im Jahre 2000 sein Gutachten zur Entstaatlichung der Denkmalpflege vorlegte, ging ein laut vernehmliches Rauschen durch den feuilletonistischen Blätterwald. Seine Expertise war gleichermaßen Ärgernis wie Anstoß. Anfang der 1980er Jahre konnte der Heidelberger Politikwissenschaftler Klaus von Beyme demgegenüber noch in durchaus positiver Wendung festhalten: „Eines aber kann der Außenstehende, der nicht dem Verdacht des Selbstlobs unterliegt, der kleinen Crew der Denkmalpfleger von kaum zweihundert Man bescheinigen: es ist ihm kein Bereich moderner Staatsintervention bekannt, wo eine so kleine Gruppe eine für die äußere Gestalt unserer Gesellschaft so entscheidende Rolle spielt"[1]. Die Rolle des Denkmalpflegers als „Ombudsmann des öffentlichen Interesses" (von Beyme) - wie der Denkmalpflege und des Denkmalschutzes überhaupt - ist dabei aber nie unangefochten gewesen. Sie wird durch die seit den 1990er Jahren sich ausbreitenden Privatisierungstendenzen (Stichworte wie z.B. „schlanker Staat", Verwaltungsmodernisierung) und die Diskussionen über neue Leitbilder im Verhältnis von Staat und Gesellschaft (Zivilgesellschaft, der Staat als „Bürger AG" u.a.m.) zunehmend unter Rechtsfertigungszwang gesetzt, wofür die pointierte Position Hoffmann-Axthelms aktuell ebenso signifikanter wie exemplarischer Ausdruck ist. Rückblickend erscheint selbst das politikwissenschaftliche Lob, zumal Denkmalpflege nach von Beyme durchaus mit einem „Rest ‚elitärer Verstocktheit'" verbunden sein kann und vielleicht auch sein muß, heute zwiespältig. Staatsinterventionen wie paternalistische Verhaltensweisen stehen nunmehr per se unter Verdacht und müssen sich neu legitimieren. Wie so häufig werden sich dabei keine klar abgezirkelten Aufgaben- und Verantwortungsfelder ausmachen lassen, sondern eher fachliche und (rechts-)politische Terrains, die durch Spannungen und Kräfte gekennzeichnet sind. Diese lassen sich nicht einfachhin schachbrettartig in schwarze und weiße Felder auflösen, sondern sind eher durch Grauschattierungen gekennzeichnet, die die Spannungslagen aufheben.

---

[1] *Klaus von* Beyme, Kulturpolitik und nationales Erbe: Denkmalpflege (1981), wieder abgedruckt in: Ders., Kulturpolitik und nationale Identität: Studien zur Kulturpolitik zwischen staatlicher Steuerung und gesellschaftlicher Autonomie, Opladen/Wiesbaden 1998, 115 ff. (Zitat: 124).

Den Anstoß des Gutachten von Hoffmann-Axthelm aufzunehmen und die Spannungen ein wenig juristisch auszutarieren, war das Anliegen des denkmalrechtlichen Workshops „Aktuelle Probleme des staatlichen Denkmalschutzes", der am 6. April 2001 in Dresden stattfand und dessen Referate nunmehr vorgelegt werden. Sie können und sollen nur einen Zwischenstand reflektieren, gilt doch hier wie andernorts die Sentenz Max Webers, „wissenschaftlich überholt zu werden ist ... nicht nur unser aller Schicksal, sondern unser aller Zweck"[2], auch für die Rechtsmaterie Denkmalrecht.

Eine solche Veranstaltung ist immer ein arbeitsteiliges Zusammenwirken und Anlaß zum Danken: Ein erster herzlicher Dank gilt insofern den Autoren und dem Mitdiskutanten Herrn Dr. Dieter Hoffmann-Axthelm, der in seinem mündlichen Einführungsstatement die Rezeption seines Gutachtens reflektierte. Für die ebenso hilfreiche wie vielfältige Unterstützung bei der Vorbereitung und der Durchführung des Workshops gilt ein weiterer besonders herzlicher Dank der Sächsischen Landesarchäologin Frau Dr. Judith Oexle und Herrn Tobias Gockel: Ohne ihre Unterstützung wäre das Vorhaben nicht zu realisieren gewesen! In den Dank weiter einzuschließen sind die Juristische Fakultät der Technischen Universität und der Verein der Freunde und Förderer der Juristischen Fakultät, durch deren finanzielle Unterstützung diese Veranstaltung überhaupt erst ermöglicht wurde.

Die Referate bzw. Beiträge hätten nicht erscheinen können, wenn nicht Herr Prof. Dr. Jochen Rozek - als Herausgeber - sie in der Reihe „Dresdner Schriften zum Öffentlichen Recht" aufgenommen hätte, und wenn nicht Frau Roswitha Hartmann in bewährter Gründlichkeit und mit größtem Engagement die Druckvorlage erstellt hätte. Ihnen gilt - last but not least - mein herzlichster Dank.

Dresden, am Hochfest Epiphanie 2003 Ansgar Hense

---

[2] *Max Weber*, Wissenschaft als Beruf, in: Ders., Gesammelte Aufsätze zur Wissenschaftslehre, 8. Aufl. 1988, 582 ff. (592).

Inhaltsverzeichnis

Schutz für den Denkmalschutz

Einige Anmerkungen zur Debatte über die Zukunft der Denkmalpflege

Heinrich Wefing

Wenn es so etwas wie Gerechtigkeit gäbe, dann müßten Antje Vollmer und Dieter Hoffmann-Axthelm in diesem Jahr gemeinsam den Deutschen Denkmalschutzpreis erhalten. Vor ziemlich genau zwölf Monaten nämlich haben die Vizepräsidentin des Deutschen Bundestages und der Berliner Stadtforscher mit einer vornehm als „Gutachten" titulierten Streitschrift, die nichts weniger als die Entstaatlichung der Denkmalpflege vorschlug, eine Diskussion sondergleichen über Zustand und Zukunft der Denkmalpflege in Deutschland ausgelöst.

Wohl nie zuvor seit dem Europäischen Denkmalschutzjahr 1975 ist in den Medien bis hinab in die Lokalzeitungen so konzentriert und dabei so ausführlich über Probleme des Denkmalschutzes berichtet und gestritten worden. Wohl noch nie kamen in so kurzer Zeit so viele Kunsthistoriker, Publizisten, Denkmalpfleger, Architekten, Politiker und „normale Bürger" mit ihren Stellungnahmen zur Denkmalpflege zu Wort. Und selten haben sich so viele zuständige Minister so dezidiert zu den Zielen und Aufgaben der staatlichen Denkmalpflege bekannt wie in den vergangenen zwölf Monaten. Die Sammlung der wichtigsten Beiträge zur Debatte zählt inzwischen weit über hundert Seiten.[1] Wenn also Vollmer und Hoffmann-Axthelm das öffentliche Bewußtsein für die Denkmalpflege hätten schärfen wollen - sie hätten es nicht geschickter anstellen können.

Öffentliche Debatten, das zeigt auch dieses Beispiel, leben von der Übertreibung, von der Zuspitzung, von der Überpointierung der Positionen. Hoffmann-Axthelm

---

[1] Vereinigung der Landesdenkmalpfleger in der Bundesrepublik Deutschland (Hrsg.): „Entstaatlichung der Denkmalpflege? Von der Provokation zur Diskussion. Eine Debatte über die Zukunft der Denkmalpflege." Eine Dokumentation, zusammengestellt von Matthias Donath, Berlin 2000. Der Dokumentation sind auch alle weiteren Zitate entnommen.

hat das glänzend begriffen und ist deshalb mit einer brachialen Rhetorik zu Werke gegangen, die heftige Reaktionen hervorrufen mußte. Und hervorgerufen hat.

In Dutzenden von Zeitungsartikeln wurde Hoffmann-Axthelm als Zyniker, als Zerstörer des baukulturellen Erbes, als Anwalt der Grundeigentümer und Spekulanten kritisiert, der alle Feinde des Denkmalschutzes mit wohlfeilen Argumenten munitioniere. Der Münchner Kunsthistoriker Winfried Nerdinger sprach von „populistischem Architekturdarwinismus", der bayerische Generalkonservator Greipl sah gar eine „unselige Allianz der Ideologen und Investoren."

Wer die Denkmalpfleger als „Lumpensammler" denunziert, die das Kostbare nicht mehr vom Alltagsschmuddel trennen, wer wider besseres Wissen behauptet, die Republik stehe unter einer flächendeckenden „Veränderungssperre", wer die Architektur der Moderne als „ästhetisches Korrelat der Diktatur" diffamiert, der darf sich nicht wundern, wenn auf solch grobe Klötze grobe Keile gesetzt werden.

Aber anders als Hoffmann-Axthelm haben sich seine Kontrahenten eben nicht damit begnügt, diffamierende Extrempositionen einzunehmen. Sie haben vielmehr fast alle nach dem Muster „Nein, aber" argumentiert. Beinahe ausnahmslos folgte auf die entschiedene Zurückweisung der Thesen aus dem Entstaatlichungs-Pamphlet eine differenzierte, durchaus selbstkritische, sorgsam abwägende Lagebestimmung - übrigens auch ein Indiz dafür, daß die Denkmalpfleger in Deutschland durchaus keine steifnackigen Dogmatiker, keine spätabsolutistischen Gewaltherrscher sind, die ihren perversen Spaß darin finden, einfache Bürger zu drangsalieren, wie Hoffmann-Axthelm behauptet. Im Gegenteil, die meisten Denkmalpfleger, die ich kenne, sind so etwas wie der fleischgewordene Kompromiß, gewissermaßen habituelle Konsensmechaniker.

Die wichtigsten Einwände gegen das Papier seien hier noch einmal kurz in Erinnerung gerufen:

Erstens. Deutschland liegt mitnichten, wie Hoffmann-Axthelm behauptet, unter der Käseglocke eines allumfassenden Denkmalschutzes. Es gibt keine allgemeine Tendenz zur lähmenden Musealisierung unserer Städte, es hat keine „Denkmalexplosion" stattgefunden. Von einer Denkmalpflege, die alles erhält, aber nichts bewahrt, sind wir weit entfernt. Der Gutachter weiß das durchaus. Er schreibt selbst, daß nur etwa vier Prozent aller Bauwerke in der Bundesrepublik unter Denkmalschutz stehen. Vier Prozent. In Berlin sind das an die achttausend Gebäude. Und, das nur vorweg, nur gut zehn Prozent davon zählen zu den von Hoffmann-Axthelm inkriminierten Bauten der Nachkriegszeit.

Angesichts dieser Zahlenverhältnisse ist es auch nicht übermäßig überzeugend, wie Antje Vollmer zu behaupten, weniger sei auch in der Denkmalpflege mehr. Der Kollege Hanno Rauterberg von der „Zeit" hat dazu das Nötige gesagt. Weniger wäre zunächst einmal einfach weniger. Anders formuliert: Wenn ein Denkmal aus dem Denkmalschutz entlassen wird, dann wird damit noch kein anderes gerettet. Noch anders gewendet: Wenn in Berlin das Industrieareal Oberschöneweide aus dem Schutz der Denkmalpflege entlassen würde, dann wäre damit der Ruine der Elisabethkirche von Schinkel keineswegs gedient.

Zweitens. Die Denkmalpflege in Deutschland ist nicht zu stark, sie ist kein machtvollkommener Moloch, der alles an sich reißt, wie es in Hoffmann-Axthelms Darstellung erscheint. Sie ist im Gegenteil zu schwach. In den meisten Bundesländern werden in der Denkmalpflege Stellen gestrichen und Etats gekürzt, und je höher die Kommunen verschuldet sind, desto unbeliebter werden die Konservatoren, denen man gerne vorwirft, Investoren zu vergraulen. Beinahe täglich werden die Verlustlisten länger. Allein in Berlin sind seit 1990 mehr als hundert Denkmale abgerissen worden. In Leipzig droht der Verlust von sechshundert Gründerzeitbauten. In Frankfurt frißt sich das Bankenviertel immer tiefer ins Gewebe der Stadt und verschlingt auch noch die letzten seiner Denkmäler, die Krieg, Wiederaufbau und die Abrißorgien der siebziger Jahre glücklich überstanden hatten. Und so weiter. Und so fort.

Drittens. Schönheit allein, wie Hoffmann-Axthelm es vorschlägt, ist als Kriterium der Denkmalwürdigkeit eines Bauwerks viel zu wenig. Das sehen gottlob auch alle Denkmalschutzgesetze in Deutschland so, und das schon von alters her. Schönheit allein war nie der einzige Maßstab. Schon das erste, 1779 vom Landgrafen zu Hessen formulierte Schutzgesetz spricht von „schönen und lehrreichen" Altertümern, und das 1818 verfaßte des Großherzogs von Hessen und bei Rhein stellt mit seiner Rede von Denkmälern als „wichtigsten und interessantesten Urkunden der Geschichte" den historischen Wert über den ästhetischen. Es gibt keinen vernünftigen Grund, hinter diesen Standard zurückzufallen, um so weniger, als wir alle wissen, Hoffmann-Axthelm eingeschlossen, wie kurzlebig Urteile über das Schöne sind. Im Namen der ungestörten Schönheit riß das neunzehnte Jahrhundert vermeintlich störende Einbauten der Renaissance und des Barock aus romanischen und gotischen Domen. Die Jahrhundertwende brach ganze Altstädte im Namen des herrlichen neuen Städtebaus ab, die zwanziger und noch einmal die fünfziger Jahre verstümmelten bedenkenlos Bauwerke des neunzehnten Jahrhunderts, die heute als Juwelen des Historismus restauriert werden. Noch in den siebziger Jahren schlugen die Deutschen die Verzierungen von den Fassaden ihrer Häuser, um sich modern zu fühlen. Heute zählen die stuckverzierten Gründerzeitbauten, die diesem Kahlschlag entgingen, zu den begehrtesten Wohnlagen. Und derweil entdecken die Zwanzigjährigen die Architektur der siebziger Jahre neu und beginnen sich für Autobahnbrüc??ken zu begeistern.

Weil die Zyklen der ästhetischen Konjunktur solcherart immer kürzer werden, weil Ästhetika eine flatterhafte Zwillingsschwester des Zeitgeists ist, verhilft das Urteil „schön“ oder „nicht schön“ nicht allein zum Schutzanspruch. Andernfalls wären Denkmalpfleger stets nur die Notare des jeweils gültigen Geschmacks, die Archivare der herrschenden Meinung. Sie sind aber von Anbeginn an so etwas wie Treuhänder gewesen, die das historische Erbe an kommende Generationen weiterreichen, ohne sich letztgültige Urteile anzumaßen.

All das ist, nicht zuletzt dank der Debatte des vergangenen Jahres, weithin unstrittig, mag auch Hoffmann-Axthelm weiterhin das Gegenteil behaupten.

Berücksichtigt man nun, daß auch der Gutachter ganz im Gegensatz zur kühnen Überschrift seiner Streitschrift weite Bereiche des Denkmalbestandes in der Obhut der staatlichen Denkmalpflege belassen will, nämlich erstens den gesamten öffentlichen Denkmalbestand, zweitens die Denkmale in der Hand der Immobilienwirtschaft sowie schließlich drittens alle Denkmale im Eigentum privater Einzelbesitzer aus der Zeit vor etwa 1840, wenn man zudem gleichsam den polemischen Schaum von der Suppe saugt, die Hoffmann-Axthelm der Denkmalpflege eingebrockt hat, dann bleibt als Essenz zweierlei.

Zum einen zugespitzt die Frage nach dem denkmalpflegerischen Schicksal der Nachkriegsarchitektur, und zum anderen die Frage nach dem Verhältnis von Bürger und Denkmalpfleger, genauer: von Privatbesitzer eines Einzeldenkmals und Behördenapparat.

Den ersten Komplex möchte ich gerne ausklammern oder der anschließenden Diskussion vorbehalten, weil er tief in laufende, ideologisch ungeheuer verhärtete architekturtheoretische Debatten hineinführt, die bei einer verwaltungsrechtlichen Tagung wie dieser nicht zwangsläufig in den Mittelpunkt gehören. Vielleicht nur soviel: Der in Hoffmann-Axthelms Polemik unternommene Versuch, der Architektur der Moderne im Allgemeinen und der Nachkriegsmoderne im Besonderen, vor allem aber der DDR-Moderne sowohl die Denkmalfähigkeit als auch die Denkmalwürdigkeit abzusprechen, ist Teil einer Strategie zur Delegitimation der Moderne insgesamt, die sich derzeit in Berlin wie auch in Dresden großer Popularität erfreut. Die Moderne an sich wird nur mehr als große Zerstörerin angesehen, die außerstande sei, städtische Räume zu schaffen und urbane Gefühle zu erzeugen. In beiden Städten hat die zeitgenössische Architektur in weiten Kreisen der Bevölkerung so sehr an Kredit verloren, daß für prominente Orte innerhalb der Stadt sehr ernsthaft der Nachbau, die Kopie verlorener historischer Bausubstanz erwogen wird, Stichwort Stadtschloß Berlin, Stichwort Neumarkt Dresden. Hinter diesen sehr populären Rekonstruktionsvorschlägen steht eine verbreitete Sehnsucht nach traditionellen Formen, nach handwerklicher Solidität, nach vertrauter Schönheit, eine Sehnsucht, die ich durchaus nicht diffamieren will, die jedenfalls von der zeitgenössischen Architektur ganz zweifellos zu wenig ernst genommen wird. Fatal an Hoffmann-Axthelms Gutachten ist allerdings, daß er, um diesen Zweig der Denkmalpflege zu stutzen, gleich die Axt an den ganzen Baum gelegt hat.

Vielleicht können wir all das später vertiefen. Wichtiger scheint mir im Moment der zweite Komplex, das Verhältnis von Bürger und Verwaltung.

Es ist kein Zufall, daß Antje Vollmer sich unmittelbar vor ihrer Denkmalschutz-Initiative mit ansehnlichem Erfolg um eine Reform des Stiftungsrechts bemüht hatte. Beide Projekte verbindet der etwas modische Gedanke der „Zivilgesellschaft“. Der grünen Politikerin ist darum zu tun, die Bürger aus ihrer verbreiteten Lethargie zu reißen und neue Formen des Zusammenwirkens zu finden, da die alten Bewegungen und Institutionen: die Kirchen, die Parteien, die Gewerkschaften, die Sportvereine konstant an Anziehungskraft verlieren. Antje Vollmer, und nicht nur sie allein, sucht daher nach neuen Magneten, nach neuen Integrationskraftwerken, weil sie im bürgerschaftlichen Engagement ein unverzichtbares Bindemittel der hochindividualisierten Gesellschaft sieht, weil sie im Einsatz des Einzelnen für das Gemeinwohl den Kitt entdeckt zu haben glaubt, der das große Ganze zusammenhält.

Das ist fraglos ein sympathischer, wohl vom amerikanischen Kommunitarismus inspirierter Gedanke, in dem auch Erfahrungen und Erfolge der westdeutschen wie der ostdeutschen Bürgerbewegungen nachhallen. Fatalerweise aber ist die richtige Idee in dem Gutachten in eine absurde Frontstellung Bürger versus Staat, in ein konstruiertes Entweder-Oder gezwungen worden, das die Sicht auf die Dinge nur vernebelt. So wenig die steuerrechtlich unterlegte Aufforderung an die Bürger, stiften zu gehen, also etwas vom individuellen Reichtum zum gemeinen Wohl beizutragen, zur Ausrede für den Staat werden darf, sich von seinen ureigenen Aufgaben in der Förderung von Kultur, Sport, öffentlicher Wohlfahrt et cetera zurückzuziehen, so wenig bringt es, staatliche Denkmalpflege und privates Engagement für die Erhaltung des historischen Erbes gegeneinander auszuspielen. So banal es klingen mag: nur gemeinsam, nur in der Bündelung von administrativen und individuellen Anstrengungen ist die Denkmalpflege zu leisten.

Und genau das geschieht ja schon seit langem. Es ist ja beinahe schon die Regel, daß Bürgerinitiativen, lokale Medien, Denkmalschutzämter und private Stiftungen zusammenwirken, um wertvolle Bausubstanz zu retten. Immer mehr Denkmalpfleger haben sich zudem bereits zu Denkmalmanagern fortentwickelt, die nicht nur Auflagen und Weisungen dekretieren, sondern gemeinsam mit Eigentümern und Investoren Nutzungskonzepte entwickeln, Drittmittel akquirieren, leerstehende Denkmale vermarkten. Und längst schon gibt es in vielen Städten und Gemeinden die Denkmalbeiräte, die Antje Vollmer als Zaubermittel zur Förderung eines dialogischen Denkmalschutzes vorschlagen hat.

Hoffmann-Axthelm aber - übrigens im Unterschied zu Antje Vollmer, die sich diese Position des Gutachtens ausdrücklich nie zu eigen gemacht hat - kann sich den behördlichen Denkmalpfleger offenbar nur als Zwitter aus preußischem Unteroffizier und elitärem Intellektuellen vorstellen, die existierende Denkmalpflege mithin nur als „Symbiose von staatlicher Befehlskultur und verbeamtetem Expertenwissen", wie er selbst formuliert hat.

Er sieht einen unaufhebbaren Widerspruch zwischen - einerseits - den unendlich schwierigen und komplexen Fragen im Einzelfall, die nur aufgrund wertender, also letztendlich subjektiv geprägter Entscheidungen beantwortet werden können, und der Einkleidung dieser Antworten in die förmlichen Gewänder des Verwaltungsrechts andererseits. Hoffmann-Axthelm glaubt allen Ernstes, in diesen Kleidern mutiere der Denkmalpfleger geradezu unvermeidlich zum Geschmacksdiktator, der mit der Knute des Verwaltungsaktes herumfuchtele und seine höchstpersönlichen Vorlieben durchsetze.

Diese These zeugt nicht nur von einem recht antiquierten Bild des Verwaltungshandelns, sie übersieht auch, daß unbestimmte Rechtsbegriffe und Beurteilungsspielräume seit je zum Instrumentarium der Verwaltung unter dem Grundgesetz gehören, und eben gerade nicht der Willkür Tür und Tor öffnen, sondern den zuständigen Behörden, von den Gerichten beständig kontrolliert, überhaupt erst das erforderliche Maß an Geschmeidigkeit und das Eingehen auf den Einzelfall erlauben. Längst schon steht der Verwaltung zudem ein ganzes Instrumentarium unterschiedlich intensiv eingreifender, teils auch konsensual angelegter Handlungsformen zur Verfügung, die sich vom „Befehl" mehr und mehr fortentwickeln. Hierüber verspreche ich mir von der heutigen Veranstaltung einigen Aufschluß.

All das festzustellen, heißt nicht, der Denkmalpflege ein makelloses Zeugnis auszustellen.

Ganz ohne Frage schwächt es den Denkmalschutz nachhaltig und dauerhaft, wenn sich der Eindruck verfestigt, er sei sozial unausgewogen, wie Hoffmann-Axthelm das nennt, er messe mit zweierlei Maß, sei politisch auszuhebeln.

Welcher Bürger mag beispielsweise noch pfleglich mit seinem Denkmal umgehen, wenn die Volksvertretung selbst, der Bundestag, den Denkmalschutz ganz offen ignoriert: Erst ließ das Parlament in Bonn den vertrauten Plenarsaal niederlegen, immerhin den authentischen Ort der bundesrepublikanischen Politik, dann wurden aus dem Berliner Reichstagsgebäude alle Einbauten der sechziger Jahre herausgerissen, auf daß Lord Norman Foster alles noch lichter, transparenter, ökologisch korrekter gestalten könne.

Aber sogar dort, wo der Abbruch verhindert werden kann, bleibt von der historischen Substanz häufig wenig übrig. In jeder Stadt stehen aufwendig abgestützte Altbau-Fassaden, hinter denen banale Normbüros hochgestapelt werden: geschminkte Fratzen, die nichts mehr über die Geschichte sagen, aber viel über unsere Sehnsucht nach Abziehbildern des Historischen. Nirgends ist diese Kulissenschieberei weiter getrieben worden als am Potsdamer Platz in Berlin, wo die Denkmalpflege den Investoren die Bewahrung eines kunsthistorisch zweitklassigen Hotelsaals abtrotzte, der, auf Luftkissen verschoben, einem neuen Baukörper als Kunstherz implantiert wurde. Nichts unterscheidet diesen buchstäblich verrückten Bau nun von den Pappmaché-Pyramiden in den Casinos von Las Vegas.

Wegen dieses Versagens in vielen Einzelfällen aber gleich ganz auf die staatliche Denkmalpflege verzichten zu wollen ist genauso abwegig wie der Vorschlag, ausnahmslos jeden Altbau, jedes stillgelegte Kraftwerk, jede Plattenbausiedlung unter Schutz zu stellen. Die Konservatoren müssen vielmehr in den Stand gesetzt werden, ihre Aufgaben gründlich und zügig zu erfüllen. Dazu gehört, daß die gegenwärtige Ausstattung der zuständigen Ämter nicht weiter vermindert werden darf. Umgekehrt müssen aber auch die Denkmalpfleger die eigenen Maßstäbe überprüfen. „Kriterium für einen erfolgreichen Denkmalschutz ist nämlich nicht, wie viel unter Schutz gestellt wird," darin ist Antje Vollmer zuzustimmen, Kriterium muß vielmehr sein, „wie viel wirklich erhalten, vor dem Verfall geschützt und einer neuen Nutzung zugeführt wird."

Es ist an der Zeit, die Denkmallisten zu durchforsten und über die Erhaltungswürdigkeit jedes einzelnen Denkmals neuerlich nachzudenken. Die Maßstäbe, die dabei angelegt werden, müssen der Öffentlichkeit besser als bisher erläutert werden. Es wäre zu erwägen, manches Gebäude in Zukunft zunächst nur befristet auf die Schutzliste zu setzen. Und endlich muß auch darüber diskutiert werden, unterschiedliche Schutzstufen festzulegen. Denkmal ist nicht gleich Denkmal; für den Zwinger müssen nicht dieselben Kriterien gelten wie für ein Hotel aus den sechziger Jahren.

Sollte die gezielte Provokation von Antje Vollmer und Dieter Hoffmann-Axthelm dazu beitragen, solcherlei Fragen in aller Offenheit und in aller Öffentlichkeit zu erörtern, dann hätte die wüste Polemik tatsächlich viel bewirkt.

Eigentumsgrundrecht und Denkmalschutz

Mit einem Anhang zur Verfassungsmäßigkeit des sächsischen Denkmalschutzgesetzes*

Joachim Lege

I. Einleitung

Eigentum ist ein ganz besonderes Recht[1]. Einerseits gewährt es dem Eigentümer Sicherheit, nämlich den Schutz des „Wohlerworbenen"[2] gegenüber allen Nicht-Eigentümern und auch gegenüber dem Staat, andererseits steht es unter dem Vorbehalt gemeinwohlverträglicher Nutzung. Auf welchen dieser Aspekte der stärkere Akzent gelegt werden sollte, auf Privatnutz oder Gemeinwohl, schien vor noch nicht allzu langer Zeit eine Frage von höchster weltanschaulicher Bedeutung zu sein. Mittlerweile kann man, ohne sich einem Ideologieverdacht auszusetzen, wohl zwei Hauptfunktionen des Eigentums, genauer des Privateigentums[3], herausstellen[4]: Eigentum ist zum einen Zubehör oder gar Voraussetzung der persönlichen *Freiheit*. Das, was

---

* Schriftliche Fassung eines Vortrags, den Verf. am 6. April 2001 auf dem Dresdener Denkmalrechtlichen Workshop gehalten hat. - Die Nachweise mußten sich auf das Nötigste beschränken, weil angesichts der immer karger werdenden Mittel, die seitens Universität zur Verfügung gestellt werden, so gut wie keine Zuarbeit mehr erfolgen kann und kaum noch Zeit für eigene Recherche bleibt.

[1] Aus der Kommentarliteratur: *Brun-Otto Bryde*, in: von Münch/Kunig, Grundgesetz-Kommentar, 5. Aufl. 2000, Art. 14; *Hans-Jürgen Papier*, in: Maunz/Dürig, Kommentar zum Grundgesetz, Art. 14 (1994); *Joachim Wieland*, in: Horst Dreier (Hrsg.), Grundgesetz-Kommentar, 1996, Art. 14; aus dem jüngeren Schrifttum im übrigen: *Jochen Rozek*, Die Unterscheidung von Eigentumsbindung und Enteignung, 1998; *Jan-Reinard Sieckmann*, Modelle des Eigentumsschutzes, 1998; *Ulrich Hösch*, Eigentum und Freiheit, 2000.

[2] Zum Begriff der "wohlerworbenen Rechte" siehe etwa *Helmut Rittstieg*, in: Alternativ-Kommentar zum Grundgesetz, 2. Aufl. 1989, Art. 14/15 Rdnrn. 6 ff..

[3] Vgl. zur Doppeldeutigkeit des Begriffs „privat" und damit zu seiner Ideologieverdächtigkeit *Joachim Lege*, Das Öffentliche, das Private und das Soziale, in: Joachim Bohnert et al., Verfassung - Philosophie - Kirche. Festschrift für Alexander Hollerbach zum 70. Geburtstag, 2001, S. 384 ff.

[4] Eingehender etwa *Bryde* (Fn. 1), RN 1 ff.

man hat, hängt mit dem zusammen, was man ist und welche Welt man sich gestaltet; insofern kann Eigentum durchaus eine emotionale Dimension haben. Zum andern ist Eigentum, und dies vor allem, *Wirtschaftsgut*[5]: Gäbe es kein Eigentum, so gäbe es keine marktfähigen Güter; insofern, in dieser eher geschäftsmäßigen Dimension, schützt das Grundrecht auf Eigentum freilich weder die Chancen am Markt noch schützt es vor seinen Risiken.

Wenn Objekt des Eigentums ein *Denkmal* ist, so kann es zu erheblichen Konflikten zwischen den Interessen des privaten Eigentümers und dem öffentlichen Interesse an Bestand und Erhaltung des Denkmals kommen. Verfassungsgerichtlich anerkannt ist mittlerweile zunächst, daß der Schutz von Kulturdenkmälern überhaupt „ein legitimes gesetzgeberisches Anliegen" ist und „Denkmalpflege eine Gemeinwohlaufgabe von hohem Rang", insbesondere wenn die Landesverfassung dies festschreibt[6] - so in Sachsen der Art. 11 Abs. 3 der Verfassung. Andererseits könne die Pflicht des Eigentümers, das Denkmal zu erhalten, „aus dem Recht eine Last" werden lassen, nämlich wenn der Eigentümer von dem Denkmal „keinen vernünftigen Gebrauch machen und es praktisch auch nicht veräußern" könne[7].

Wie dieser Konflikt zwischen Privatnutz und Gemeinwohl im Lichte des Grundgesetzes zu lösen ist, soll Thema der folgenden Überlegungen sein. Zunächst sind deshalb die Grundzüge der Dogmatik zum Eigentumsgrundrecht des Art. 14 GG darzustellen (II). Anschließend soll die wichtige Entscheidung des Bundesverfassungsgerichts vom 2. März 1999, ergangen zum rheinland-pfälzischen Denkmalschutzgesetz, im wesentlichen zustimmend, aber auch kritisch gewürdigt werden (III). Schließlich soll geklärt werden, ob die Regelungen des Sächsischen Denkmalschutzgesetzes vom 3. März 1993 (GVBl. S. 229) den verfassungsrechtlichen Vorgaben in jeder Hinsicht genügen[8]. Dabei mögen die Regelungen der Art. 31 und 32 SächsVerf außer Betracht bleiben, weil sie im wesentlichen identisch sind mit denen der Verfassung des Bundes, also des Art. 14 GG.

---

[5] Auf diesen Aspekt ist die von mir vertretene Dogmatik zentriert: *Joachim Lege*, Zwangskontrakt und Güterdefinition, 1995.

[6] BVerfG, Beschluß vom 2.3.1999 - 1 BvL 7/91 - , BVerfGE 100, 226 (242).

[7] BVerfGE 100, 226 (243).

[8] Siehe dazu bereits *Berthold Kastner*, Zur Verfassungsmäßigkeit des Sächsischen Denkmalschutzgesetzes, SächsVBl. 2000, 281 ff.

II. Die Dogmatik zu Art. 14 GG

Der Verfassungstext lautet:

Art. 14

(1) Das Eigentum und das Erbrecht werden gewährleistet. Inhalt und Schranken werden durch die Gesetze bestimmt.
(2) Eigentum verpflichtet. Sein Gebrauch soll zugleich dem Wohl der Allgemeinheit dienen.
(3) Eine Enteignung ist nur zum Wohl der Allgemeinheit zulässig. Sie darf nur durch Gesetz oder auf Grund eines Gesetzes erfolgen, das Art und Ausmaß der Entschädigung regelt. Die Entschädigung ist unter gerechter Abwägung der Interessen der Allgemeinheit und der Beteiligten zu bestimmen. Wegen der Höhe der Entschädigung steht der Rechtsweg vor den ordentlichen Gerichten offen.

Die herrschende juristische Dogmatik entfaltet diesen Text, letztlich unter der Ägide einer bestimmten Grundrechtstheorie, wie folgt[9]:

1. Schutzbereich

Der „Schutzbereich" eines Grundrechts bezeichnet gleichsam das Objekt, den Gegenstand des Rechts - im Falle des Art. 4 GG beispielsweise die Religionsausübung. Im Rahmen des Art. 14 GG sind als tauglicher *Gegenstand* des Eigentums zunächst alle vermögenswerten Rechte des Privatrechts anerkannt, also etwa Rechte an Grundstücken, an beweglichen Sachen, an Aktien. Vermögenswerte Rechte des öffentlichen Rechts - also Forderungen gegen den Staat (i.w.S.[10]) - fallen nur dann unter Art. 14 GG, wenn sie Äquivalent einer eigenen Leistung des „Eigentümers" sind; bei Rentenansprüchen ist das der Fall, beim Anspruch auf Sozialhilfe nicht.

Was Denkmäler betrifft, so handelt es sich bei ihnen typischerweise um Bauwerke, die Bestandteil des Grundeigentums sind (§ 94 Abs. 1 Satz 1 BGB), sie fallen daher

---

[9] Führendes Lehrbuch (es hat den Dreischritt „Schutzbereich, Eingriff, verfassungsrechtliche Rechtfertigung des Eingriffs" eingeführt): *Bodo Pieroth/Bernhard Schlink* [der Romancier], Grundrechte (Staatsrecht II). 17. Aufl. 2001; repräsentativ für eine weniger scholastische Lehre: *Theodor Maunz/Reinhold Zippelius*, Deutsches Staatsrecht, 30. Aufl. 1998, S. 242 ff.

[10] Unter „Staat i.w.S." verstehe ich die Staaten i.e.S. (Bund und Länder) und die ihnen eingegliederten sonstigen Träger öffentlicher Gewalt, z.B. Kommunen, Universitäten oder Träger der gesetzlichen Rentenversicherung.

ganz unproblematisch unter den Begriff "Eigentum" im Sinne des Art. 14 GG. Problematischer ist schon die Frage, welche *Befugnisse* das Grundgesetz dem Eigentümer „gewährleistet“ (vgl. Art. 14 Abs. 1 Satz 1 GG). Nicht gewährleistet ist jedenfalls die Befugnis, mit der Sache nach völligem Belieben zu verfahren[11]. Eigentum, das diesen Namen verdient, muß nach der Rechtsprechung des Bundesverfassungsgerichts allerdings durch zweierlei gekennzeichnet sein: Privatnützigkeit und Verfügungsbefugnis[12]. Mit anderen Worten: Der Gegenstand des Eigentums - z.B. ein Haus, das unter Denkmalschutz steht - muß letztlich einem *privaten* Nutzen dienen, nämlich dem des Eigentümers, und er, der Eigentümer, muß letztlich maßgebend darüber verfügen dürfen. Im Denkmalschutzrecht stellt sich nun die Frage, wann die Bestimmungen, die der Staat in seinen Gesetzen oder in behördlichen Einzelmaßnahmen zum Zweck des Denkmalschutzes trifft, den Eigentümer in seinen Befugnissen derart berühren, daß er hierdurch in seinem Grundrecht aus Art. 14 GG verletzt wird.

2. Beschränkungen („Eingriffe“)

Von entscheidender Bedeutung für die Antwort ist, in welcher Art und Weise der „Eingriff“ seitens des Staates erfolgt, denn je nachdem, wie er rechtlich zu qualifizieren ist, ergeben sich aus dem Grundgesetz unterschiedliche Anforderungen an die Rechtfertigung des Eingriffs (s.u. unter 3). Art. 14 GG kennt zwei Arten von Eingriff[13] in das Eigentum: die sog. Inhalts- und Schrankenbestimmung des Art. 14 Abs. 1 Satz 2 GG und die Enteignung des Art. 14 Abs. 3 GG. Wie beides voneinander abzugrenzen ist, ist ein notorisch schwieriges, klassisches juristisches Problem.

a) Inhalts- und Schrankenbestimmung

Folgt man der Rechtsprechung des Bundesverfassungsgerichts, die sich mittlerweile durchgesetzt hat[14], so ist die Inhalts- und Schrankenbestimmung des Art. 14 Abs. 1

---

[11] Auch § 903 BGB gewährleistet dies übrigens nicht („Der Eigentümer einer Sache kann, soweit nicht das Gesetz oder Rechte Dritter entgegenstehen, mit der Sache nach Belieben verfahren und andere von jeder Einwirkung ausschließen“), s. BVerfGE 58, 300 (334 ff.) - Naßauskiesung - .

[12] BVerfGE 50, 290 (339) - Mitbestimmung - .

[13] Die umstrittene Frage, ob es sich bei der Inhalts- und Schrankenbestimmung um einen „Eingriff“ handele, kann je nach Terminologie unterschiedlich beantwortet werden.

[14] Die Verwaltungsgerichtsbarkeit folgt willig seit BVerwGE 94, 1 - Herrschinger Moos - , die Zivilgerichte eher widerwillig seit BGHZ 121, 328 - Saarländisches Naturschutzgesetz - . Auch die juristische Literatur ist mittlerweile bis auf wenige Ausnahmen (z.B. *Rudolf Wendt*, in: Michael Sachs [Hrsg.], Grundgesetz, 2. Aufl. 1999, Art. 14 RN 150, 150a) auf die Linie des BVerfG umgeschwenkt.

Satz 2 GG zu definieren[15] als die abstrakt-generelle Festlegung der Rechten und Pflichten, die sich aus dem Eigentum ergeben, durch den Gesetzgeber[16], ***aber auch*** durch die Verwaltungsbehörden, die diese Gesetze im Einzelfall vollziehen[17]. Typische Inhalts- und Schrankenbestimmungen im Denkmalschutzrecht sind etwa die Erhaltungspflicht des Eigentümers nach § 8 Abs. 1 SächsDSchG, aber auch Maßnahmen der Denkmalschutzbehörde gemäß § 11 SächsDSchG, die der Durchsetzung dieser Pflicht dienen.

Ein weiteres Beispiel für Inhalts- und Schrankenbestimmungen im Sinne des Art. 14 Abs. 1 Satz 2 GG ist die sog. Zustandshaftung des Eigentümers für Gefahren, die von seiner Sache ausgehen[18]. Wenn z.B. tollwutverdächtige Hunde durch die Ordnungsbehörde getötet werden, dann werden dadurch, juristisch betrachtet, die Schranken des Eigentums an den Tieren bestimmt[19]: Niemand darf tollwutverdächtige Hunde haben. Die Hunde werden also nicht etwa zum Zweck der Tötung „enteignet" - mit der praktischen Konsequenz, daß der Eigentümer nicht zwangsläufig entschädigt werden muß, so wie es Art. 14 Abs. 3 Satz 2 GG bei Enteignungen vorschreibt.

b) Enteignung

Was aber ist dann eine Enteignung im Sinne des Art. 14 Abs. 3 GG? Das Bundesverfassungsgericht hat eine Zeitlang sehr sparsam definiert: Enteignung sei der Zugriff auf das Eigentum des Einzelnen, d.h. die vollständige oder teilweise Entziehung konkreter subjektiver Rechtspositionen, die durch Art. 14 Abs. 1 GG geschützt sind[20] - klassisches Beispiel ist die Enteignung eines Grundstücks (oder eines Teils davon) für eine Eisenbahntrasse oder eine Autobahn. Mit dieser Definition

---

[15] Zum folgenden mit im Detail unterschiedlichen Formulierungen grundlegend BVerfGE 52, 1 (27) - Kleingärten - und BVerfGE 58, 300 (330) - Naßauskiesung -.

[16] „Gesetzgeber" ist in diesem Zusammenhang auch etwa der Gemeinderat, wenn er einen Bebauungsplan erläßt, s. etwa BVerfG, DÖV 1999, 777 (1. Kammer des ersten Senats).

[17] So in aller Deutlichkeit wohl erstmals *Joachim Lege*, Enteignung und "Enteignung", NJW 1990, 864 (865); s. auch *Lege* (Fn. 5), S. 17 ff.

[18] Dazu jüngst BVerfGE 102, 1 (17 ff.) - Altlasten - .

[19] BVerfGE 20, 351.

[20] Besonders deutlich BVerfGE 83, 201 (211): Das Vorliegen einer Enteignung hänge nicht davon ab, daß es sich um einen „Güterbeschaffungsvorgang" handele, entscheidend sei „der Entzug des Eigentums und der dadurch bewirkte Rechts- und Vermögensverlust, nicht aber die Übertragung des entzogenen Objekts"; dies ist mittlerweile überholt (s.u. Fn. 22); auch bei der Enteignung sind grundlegend, wenngleich nicht mehr ausreichend, die Definitionen in BVerfGE 52, 1 (27) - Kleingärten - und BVerfGE 58, 300 (330 f.) - Naßauskiesung - .

wäre allerdings nicht zu erklären, warum die Entziehung tollwutverdächtiger Hunde *nicht* Enteignung sein sollte. Mittlerweile definiert das BVerfG die Enteignung daher ausdrücklich wieder „klassisch"[21] als Güterbeschaffungsvorgang, d.h. als Entziehung konkreter Rechtspositionen „zur Erfüllung bestimmter öffentlicher Aufgaben" oder noch genauer: in Fällen, „in denen Güter hoheitlich beschafft werden, mit denen ein konkretes, der Erfüllung öffentlicher Aufgaben dienendes Vorhaben durchgeführt werden soll"[22].

c) Das Problem der Abgrenzung

Ich halte diese Definition, die ich früher selbst vertreten habe[23], mittlerweile für zu unscharf. Warum sollte etwa die Erhaltung eines (konkreten) Denkmals nicht als „konkretes Gemeinwohlprojekt" definiert werden und der Entzug des Rechts, dieses Denkmal abzureißen (oder es einer Luxusmodernisierung zuzuführen oder dergleichen), folglich als (Teil-) Enteignung? Die Problematik besteht in gleicher Weise im Naturschutzrecht: Ist nicht bei einem Seegrundstück[24] die Erhaltung des Schilfgürtels „ein konkretes, der Erfüllung öffentlicher Aufgaben dienendes Vorhaben", so daß die Entziehung des Rechts des Eigentümers, dort zu baden, zu segeln oder zu zelten, ihn *teilweise* enteignet? Kurz: Beim *Entzug von Nutzungsrechten* bleibt die Qualifizierung als Inhalts- und Schrankenbestimmung oder als Enteignung problematisch. Dies gilt insbesondere dann, wenn dem Eigentümer keinerlei „vernünftige Nutzungsmöglichkeit" bleibt, sondern nur noch das *nudum ius*, das bloße Recht; in solchen Fällen erscheint vielen nach wie vor „Enteignung" die angemessene Kategorie zu sein (s. unten III 4).

3. Rechtfertigung der Beschränkungen („Eingriffe")

Ich möchte die Frage, wie Enteignung und Inhalts- und Schrankenbestimmung wirklich trennscharf voneinander abzugrenzen sind, zunächst zurückstellen und zu-

---

[21] Dies die Terminologie spätestens seit *Günter Dürig*, Zurück zum klassischen Enteignungsbegriff !, JZ 1954, 4 ff.

[22] BVerfG, Beschluß vom 22.5.2001 - 1 BvR 1512/97 - , DÖV 2001, 996 (auch für die amtliche Sammlung bestimmt); s. zuvor auch BVerfGE 100, 226 (240) - Direktorenvilla - ; ebenso bereits vor allem *Bryde* (Fn. 1), RN 58.

[23] *Joachim Lege*, Enteignung als Güterbeschaffungsvorgang, NJW 1993, 2565 ff.

[24] Klassischer Fall: BVerwG, Urteil vom 24.6.1993 - 7 C 26/92 - , BVerwGE 94, 1 - Herrschinger Moos - .

vor die praktischen Konsequenzen betrachten, die sich auf der Ebene der Rechtfertigung der beiden Eingriffsformen ergeben.

a) Enteignungen

Eine Enteignung ist, so Art. 14 Abs. 3 Satz 1 GG, nur „zum Wohl der Allgemeinheit“ zulässig (merkwürdig unreflektiert ist übrigens das Verhältnis *dieses* Wohls der Allgemeinheit zum „Wohl der Allgemeinheit“ in Art. 14 Abs. 2 GG). Vor allem aber schreibt Art. 14 Abs. 3 in den Sätzen 2 bis 4 *zwingend* vor, daß dem enteigneten Eigentümer eine angemessene Entschädigung zu leisten ist. „Art und Ausmaß“ der Entschädigung müssen dabei durch Gesetz geregelt sein, man nennt dies die „Junktimklausel“ des Art. 14 Abs. 3 Satz 2 GG. Fehlt es an einem solchen Gesetz, ist das zur Enteignung ermächtigende Gesetz verfassungswidrig (und natürlich auch jede darauf gestützte Enteignung).

b) Inhalts- und Schrankenbestimmungen

Was die Inhalts- und Schrankenbestimmung angeht, so enthält Art. 14 Abs. 1 Satz 2 GG keinerlei näheren Angaben darüber, welchen Anforderungen ein Gesetz genügen muß, das Inhalt und Schranken des Eigentum bestimmt. Die Rechtsprechung des Bundesverfassungsgerichts hat diese Lücke jedoch gefüllt, so daß folgendes feststeht:

Ein inhalts- und schrankenbestimmendes Gesetz (und sein Vollzug) muß einen gerechten Ausgleich schaffen zwischen einerseits Privatnützigkeit und Verfügungsbefugnis des Eigentums (s.o. II 1), andererseits dem Wohl der Allgemeinheit, welchem der Gebrauch des Eigentums gemäß Art. 14 Abs. 2 GG „zugleich“ dienen soll - man nennt dies auch die „Sozialbindung“ des Eigentums. Inhalts- und Schrankenbestimmungen müssen daher stets auch dem Verhältnismäßigkeitsgrundsatz genügen[25]. Unter Umständen kann diese Verhältnismäßigkeit freilich (nur) dadurch hergestellt werden, daß dem Eigentümer ein finanzieller Ausgleich gewährt wird. Standardbeispiel für diese sog. „ausgleichspflichtige Inhaltsbestimmung“ ist die sog. Pflichtexemplarsentscheidung[26]: Nach Ansicht des Bundesverfassungsgerichts war das hessische Pressegesetz verfassungswidrig, weil es die Verleger besonders kostbarer Bücher dazu verpflichtete, der Landesbibliothek *unentgeltlich* Pflichtexemplare zu überlassen. Kurz: Auch bei der Inhalts- und Schrankenbestimmung *kann* eine

---

[25] So auch deutlich in BVerfGE 100, 226 (240 f.) - Direktorenvilla - .

[26] BVerfG, Beschluß vom 14.7.1981 - 1 BvL 24/78 - , BVerfGE 58, 137.

Pflicht der öffentlichen Hand zum Ausgleich bzw. zur Entschädigung bestehen[27]. Anders als bei der Enteignung ist diese Entschädigung jedoch nicht zwingend vorgeschrieben.

c) Die praktischen Unterschiede

Man könnte nun meinen: Angesichts der doch sehr ähnlichen Rechtsfolgen von Enteignung und Inhalts- und Schrankenbestimmung - beide müssen dem Wohl der Allgemeinheit dienen; bei der ersten *muß*, bei der zweiten *kann* entschädigt werden; zudem sollen nach herrschender, allerdings falscher Ansicht sowohl bei Enteignungen als auch bei Inhalts- und Schrankenbestimmungen sog. salvatorische Entschädigungsklauseln unwirksam sein (s.u. III 3) - könne es letztlich dahinstehen, um welche Art von Eingriff es sich handele[28].

Auf den zweiten Blick zeigt sich jedoch, daß auf der Rechtsfolgenseite dennoch ein großer Unterschied besteht, der die Unterscheidung bedeutsam macht: Er betrifft die *Höhe* der Entschädigung. Im Fall einer *Enteignung* hat sich die Entschädigung grundsätzlich am Verkehrswert (Marktwert) zu orientieren - das steht zwar so nicht im Grundgesetz, und Äußerungen des Bundesverfassungsgerichts scheinen dem sogar entgegenzustehen[29], es ist aber dennoch in der Sache wenig bestritten[30] und zudem richtig: Derjenige nämlich, zu dessen Gunsten enteignet wird (das kann ohne weiteres auch ein Privater sein, z.B. die Deutsche Bahn AG), müßte sich den enteigneten Gegenstand, gäbe es das Zwangsrecht der Enteignung nicht, auf dem Markt beschaffen; die Enteignung ist mit anderen Worten eine Art „Zwangskauf"[31].

Demgegenüber kann der Ausgleich, der im Rahmen einer *Inhalts- und Schrankenbestimmung* zu leisten ist, hinter dem Marktwert zurückbleiben. Seinen Grund hat dies

---

[27] Nach der alten Doktrin erschien das ausgeschlossen: Entschädigung konnte nur bei Enteignung geleistet werden, „Sozialbindungen" waren demgegenüber entschädigungslos hinzunehmen (vgl. etwa *Lege* [Fn. 5], S. 18 ff.).

[28] So in der Tendenz die Stellungnahme des 3. Senats des BGH im Verfahren BVerfGE 100, 226 (235, dort konkret bezogen auf das Entschädigungsjunktim und die „salvatorische Klausel" des § 31 RhPfDSchPflG): „mehr akademische Bedeutung".

[29] BVerfGE 24, 367 (421) - Hamburger Deichordnung - : „Eine starre, allein am Marktwert orientierte Entschädigung ... ist dem Grundgesetz fremd. ... Der Gesetzgeber kann je nach den Umständen vollen Ersatz, aber auch eine darunter liegende Entschädigung bestimmen".

[30] Vgl. etwa *Wieland* (Fn. 1), RN 107: „Dessen ungeachtet wird der Gesetzgeber häufig gut beraten sein, wenn er ... eine Verkehrswertentschädigung festlegt"; s. auch *Bryde* (Fn. 1), RN 92 ff.

[31] Etwa *Rittstieg* (Fn. 2), RN 187; *Lege* (Fn. 5), S. 15, 59.

darin, daß die Inhalts- und Schrankenbestimmung eine Art „Güterdefinition" ist[32]: Was der Gesetzgeber an Eigentümerbefugnissen wegdefiniert - z.B. die Bebaubarkeit eines Grundstücks oder, im Fall unseres Seegrundstücks, die Freizeitnutzung - , wird nicht nur dem Eigentümer, sondern dem gesamten Markt „entzogen", d.h. *auch jedem anderen*. Den Marktwert, den diese Befugnis (Nutzung) hatte oder hätte, kann der Eigentümer daher gerechterweise nur dann als „Ausgleich" verlangen, wenn er dennoch darauf vertrauen durfte, diesen Wert zu realisieren (vgl. für die „Herabzonung" von Grundstücken etwa § 42 Abs. 2 BauGB[33]). Andernfalls muß es, etwa im Fall der Pflichtexemplare, mit Kostenersatz sein Bewenden haben oder mit einem Billigkeitsausgleich .

III. Art. 14 GG und der Denkmalschutz: BVerfGE 100, 226 - Direktorenvilla -

Die Entscheidung des Bundesverfassungsgerichts vom 2. März 1999 zum rheinland-pfälzischen Denkmalschutzrecht hat für die Dogmatik des Art. 14 GG wichtige Fortschritte gebracht, sie hat allerdings auch einen sehr streitigen Punkt offengelassen und ist in anderen Punkten eher bedenklich.

Zunächst zum Sachverhalt[34]: Ein Industrieunternehmen in der Rechtsform einer Aktiengesellschaft war Eigentümerin „einer gegen Ende des vorigen [sc. neunzehnten] Jahrhunderts als Direktorenwohnhaus errichteten Villa mit einer Nutzfläche von 950 qm, die in unmittelbarer Nähe des Industriebetriebs [sc. lag]". Die Denkmalschutzbehörde hatte es wie folgt beschrieben:

> „Das palastartige Gebäude entstammt wohl dem späten 19. Jahrhundert. Es repräsentiert den Typus der vornehmen Villa jener Epoche, die Unternehmergeist und - im besten Sinne - Mäzenatentum der Gründerzeit ausdrückt. Ele-

---

[32] *Lege* (Fn. 5), insb. S. 69 f.. Die prägnante Bezeichnung der Enteignung als „Entzugsakt" und der Inhalts- und Schrankenbestimmung als „Definitionsakt" stammt von *Arnulf Schmitt-Kamler*, Enteignungsentschädigung und staatliche Unrechtshaftung, in: Festschrift für Ernst Wolf, 1985, S. 595 (599 f.); *ders.*, Das „Sonderopfer" - ein lebender Leichnam im Staatshaftungsrecht?, NJW 1990, 2515 (2517).

[33] Die Vorschrift lautet: „Wird die zulässige Nutzung eines Grundstücks innerhalb einer Frist von sieben Jahren ab Zulässigkeit aufgehoben oder geändert, bemißt sich die Entschädigung nach dem Unterschied zwischen dem Wert des Grundstücks auf Grund der zulässigen Nutzung und seinem Wert, der sich infolge der Aufhebung oder Änderung ergibt."

[34] BVerfGE 100, 226 (229-231).

mente der Epochen von der Renaissance bis zum Klassizismus verbinden sich zu einer Einheit französischer Prägung".

Die Eigentümerin beantragte im Jahre 1981 eine Abrißgenehmigung für diese Direktorenvilla, weil sie das Gebäude weder betrieblich noch sonst wirtschaftlich sinnvoll nutzen könne, sie auf der anderen Seite jedoch erhebliche Erhalts- und Unterhaltungskosten aufbringen müsse. Die Abrißgenehmigung wurde aus denkmalschutzrechtlichen Gründen versagt.

1. Nutzungsbeschränkungen sind (und bleiben) Inhalts- und Schrankenbestimmungen

Das Bundesverfassungsgericht hat zunächst in begrüßenswerter Deutlichkeit einige bis dahin umstrittene Punkte klargestellt. Zunächst hat es die Definition der Enteignung in Richtung Güterdefinition fort- oder besser zurückgeschrieben[35] („zur Erfüllung bestimmter öffentlicher Aufgaben"). Sodann hat es die Beschränkung der „Nutzungsmöglichkeiten eines mit einem Denkmal bebauten Grundstück" als Inhalts- und Schrankenbestimmung charakterisiert, weil sie „generell und abstrakt" erfolge - hier durch § 13 Abs. 1 RhPfDSchPflG, der eine Genehmigungspflicht statuiert und die Voraussetzungen der Genehmigung festlegt[36].

Besonders wichtig ist schließlich die Aussage, daß eine Nutzungsbeschränkung nicht nur Inhalts- und Schrankenbestimmung *ist*, sondern daß sie dies auch *bleibt*. Sie bleibt dies

- auch dann, wenn das inhalts- und schrankenbestimmende Gesetz *verfassungswidrig* ist, weil es den gerechten Ausgleich zwischen Privatnutz und Gemeinwohl verfehlt (beispielsweise weil es, wie im Fall des Pflichtexemplars, an einer erforderlichen Ausgleichsregelung fehlt),
- und sie bleibt Inhalts- und Schrankenbestimmung, *selbst wenn* die Beschränkung den Eigentümer in einer „*Intensität* trifft, die einer Enteignung nahekommt"[37] (wenn dem Eigentümer also, um andere Formulierungen zu wählen, nur noch das *nudum ius* verbleibt, wenn man von einer „Inhaltsbestimmung auf Null"[38] sprechen könnte).

---

[35] S.o. bei Fn. 21.
[36] BVerfGE 100, 226 (240).
[37] BVerfGE 100, 226 (240).
[38] *Lege* (Fn. 5), S. 115 f.

Die Inhaltsbestimmung schlägt in solchen Fällen also nicht etwa in eine Enteignung um - so wie man dies früher angenommen hatte, um unter Rückgriff auf Art. 14 Abs. 3 GG, jedoch auf sehr gewundenem Wege eine Entschädigungspflicht unmittelbar aus der Verfassung zu begründen[39]. In dieser zweiten Klarstellung liegt der wesentliche Fortschritt der Entscheidung.

Was den konkreten *Fall* betrifft, so war zu prüfen, ob die Vorschrift des rheinland-pfälzischen Denkmalschutz- und -pflegegesetzes, auf der die Versagung der Abbruchgenehmigung beruhte, verfassungsmäßig war. Die Vorschrift lautete:

§ 13

Genehmigung von Veränderungen, Anzeige von Instandsetzungen

(1) Ein geschütztes Kulturdenkmal darf nur mit Genehmigung
 1. zerstört, abgebrochen, zerlegt oder beseitigt,
 2. umgestaltet oder sonst ... verändert,
 3.-4. ...

werden. Im Falle der Nummer 1 darf die Genehmigung nur erteilt werden, wenn andere Erfordernisse des Gemeinwohls die Belange des Denkmalschutzes und der Denkmalpflege überwiegen ...

(2) bis (6)

Das Bundesverfassungsgericht hat mit vollem Recht den § 13 Abs. 1 *Satz 2* RhPfDSchPflG für verfassungswidrig erachtet[40]. Nach dieser Vorschrift kann der Denkmalschutz lediglich durch „andere Erfordernisse des Gemeinwohls" übertrumpft werden, während die Belange des Eigentümers in der Abwägung keine Rolle spielen. Ein gerechter Ausgleich zwischen Eigentümerinteresse und Gemeinwohl, wie Art. 14 Abs. 1 Satz 1 ihn gebietet, wird vom Gesetz also schon im Ansatz nicht „gewährt".

2. Salvatorische Entschädigungsklauseln im Rahmen des Art. 14 I 2 GG?

Teilweise weniger überzeugend sind die Ausführungen des Gerichts zu der Frage, ob die Verfassungswidrigkeit des § 13 Abs. 1 Satz 2 RhPfDSchPflG durch die sog.

---

[39] Der BGH hatte als Anspruchsgrundlagen den sog. „enteignungsgleichen" und den „enteignenden Eingriff" kreiert und sich dadurch gewissermaßen zum Sonderverfassungsgericht in Eigentumsfragen aufgeschwungen, (so treffend *Schmitt-Kammler* [Fn. 32, 1985], S. 595 [616]); vgl. auch *Lege* (Fn. 5), S . 18 ff., 25 f., mit weiteren Nachweisen.

[40] BVerfGE 100, 226 (241-243).

„salvatorische Klausel“[41] des § 31 Abs. 1 Satz 2 RhPfDSchPflG gleichsam geheilt werden konnte. Die Vorschrift lautete:

§ 31

Sonstige entschädigungspflichtige Maßnahmen
(1) Kann auf Grund einer auf diesem Gesetz beruhenden Maßnahme die bisher rechtmäßig ausgeübte Nutzung eines Gegenstandes nicht mehr fortgesetzt werden und wird hierdurch die wirtschaftliche Nutzbarkeit insgesamt erheblich beschränkt, so hat das Land eine angemessene Entschädigung zu leisten. Das gleiche gilt, wenn die Maßnahme in sonstiger Weise enteignend wirkt.
(2) ...

a) Unwirksamkeit des § 31 RhPfDSchPflG

Das Bundesverfassungsgericht hat diese Klausel für unwirksam gehalten, allerdings mit einer sehr angreifbaren Begründung[42]. „Ausgleichsregelungen“ im Rahmen von Inhalts- und Schrankenbestimmungen im Sinne des Art. 14 Abs. 1 Satz 2 GG dürften sich nicht auf die Gewährung einer Entschädigung beschränken. Die Bestandsgarantie des Art. 14 Abs. 1 Satz 1 GG verlange vielmehr, „daß in erster Linie Vorkehrungen getroffen werden, die eine unverhältnismäßige Belastung des Eigentums real vermeiden und die Privatnützigkeit des Eigentums so weit wie möglich erhalten“. Hierfür müsse das Gesetz „als Instrumente“ etwa „Übergangsregelungen, Ausnahme- und Befreiungsvorschriften sowie ... sonstige administrative und technische Vorkehrungen zur Verfügung stellen"[43]. Diese Anforderungen erfülle § 31 RhPfDSchPflG nicht.

Bei näherer Betrachtung ist allerdings eher unklar, wie der Gesetzgeber diesen Anforderungen besser hätte genügen sollen[44]. Die „Instrumente“, die das Bundesverfassungsgericht vermißt, stehen der Verwaltung nämlich in Gestalt der Befugnis, eine Genehmigung mit Nebenbestimmungen zu versehen - also etwa mit einer Befristung oder mit einer Auflage - , im wesentlichen schon zur Verfügung (vgl. § 36

[41] Salvatorische Klauseln sollen „rettend“ eingreifen, wenn es in einem Rechtsverhältnis zu unvorhergesehenen oder konkret unvorhersehbaren Schwierigkeiten kommt. Beispiel für eine solche Klausel aus dem Vertragsrecht wäre: „Sollten einige Regelungen dieses Vertrages nichtig sein, so wird dadurch die Wirksamkeit des Vertrages insgesamt nicht in Frage gestellt“. Salvatorische Klauseln, wie sie hier vorliegen, ließen sich salopp auf folgende Formel bringen: „Sollte der Eigentümer durch den Denkmalschutz (bzw. Naturschutz etc.) unzumutbar beeinträchtigt werden, so ist er angemessen zu entschädigen.“
[42] BVerfGE 100, 226 (243-247).
[43] BVerfGE 100, 226 (245).
[44] Auch die Passage BVerfGE 100, 226 (247) gibt dem Gesetzgeber eher Steine als Brot.

RhPfVwVfG). Und daß im Einzelfall zuerst derartige „Instrumente" anzuwenden sind, bevor man eine Entschädigung gewährt, läßt sich ohne Mühe aus dem Verhältnismäßigkeitsgrundsatz ableiten: Wenn „sonstige Vorkehrungen" den Eigentümer in geringerem Maße belasten, ist ein härterer Eingriff, auch wenn er entschädigt wird, nicht „erforderlich"[45] und schon von daher unzulässig. In diesem Sinne wäre § 31 RhPfDSchPflG auch ohne weiteres verfassungskonform-restriktiv auszulegen. Zumindest ließe sich die Verfassungsmäßigkeit der Vorschrift bereits durch folgende Neufassung des zweiten Halbsatzes des § 31 Abs. 1 Satz 1 RhPfDSchPflG herstellen:

> „... so hat das Land eine angemessene Entschädigung zu leisten, wenn sich die Belastung nicht in anderer Weise ausgleichen läßt."

Nur durch eine solche Klausel kann wohl auch die nötige Flexibilität der Verwaltung gesichert werden.

Man verdeutliche sich im übrigen einmal am konkreten Fall, was Gesetzgeber und Verwaltung hätten besser machen sollen. Sämtliche Bemühungen, ein gemeinsames oder sonstiges Nutzungskonzept zu entwickeln - einschließlich etwa einer Nutzung als Museum - , waren gescheitert. Wie soll man dann noch durch „sonstige Vorkehrungen" der Abriß „real vermeiden" und „die Privatnützigkeit so weit wie möglich erhalten"? Indem der Eigentümer subventioniert wird (vgl. etwa § 8 Abs. 2 SächsDSchG)?

b) Zur Zulässigkeit von salvatorischen Klauseln überhaupt

Bemerkenswert ist, daß das Bundesverfassungsgericht anläßlich des § 31 RhPfDSchPflG eine weitere höchst streitige Frage gerade nicht geklärt, sondern offengelassen hat (die juristische Literatur hat dies offenbar teilweise mißverstanden[46]): die Frage, ob im Rahmen von Inhalts- und Schrankenbestimmungen *überhaupt* salvatorische Klauseln zulässig sind[47], Klauseln wie § 31 Abs. 1 Satz 2 RhPfDSchPflG,

---

[45] Der Verhältnismäßigkeitsgrundsatz, der aus dem Rechtsstaatsprinzip abgeleitet wird, besteht aus den drei Elementen (1) Geeignetheit, (2) Erforderlichkeit und (3) Verhältnismäßigkeit im engeren Sinn (Angemessenheit, Zumutbarkeit); vgl. zur Anwendung des Verhältnismäßigkeitsgrundsatzes etwa BVerfGE 100, 226 (242).

[46] Z.B. *Bernhard Stüer/Nadine Thorand*, Abschied von salvatorischen Klauseln im Denkmal- und Naturschutzrecht, NJW 2000, 3737 (3737, 3740 f.), die das Urteil insoweit überinterpretieren.

[47] Bejahend die Rechtsprechung, zustimmend etwa *Joachim Lege*, Wohin mit den Schwellentheorien?, JZ 1994, 431 (433); krit. vor allem *Rozek* (Fn. 1), S. 91-134.

die Entschädigung gewähren, wenn ein Eingriff „in sonstiger Weise enteignend wirkt".

Die in gewisser Weise demonstrative Zurückhaltung des Bundesverfassungsgerichts ist zu begrüßen. Denn zwar sind nach ganz herrschender und zutreffender Meinung salvatorische Klauseln im Rahmen des Art. 14 Abs. 3 GG unzulässig, also in Gesetzen, die zu einer „echten" Enteignung ermächtigen (einem Güterbeschaffungsvorgang, einem Zwangskauf). Dies kann jedoch nicht bei Gesetzen gelten, die Inhalt und Schranken des Eigentums bestimmen, und zwar aus folgenden Gründen:

Für eine konkrete Ausgestaltung des Entschädigungsjunktims spricht bei der *Enteignung* schon der Wortlaut des Art. 14 Abs. 3 GG („Art und Ausmaß der Entschädigung"). Zudem soll der Gesetzgeber, der zur Enteignung ermächtigt, durch das Entschädigungsjunktim gewarnt werden, er soll sich konkret überlegen, wie er den zwangsweisen Zugriff auf konkrete Eigentumspositionen entgelten will. Grund dafür ist einerseits das Budgetrecht des Gesetzgebers bzw. Parlaments, mehr aber wohl noch der Umstand, daß im Falle der Enteignung nicht nur der Eigentümer *ent*reichert, sondern zudem ein anderer *be*reichert wird - sei es der Staat, der auf dem Grundstück eine Autobahn baut, oder ein Privater, der dort Eisenbahnschienen verlegt. Bei der Enteignung werden, mit anderen Worten, Eigentumsobjekte bzw. deren Nutzung nicht nur entzogen, sondern auf jemand anderen *übertragen*, und dies ist vorhersehbar, ja geradezu Zweck der Enteignung. Dann aber kann und muß man vom Gesetzgeber mehr verlangen als eine Klausel nach der Art: „Sollte jemand einen Nachteil erleiden, so möge er wie auch immer entschädigt werden".

Bei der Inhalts- und Schrankenbestimmung liegen die Dinge anders. Ob eine Beschränkung der Nutzungsmöglichkeiten, die z.B. dem Denkmalschutz oder dem Naturschutz dient, den Eigentümer *überhaupt* belastet, ob diese Belastung sich auf den *Marktwert* seines Eigentums niederschlägt und wenn ja, in welchem *Maße* (eine Übertragung der Nutzung auf jemand anderen erfolgt ja gerade nicht) - all dies kann der Gesetzgeber, der im Rahmen des Art. 14 Abs. 1 Satz 2 GG Inhalt und Schranken des Eigentums bestimmt, kaum für jede einzelne Fallgestaltung voraussehen. Es muß ihm daher möglich sein, zumindest für diejenigen Fallgestaltungen, die er nicht konkret vorhersehen kann, die aber aller Voraussicht nach eintreten und irgendeinen Eigentümer in unzumutbarerer Weise treffen werden, „salvatorisch" eine Entschädigung vorzusehen. Die Alternative wäre nämlich, daß in solchen Fällen die denkmalschutzrechtliche Beschränkung *unzulässig* wäre. Eben dies zu verhindern und die aus Gemeinwohlgründen nötige Beschränkung mit Hilfe einer Entschädigung doch noch zu ermöglichen, kann legitimes Ziel des Gesetzgebers sein. Unerheblich ist natürlich, ob der Gesetzgeber in diesen Fällen von „enteignender Wirkung“ spricht oder ob er sie anders benennt.

Es bleibt die Frage, ob der Gesetzgeber mit einer derart salvatorischen Regelung bereits alles getan hat, was er von Verfassungs wegen tun muß. Im Grundsatz wird man dies - entgegen der Tendenz im Beschluß des Bundesverfassungsgerichts - bejahen können. Es mag zwar sein, daß der Gesetzgeber gewisse Fallgestaltungen in typisierender Betrachtung voraussehen und sie dann auch regeln kann, so wie etwa § 13 Abs. 1 *Satz 1* RhPfDSchPflG die Untersagung rechtmäßig *ausgeübter* Nutzungen regelt. Wie weit diese Typisierungsmöglichkeit besteht, ist jedoch kaum objektiv feststellbar, und deshalb ist es für den Gesetzgeber auch kaum möglich zu erkennen, wie weit eine verfassungsrechtliche „Typisierungspflicht“ gehen sollte. Muß er, beispielsweise, auch eine Regelung für noch nicht ausgeübte, aber „sich aufdrängende“ Nutzungen[48] treffen? Es muß dem Gesetzgeber deshalb frei stehen zu entscheiden, welche Fallgestaltungen er, mögen sie auch bei Anspannung aller Kräfte typisierbar sein, mit Hilfe einer salvatorischen Klausel bewußt der Verwaltung und der Rechtsprechung überlassen möchte, weil diese dem Einzelfall und seinen „enteignenden Wirkungen“ denn doch näher stehen.

3. Junktimklausel für die Verwaltungsbehörde

Das Bundesverfassungsgericht hat in seiner Entscheidung zum Denkmalschutz, für die Fachwelt völlig überraschend, am Ende aus Art. 14 GG Anforderungen an die *Einzelfallentscheidung* der Denkmalschutzbehörde abgeleitet. Die Verwaltung müsse „bei der Aktualisierung der Eigentumsbeschränkung zugleich über den gegebenenfalls erforderlichen Ausgleich zumindest dem Grunde nach [mit-]entscheiden“[49].

Gegen eine solche „Junktimklausel für die Verwaltungsbehörde“ spricht im Umkehrschluß bereits der Wortlaut des Art. 14 Abs. 3 Satz 2 GG, denn dort wird ein Entschädigungsjunktim nur für das Gesetz und nur bei Enteignungen verlangt. Auf der anderen Seite ist dem Gericht zuzugestehen: Der Eigentümer sieht sich nach der bestehenden Rechtslage in aller Regel mit einem aufgespalteten Rechtsweg konfrontiert. Den Verwaltungsakt - hier also die Versagung der Abbruchgenehmigung - muß er vor den Verwaltungsgerichten anfechten, für die Entschädigung sind die Zivilgerichte zuständig. (Daß dies ein Mißstand ist, darüber besteht Einigkeit, warum

---

[48] Dazu etwa BGHZ 123, 242 (252 ff.) - Sandabbau/Flugsanddünen - .

[49] BVerfGE 100, 226 (246), unter Bezug auf *Georg Hermes*, Entschädigung und Vorrang verwaltungsgerichtlichen Rechtsschutzes, NVwZ 1990, 733 f.

ihm nicht abgeholfen wird, wäre eine weitere Untersuchung wert[50].) Nach der Rechtsprechung des Bundesverfassungsgerichts besteht zudem, und zwar richtigerweise, der sog. Vorrang des Primärrechtsschutzes, d.h.: Wenn der Eigentümer den ihn belastenden Verwaltungsakt, hier die Versagung, unanfechtbar werden läßt, darf er nicht nachträglich Entschädigung verlangen („wer den Rechtsschutz nicht ehrt, ist der Entschädigung nicht wert“[51]); ihm steht kein „Wahlrecht“ zu zwischen Anfechtung und Entschädigung. Von daher erscheint es auf den ersten Blick einleuchtend, wenn das Bundesverfassungsgericht meint, der Eigentümer könne die Entscheidung, ob er anfechten oder die Entscheidung hinnehmen wolle, „sinnvoll nur treffen, wenn er weiß, ob ihm ein Ausgleich zusteht“[52].

Auf den zweiten Blick zeigt sich allerdings: Eine Entscheidung des Eigentümers ist sehr wohl auch dann „sinnvoll“, wenn die Behörde ihn über die Frage der Entschädigung im unklaren gelassen hat, denn das Verwaltungsgericht kann den Verwaltungsakt gerade wegen fehlender Entschädigung aufheben. Möglicherweise kommt es dann zu einer erneuten behördlichen Entscheidung, die dem Entschädigungserfordernis Rechnung trägt, möglicherweise ist, wenn die Entschädigung dem Eigentümer nicht genügt, sodann vor den Zivilgerichten weiter zu prozessieren. Allein diese Möglichkeit, daß die Rechtslage für längere Zeit ungeklärt bleibt, läßt aber kaum den Schluß zu, die Verfassung *verlange*, daß die Verwaltung dem Eigentümer einen Teil des Prozeßrisikos von vornherein abnehme und ihm im Ergebnis ein „Wahlrecht“ zwischen Anfechtung und Entschädigung eröffne. Eine solche Rechtslage mag zwar „sinnvoller“ als die bisherige erscheinen, aber das macht die bisherige noch nicht verfassungswidrig[53]. Zudem dürften mit den Anforderungen des Bundesverfassungsgerichts sowohl die Verwaltung als auch der Gesetzgeber, der die nötigen Anspruchsgrundlagen schaffen muß[54], überfordert sein - letzterer zumindest dann, wenn er sich keiner salvatorischen Klauseln bedienen dürfte (s.o. III 2 b).

---

[50] Vgl. bereits *Joachim Lege*, Der Rechtsweg bei Entschädigung für „enteignende Wirkungen“, NJW 1995, 2745.

[51] *Lege*, NJW 1990, 864 (871).

[52] BVerfGE 100, 226 (246).

[53] Nebenbei: Für die Begründung der Verfassungswidrigkeit erschiene auch eher Art. 19 Abs. 4 GG (Garantie effektiven Rechtsschutzes) als Art. 14 GG einschlägig.

[54] Dieser sog. Grundsatz der Gesetzmäßigkeit der Entschädigung gilt nach richtiger Ansicht nicht nur bei Enteignungen, sondern auch bei Inhalts- und Schrankenbestimmungen, allerdings ist die klassische Stelle BVerfGE 58, 300 (324) - Naßauskiesung - zugegebenermaßen mißverständlich formuliert; s. ebd. ferner folgende Passage: „Der Betroffene hat hiernach *kein Wahlrecht*, ob er sich gegen eine *wegen Fehlens*

Es erscheint nach allem sehr zweifelhaft, ob die Verfassung wirklich gebietet, daß der Gesetzgeber „seine materiellen Ausgleichsregelungen ... durch verwaltungsverfahrensrechtliche Vorschriften zu ergänzen [sc. hat], die sicherstellen, daß mit einem die Eigentumsbeschränkung aktualisierenden Verwaltungsakt zugleich über einen dem belasteten Eigentümer gegebenenfalls zu gewährenden Ausgleich entschieden wird“[55]. Nichtsdestoweniger, das Bundesverfassungsgericht hat es so „für Recht erkannt“, und so werden die Gesetzgeber sich dem fügen müssen.

4. Formenmißbrauch bei Inhalts- und Schrankenbestimmung auf Null?

Bedenklich ist schließlich eine Passage der Entscheidung des Bundesverfassungsgerichts, die am Ende der Ausführungen zur Abgrenzung von Enteignung und Inhalts- und Schrankenbestimmung steht und diese löblichen Ausführungen (s.o. unter III 1) geradezu entwerten könnte. Die Passage lautet: Bei einer - hier so bezeichneten - Inhaltsbestimmung auf Null, bei der die Lasten des Denkmals seinen Nutzen für den Eigentümer übersteigen, nähere sich die „Rechtsposition des Betroffenen ... einer Lage, in der sie den Namen ‚Eigentum‘ nicht mehr verdient. Die Versagung einer Beseitigungsverfügung ist dann nicht mehr zumutbar. Erfordert das Gemeinwohl nach Auffassung des Gesetzgebers dennoch die Erhaltung des geschützten Kulturdenkmals, wie es bei Bauwerken hoher kulturhistorischer Bedeutung denkbar ist, kann dies *nur auf dem Wege der Enteignung* ... erreicht werden“[56].

Dieser Ansatz des Bundesverfassungsgerichts greift zu kurz. Er übersieht, daß es neben der Alternative „Abrißgenehmigung oder Enteignung“ durchaus einen *dritten Weg* des Ausgleichs zwischen Eigentümerinteresse und Gemeinwohl gibt, nämlich den sog. *Übernahmeanspruch* des Eigentümers. Bei diesem Übernahmeanspruch kann der Eigentümer von der öffentlichen Hand „Übernahme gegen Entschädigung“ verlangen (so etwa gemäß § 29 Abs. 1 SaarlDSchG [„angemessene Werterstattung“]; vgl. auch § 31 NWDSchG), wenn es ihm wirtschaftlich nicht zuzumuten ist, das Denkmal zu behalten - einen solchen Anspruch hatte der Gesetzgeber in Rheinland-Pfalz allerdings „im Hinblick auf die zahlreichen Burgen“ nicht schaffen wollen[57].

der gesetzlichen Entschädigungsregelung rechtswidrige 'Enteignung' zur Wehr setzen oder unmittelbar eine Entschädigung verlangen will“.

[55] BVerfGE 58, 300 (246).

[56] BVerfGE 100, 226 (243, Hervorh. durch Verf.). Die Formulierung findet sich ähnlich bereits in BGHZ 121, 328 (337) - Urteil vom 18.02.1993/Saarländisches Naturschutzgesetz - („nur im Enteignungswege“); krit. dazu bereits *Lege*, JZ 1994, 431 (432 f.).

[57] BVerfGE 100, 226 (233).

Dieser „dritte Weg“ macht deutlich, daß in der Konzeption des Bundesverfassungsgerichts offenbar ein wichtiger Aspekt des Eigentums ausgeblendet ist, nämlich die *Freiheit* des Eigentümers (s.o. unter I): Es ist grundsätzlich Sache des *Eigentümers* zu entscheiden, ob er an einem Denkmal, das ihn bei wirtschaftlicher Betrachtung mehr kostet, als es ihm einbringt, festhalten will oder nicht. Das Denkmal mag ihm, auch wenn es als Wirtschaftsgut wertlos ist, dennoch als Zubehör seiner Persönlichkeit die Verluste wert sein. Dies mag seinen Grund haben in „im besten Sinne Mäzenatentum" oder darin, daß Eigentum Ausdruck der Persönlichkeit auch in dem Sinne sein kann, daß es zeigt, was man sich an Verlusten leisten kann. Kann man sich die Verluste freilich nicht leisten, muß man das Eigentum aufgeben, nicht anders als eine zu große Wohnung. Den Eigentümer dafür unter Umständen zu entschädigen, ist nur recht und billig, weil er einem öffentlichen Interesse weichen muß, allerdings kann man sich für die Höhe der Entschädigung kaum an einem Marktwert orientieren.

Nach allem würde ein Anspruch auf „Übernahme gegen Entschädigung“ sowohl der Autonomie des Eigentümers als auch dem öffentlichen Interesse am Denkmalschutz mindestens ebensogut gerecht wie der „Weg der Enteignung“. Schon deshalb muß die Formulierung des Bundesverfassungsgerichts[58] wie folgt korrigiert werden: Unter Umständen kann die Erhaltung eines geschützten Kulturdenkmals „nur auf dem Wege der Enteignung *oder der Übernahme durch die öffentliche Hand auf Verlangen des Eigentümers* ... erreicht werden“. Praktisch bedeutet diese zweite Variante: Wenn auf Verlangen des Eigentümers der Staat nicht in der Lage ist, das Denkmal zu übernehmen, wenn, mit anderen Worten, nicht nur der bisherige Eigentümer, sondern auch der Staat die Villa verfallen lassen müßten, dann ist es gerechtfertigt, dem Eigentümer eine Abbruchgenehmigung zu erteilen (oder, um auch hier die Erforderlichkeit ins Spiel zu bringen: zumindest eine das Denkmal weniger belastende Maßnahme, etwa eine Modernisierung, zuzulassen).

Nicht einzusehen wäre hingegen (aber so läßt sich das Bundesverfassungsgericht mißverstehen), der öffentlichen Hand von vornherein nur die Wahl zu lassen zwischen Erteilung der *Abbruchgenehmigung*, der *Enteignung* des Denkmals oder - auch hier gibt es ein vom Bundesverfassungsgericht übersehenes *tertium*! - *der Subventionierung* des privaten Eigentümers dadurch, daß „die Unterhaltung [sc. seines Privateigentums] übernommen“ wird - letzteres hatte offenbar der Eigentümerin unserer

[58] S.o. bei Fn. 56.

Direktorenvilla vorgeschwebt[59]. Wenn der Staat vielmehr die Unterhaltung übernehmen soll, dann muß ihm auch das Eigentum zufallen, und zwar ohne daß er hierfür eine volle Enteignungsentschädigung aufbringen muß. „Der Weg der Enteignung" (im klassischen Sinn) ist hingegen nur dann geboten und erforderlich, wenn der Staat sich durch die Übernahme des Denkmals in der Tat „bereichert", wenn er es also einer bestimmten *Nutzung* zuführt - etwa um in einem Denkmal ein „Blüchermuseum" einzurichten[60].

In der juristischen Literatur ist übrigens für den Ansatz der Bundesverfassungsgerichts bereits das Stichwort „Formenmißbrauch" aufgekommen, und man hat gemeint, eine „de facto-enteignende Inhaltsbestimmung" sei wegen Formenmißbrauchs verfassungswidrig[61]. Wäre dies richtig, würde konterkariert, was das Gericht gerade mühsam erreicht hat: nämlich die Einsicht, daß eine unzumutbare Inhalts- und Schrankenbestimmung gerade *nicht* in eine Enteignung „umschlagen" kann. Sie bleibt vielmehr Inhalts- und Schrankenbestimmung, und das hat u.a. zur praktischen Konsequenz, daß sich die Entschädigung nicht am Marktwert orientieren muß, daß vielmehr der Ausgleich grundsätzlich dahinter zurückbleibt (s.o. II 3 c).

IV. Anhang: Zur Verfassungsmäßigkeit des Sächsischen Denkmalschutzgesetz

Abschließend sei kurz geprüft, ob der sächsische Gesetzgeber angesichts der Entscheidung des Bundesverfassungsgerichts gehalten ist, sein Denkmalschutzgesetz zu ändern.

1. Unwirksamkeit der Genehmigungspflicht des § 12 Abs. 1 SächsDSchG?

Gemäß § 12 Abs. 1 SächsDSchG ist eine Genehmigung der Denkmalschutzbehörde erforderlich, wenn ein Kulturdenkmal „(1) wiederhergestellt oder instandgesetzt werden, (2) in seinem Erscheinungsbild oder seiner Substanz verändert oder beeinträchtigt werden, (3) mit An- und Aufbauten, Aufschriften oder Werbeeinrichtungen versehen werden, (4) aus seiner Umgebung entfernt werden, (5) zerstört oder

---

59 BVerfGE 100, 226 (230); vgl. auch den Hinweis bei *Kastner*, SächsVBl. 2000, 281 (286) auf die in den 70er-Jahren lockerer sitzenden staatlichen Finanzhilfen.

60 Auch dies ein klassischer Fall: BGHZ 99, 24.

61 *Hans-Georg Dederer*, Atomausstieg und Art. 14 GG, JA 2000, 819 (820 f.).

beseitigt werden" soll. Über die Voraussetzungen der Genehmigungserteilung schweigt sich das Gesetz aus. In verfassungskonformer Auslegung und in einer „Gesamtschau" mit § 8 Abs. 1 SächsDSchG, der die Erhaltungspflicht des Eigentümers nur „im Rahmen des Zumutbaren" statuiert, läßt es sich jedoch in der Weise anwenden, daß die Belange des Eigentümers bei der Entscheidung über die Genehmigung angemessen zu berücksichtigten sind[62].

2. Unwirksamkeit der salvatorischen Klausel des § 26 SächsDSchG?

Das sächsische Denkmalschutzgesetz enthält eine typische salvatorische Klausel, sie lautet:

§ 26
Entschädigung

> (1) Soweit Maßnahmen aufgrund dieses Gesetzes enteignende Wirkung haben, ist eine angemessene Entschädigung zu leisten. Die Vorschriften über die Entschädigung bei förmlicher Enteignung (§§ 29 bis 31) sind entsprechend anzuwenden.
> (2) ...

Nach der hier vertretenen Auffassung ist die Verwendung einer solchen salvatorischen Klausel bei Inhalts- und Schrankenbestimmungen grundsätzlich zulässig und die Terminologie - „enteignende Wirkung" - unschädlich; zudem ist es nicht erforderlich, daß der Gesetzgeber die Entschädigungspflicht näher als bisher konkretisiert, etwa durch Typisierungen oder Regelbeispiele (s.o. III 2 b).

Die vom Bundesverfassungsgericht geforderten „Vorkehrungen, ... die eine unverhältnismäßige Belastung des Eigentümers real vermeiden und die Privatnützigkeit des Eigentums so weit wie möglich erhalten"[63], werden durch § 11 Abs. 1 SächsDSchG grundsätzlich ermöglicht[64]: Nach dieser Vorschrift haben die Denkmalschutzbehörden „zur Wahrnehmung ihrer Aufgaben diejenigen Maßnahmen zu treffen, die ihnen nach pflichtgemäßem Ermessen erforderlich erscheinen". Bei dieser Ermessensentscheidung können die Interessen des Eigentümers und der Verhältnismäßigkeitsgrundsatz nach den Vorgaben des Bundesverfassungsgerichts in der Weise berücksichtigt werden, daß Entschädigung nur dann „erforderlich" und damit

---

[62] So auch *Kastner*, SächsVBl. 2000, 281 (286 f.).
[63] BVerfGE 100, 226 (244 und Leitsatz 2).
[64] Dies übersieht *Kastner*, SächsVBl. 2000, 281 (287).

statthaft ist, wenn es kein milderes Mittel gibt, um die Interessen des Eigentümers zu wahren. Hierbei ist selbstverständlich auch § 8 Abs. 2 SächsDSchG zu beachten: Der Freistaat trägt zur Erhaltung der Denkmäler „durch Zuschüsse nach Maßgabe der dafür zur Verfügung stehenden Haushaltsmittel bei".

In Erwägung könnte man ziehen, ob der Gesetzgeber nicht einen Anspruch des Eigentümers auf Übernahme gegen Entschädigung gewähren sollte, etwa in einem § 26 Abs. 3 SächsDSchG: „Ist es dem Eigentümer aufgrund einer Maßnahme des Denkmalschutzes wirtschaftlich nicht mehr zuzumuten, das Denkmal zu behalten, so kann er Übernahme gegen Entschädigung durch den Freistaat verlangen". Hierfür spricht, daß dem Eigentümer die Möglichkeit bleiben muß, ein unwirtschaftliches Denkmal zu fairen Konditionen loszuwerden. Verfassungsrechtlich erforderlich ist diese Regelung jedoch (wohl) nicht.

Nachzubessern bleibt somit nur das vom Bundesverfassungsgericht geforderte *behördliche* Entschädigungsjunktim, so bedenklich es auch sein mag (s.o. III 3). Die Nachbesserung könnte etwa erfolgen durch Einfügung eines § 12 Abs. 1 *Satz 2* SächsDSchG mit folgendem Wortlaut: „Soweit die Genehmigung verweigert wird, hat die Behörde zumindest dem Grunde nach über die Frage einer Entschädigung zu entscheiden".

Praktische Probleme des Denkmalschutzrechts aus der Sicht des Juristen

Walter Bürkel[*]

Schon die Betonung der Berufsbezeichnung in der Überschrift meines Vortrages läßt die richtige Vermutung aufkommen, daß das Denkmalschutzrecht in seiner alltäglichen Anwendung eher selten aus dem Blickwinkel des Juristen betrachtet wird, sondern eher das Arbeitsinstrument der „geborenen Denkmalpfleger", den Architekten und Kunsthistorikern ist. So sind denn auch die Referatsleiter in Chemnitz und Leipzig diesen Berufsgruppen zugehörig.

Welchen Einfluß der Denkmalschutz auf unser Stadt- und Landschaftsbild in Sachsen hat, mögen folgende Angaben hervorheben:

Eine gesicherte Liste aller Kulturdenkmale wie sie § 10 Absatz 1 Sächsischen Denkmalschutzgesetz (SächsDSchG) vorsieht, gibt es derzeit nicht. Das Landesamt für Denkmalpflege hat in einer sogenannten vorläufigen Denkmalliste bisher ca. 108.000 Denkmale erfaßt. Die Erfassung ist noch nicht abgeschlossen. Insgesamt rechnet man mit ca. 115.000 Denkmale in ganz Sachsen. Davon entfallen ca. 50.000 Kulturdenkmale auf den Regierungsbezirk Dresden. Die größte Zahl von Kulturdenkmalen findet sich in den Städten Dresden mit 12.500 und Görlitz mit 3.500 Objekten. Dazu kommen derzeit 10 Denkmalschutzgebiete (8 in Dresden, 1 in Radebeul und 1 in Ostritz), die zum Teil ganze Stadtteile, wie das Preußische Viertel in Dresden, oder ganze Höhenzüge, wie die Satzung von Radebeul, erfassen. Hinzu kommen ca. 12.500 erfaßte Bodendenkmale.

Wenn man dann noch den Umgebungsschutz bedenkt, den jedes Kulturdenkmal besitzt, ist es leicht nachvollziehbar, daß es in der Stadt Dresden nahezu keine Baumaßnahmen im öffentlichen Bereich gibt, die nicht Belange des Denkmalschutzes berührt und sei es auch nur die Notwendigkeit, archäologische Grabungen zu prüfen.

---

[*] Der Verfasser gibt in diesem Beitrag seine persönliche Auffassung wieder.

Der Denkmalschutz leidet - wie der Naturschutz - daran, daß er in der Öffentlichkeit wie bei politischen Entscheidungsträgern je nach Belieben als Argument für oder gegen ein Vorhaben eingesetzt wird, das persönlich befürwortet oder abgelehnt wird.

Dabei leistet das Denkmalschutzgesetz einen gewissen „Vorschub". Die Fülle der in den Gesetzen verwendeten unbestimmten Rechtsbegriffe läßt die Grenzen und Reichweiten der gesetzlichen Bestimmungen verschwimmen und so leicht zu einem Instrument der Stadtbildpflege werden. Für den betroffenen Denkmaleigentümer kann daher leicht der Eindruck entstehen: „die Grenze des Gesetzes ist der Wille des Denkmalpflegers".

Daran ändert auch nicht die doch mittlerweile recht umfangreiche Judikatur zum Denkmalschutzrecht, da diese vielfach nicht den denkmalpflegerischen Alltag erreicht.

So gilt der Satz von Moench in seinem Aufsatz zur Entwicklung des Denkmalschutzrechts[1] noch immer: „Die Rechtsprechung zu den einzelnen - je nach Landesgesetz variierenden - Bestandsmerkmalen des normativen Begriffs ‚Kulturdenkmal' ist von der Entscheidung des Einzelfalles geprägt - subsumtionsfähige Obersätze finden sich kaum"

1. Der Begriff des „Kulturdenkmals"

In § 2 Absatz 1 SächsDSchG heißt es: „Kulturdenkmale im Sinne des Gesetzes sind von Menschen geschaffene Sachen, Sachgesamtheiten, Teile und Spuren von Sachen einschließlich ihrer natürlichen Grundlagen, deren Haltung wegen ihrer geschichtlichen, künstlerischen, wissenschaftlichen, städtebaulichen oder landschaftsgestaltenden Bedeutung im öffentlichen Interesse liegt". Streitig sind natürlich nicht die erstklassigen Objekte, die Schlösser und Burgen, sondern die privaten Bürgerhäuser, die um die Jahrhundertwende oder kurz danach errichtet wurden, Häuser der 50er und 60er Jahre des 20. Jahrhunderts, die einfach gestaltenden Häuser und Gehöfte auf dem Land. So stehen im Landkreis Niederschlesischer Oberlausitzkreis noch ca. 100 Vierseitenhöfe. Ist aber der Fünfte in einer Gemeinde noch Denkmal als Zeugnis vergangener Lebensformen? Welche Scheune von 1850 ist noch Denkmal und welche nicht?

---

[1] *Christoph Moench*, Die Entwicklung des Denkmalschutzrechts, NVwZ 1988, 304 ff

Das Gesetz unterscheidet zwischen der Denkmalfähigkeit und Denkmalwürdigkeit eines Gebäudes. Die Denkmalfähigkeit ist gegeben, soweit ein gesetzliches Tatbestandsmerkmal erfüllt ist.

Die problematischsten Bestandsmerkmale der Gesetzesdefinition Kulturdenkmal sind geschichtlich, künstlerisch und städtebaulich, landschaftsgestaltende Bedeutung. Das Oberverwaltungsgericht Bautzen[2] hat unter geschichtlicher Bedeutung historische Entwicklungen jeglicher Art verstanden. Die geschichtliche Bedeutung sei dadurch gekennzeichnet, daß durch das Schutzobjekt (Heimat) geschichtliche Entwicklungen anschaulich gemacht werden, „Aussagewert", daß ihm als Wirkungsstätte namhafter Personen oder als Schauplatz historischer Ereignisse ein bestimmter Erinnerungswert beizumessen ist oder daß es in einem Bewußtsein der Bevölkerung vorhandenen Bezug zu bestimmten politischen, kulturellen oder sozialen Verhältnissen seinerzeit herstellt. Was ist aber „ein bestimmter Erinnerungswert". Entscheidend soll letztlich sein, daß sich eine individuelle schöpferische Leistung auf der Basis künstlerischer Inspiration am Bauwerk ablesen läßt. Die bloße Umsetzung der zum Zeitpunkt der Entstehung des Gebäudes herrschenden Vorstellung der Architektur soll jedoch nicht ausreichen. Der Begriff städtebauliche Bedeutung ist nicht in allen Denkmalschutzgesetzen wie z.B. in Baden-Württemberg vorhanden. Der Begriff ist umstritten. Nach Auffassung des Oberverwaltungsgerichts Berlin[3] reicht es, wenn ein Gebäude die Gliederung und das Erscheinungsbild eines Ortes, Stadtkerns, eines Orts- oder Stadtteils, einer Straße oder eines Platzes oder einen ländlichen Siedlungscharakter (mit) prägt. Aber jedes Haus prägt, jedes Haus hat eine Lage und wirkt auf seine Umgebung. Jedes Eckhaus und jedes Haus auf einer Anhöhe ist maßgeblich für den Ort. Eine andere Auffassung vertritt das Sächsische Oberverwaltungsgericht[4]. Danach sind städtebauliche Gründe nur gegeben, wenn das Gebäude zu einer stadtgeschichtlichen, stadtentwicklungsgeschichtlichen Unverwechselbarkeit führt, die entweder auf eine einheitliche Planung oder aus anderen Gründen im Laufe der Zeit zustande gekommen sind. Zur Begründung wird ausgeführt, wenn man das Wort „prägen" ausreichen lassen würde, bestünde die Gefahr, daß der historische Bezug des Schutzgrundes verloren ginge.

Der 2. Auffassung ist der Vorzug zu geben, denn sie macht wenigstens den Versuch, sich der Beliebigkeit der Argumente entgegenzustellen.

---

2 *OVG Bautzen*, Urteil vom 12.06.1997, SächsVBl. 1998, 12, 13 m.w.N.
3 *OVG Berlin*, Baurechtssammlung 55 Nr. 137.
4 *OVG Bautzen*, Urteil vom 12.06.1997, Anm. 2.

Die Denkmalwürdigkeit ist das zweite Kriterium, das ein Kulturdenkmal erfüllen muß, wenn es unter den Schutz des Denkmalschutzgesetzes unterfallen will. Es soll verhindern, daß nicht jedes beliebige Objekt zum Kulturdenkmal i.S.d. Denkmalschutzgesetzes erklärt wird[5]. Denkmalwürdig ist ein Gebäude wenn ein öffentliches Interesse an seiner Erhaltung besteht. Damit ist das Merkmal ein Korrektiv gegenüber der Denkmalfähigkeit.

Obwohl die Einstufung seines Hauses als Kulturdenkmal Auswirkungen auf den Veräußerungswert seines Grundstückes oder dessen Bebaubarkeit hat, bleiben Private Interessen des Eigentümers bei der Einstufung seines Eigentums als Denkmal unberücksichtigt. Zudem werden ihm zusätzliche Pflichten auferlegt. Hier ist z.B. das Vorkaufsrecht § 17 SächsDSchG zu nennen. Zudem darf keine Änderung am Kulturdenkmal mehr ohne eine Genehmigung nach § 12 ff. SächsDSchG vorgenommen werden.

Die Merkmale Alter und Singularität sind in den neuen Ländern nur bedingt tauglich. Wenn auch nicht auf das letzte Haus eines bestimmten Haustyps abgestellt werden darf, so spricht die Vielzahl der vergleichbaren Objekte, gegen ein öffentliches Erhaltungsinteresse. Was ist aber die Vergleichsgröße? Der Ort, der Landkreis oder der Freistaat?

Es spricht einiges dafür, den Ort als den maßgeblichen Bezugspunkt zu nennen, denn nur so kann der Denkmalschutz auch seine identitätsstiftende Wirkung entfalten.

Beurteilungsmaßstab für die Entscheidungen oder das Vorliegen des öffentlichen Erhaltungsinteresses ist der Kenntnis- und Wissensstand des Sachverständigen Fachmannes nach dem derzeitigen Kenntnisstand der einschlägigen Fachkreise, also nicht der „gebildete Durchschnittsmensch", der das Werk im öffentlichen Interesse für erhaltenswert hält[6].

2. Bekanntgabe der Denkmaleigenschaft

Wie erfährt nun der Denkmaleigentümer von der Denkmaleigenschaft seines Hauses?

---

[5] *Martin/Schneider/Wecker/Bregger*, Kommentar Sächsisches Denkmalschutzgesetz, Wiesbaden 1999, Ziff. 2.6. zu § 2.

[6] *Martin/Schneider/Bregger*, Anm. 5, Ziffer 2.6.2 zu § 2.

Da die Unterschutzstellung per Gesetz erfolgt - die Kulturdenkmalliste hat nur deklaratorische Bedeutung - erlangt der Eigentümer nur über den Antrag auf Feststellung der Denkmaleigenschaft seines Gebäudes gemäß § 10 Abs. 3 S. 2 SächsDSchG Gewißheit. In der Regel genügt aber eine Nachfrage bei den unteren Denkmalschutzbehörden, die ihrerseits auf die vorläufige Kulturdenkmalliste des Landesamtes für Denkmalpflege Sachsen zurückgreifen. Nach § 10 Abs. 3 SächsDSchG ist der Eigentümer von der Eintragung zu unterrichten. Die Stadt Dresden ist dem nachgekommen mittels einer Veröffentlichung der betroffenen Grundstücke im Amtsblatt. Dieses Verfahren mag zwar für die Verwaltung handhabbar sein, vielfach wird jedoch die Information nicht zur Kenntnis genommen. Zudem haben vielfach die Eigentümer schon gewechselt, so daß der Informationsverlust sehr wahrscheinlich ist. Die Unkenntnis über die Denkmaleigenschaft eines Hauses führt aber dazu, daß keine denkmalschutzrechtliche Genehmigung beantragt wird und erteilt werden kann, ohne denkmalschutzrechtliche Genehmigung können aber keine Steuervorteile nach §§ 7 i, 10 f und 11 b Einkommenssteuergesetz (EStG) in Anspruch genommen werden. Andere Bundesländer kennen demgegenüber die konstitutive Eintragung in eine Denkmalliste. Dies führt zu einer höheren Rechtssicherheit für den Eigentümer, da ihm der Einblick in die Liste Klarheit darüber verschafft, ob sein Gebäude ein Denkmal ist oder nicht. Dieses Verfahren erscheint mir praktikabler zu sein, setzt jedoch voraus, daß die Erfassung der Kulturdenkmale abgeschlossen ist. Zwar ist nicht auszuschließen, daß Objekte als Kulturdenkmal noch nicht erfaßt werden konnten, aber dies dürfte bei einer abgeschlossenen Erfassung selten der Fall sein.

3. Umgebungsschutz des Kulturdenkmals

Der Umgebungsschutz eines Kulturdenkmals ist ausgelöst soweit die Maßnahmen für den Bestand und das Erscheinungsbild des Kulturdenkmals von erheblicher Bedeutung ist. Auch hier stellt sich die Frage, wie weit geht das Erscheinungsbild? Klar ist, daß der Umgebung kein eigener Denkmalwert zukommt. Eine klare Abgrenzung ist aber bisher noch nicht gelungen, alle Definitionsversuche enden in der Regel damit, daß ein unbestimmter Rechtsbegriff durch einen anderen ersetzt wird. Halbwegs brauchbar ist der Definitionsversuch in einer Kommentierung zum niedersächsischen Denkmalrecht[7]: Danach wird der Umgebungsschutz tangiert von allen

[7] *Wiechert*, in: Schmaltz/Wieckert (Hrsg.), Kommentar Niedersächsisches Denkmalschutzgesetz, Hannover 1998, § 8 Rdn. 3.

Anlagen, die sich auf das Erscheinungsbild eine Kulturdenkmals auswirken können. Das sind insbesondere die unmittelbar benachbarten Anlagen, aber auch sonstige Objekte, die an den Punkten, von denen man wesentliche Teile des Baudenkmals wahrnimmt zusammen in den Blick kommen.

4. Die Zumutbarkeit nach § 8 Abs. 1 SächsDSchG

Ein zentraler Begriff in der Denkmalpflege ist das Tatbestandsmerkmal der Zumutbarkeit und dies nicht erst seit der Entscheidung des Bundesverfassungsgerichts zum rheinland-pfälzischen Denkmalschutzgesetz[8]. Welcher Beitrag kann vom Eigentümer eines Kulturdenkmals zum Erhalt des Denkmals verlangt werden? Ein in der Praxis latent vorhandenes, aber dennoch immer gemiedenes Thema - vielleicht ist der Zeitdruck beim Bau ein Heilmittel, der so manchen Kompromiß erzwingt, ohne sich ernsthaft auseinandergesetzt zu haben. Das Problem ist auch hier wie bei den anderen Tatbestandsmerkmalen des Denkmalschutzgesetzes objektiv, nachvollziehbare Kriterien für die Zumutbarkeit zu entwickeln. Nach § 8 Abs. 1 SächsDSchG haben Eigentümer und Besitzer von Kulturdenkmalen diese pfleglich zu behandeln, im Rahmen des Zumutbaren denkmalgerecht zu erhalten und vor Gefährdung zu schützen. Maßstab ist hierbei der vernünftige Eigentümer. Vernünftig ist aber nur derjenige, der bei seinen Erwägungen auch Wirtschaftlichkeitsgesichtspunkte mit einbezieht. In der Rechtsprechung ist anerkannt, das ein Mäzenatentum vom Denkmaleigentümer nie erwartet werden kann.

Welche Wirtschaftlichkeitserwägungen der Eigentümer jedoch anzustellen hat, ist umstritten. Nach meiner Auffassung müssen neben objektiven Kriterien auch subjektive Kriterien bei der Beantwortung der Frage der Zumutbarkeit Berücksichtigung finden[9]. Danach können von demjenigen, der mehr kann, zusätzliche Leistungen gefordert werden, die in der Regel für ihn keine größeren Anstrengungen bedeuten. Haben z.B. Personen in Kenntnis der Grenzen ihrer eigenen Leistungsfähigkeit ein Denkmal erworben, wird die Zumutbarkeit strenger zu beurteilen sein[10]. Demgegenüber wird die Auffassung vertreten, daß sich der Begriff der Zumutbarkeit allein nach objektiven Maßstäben bemißt. So § 7 Abs. 3 S. 1 Niedersächsisches Denkmalschutzgesetz. Danach ist eine wirtschaftliche Belastung insbesondere un-

---

8 *BVerfG*, Urteil v. 02.03.1999, BVerfGE 100, 226.

9 *Eberl/Martin/Petzel*, Bayerisches Denkmalschutzgesetz, Kommentar, 5. Auflage, Köln 1997, Art. 4 Rdn. 9.

10 *Martin/Schneider/Wecker/Bregger*, Anm. 5, Ziff. 5.2.3 zu § 8.

zumutbar, soweit die Kosten der Erhaltung und Bewirtschaftung nicht durch Erträge oder Gebrauchswerte des Kulturdenkmals aufgewogen werden können. Auch hier muß der Verpflichtete sich Zuwendungen aus öffentlichen oder privaten Mitteln oder steuerliche Vorteile, soweit er sie in Anspruch nehmen kann, anrechnen lassen.

Der zweiten Auffassung ist der Vorrang zu geben. Art. 14 Abs. 1 GG kennt keine Inhalts- und Schrankenbestimmungen die je nach den wirtschaftlichen Verhältnissen enger oder weiter zu fassen sind. Darüber hinaus bestehen erhebliche praktische Probleme, wenn die Denkmalbehörden die Vermögensverhältnisse der Denkmaleigentümer durchleuchten müßten, um die wirtschaftliche Leistungsfähigkeit der Betroffenen beurteilen zu können.

In seinem Urteil vom 04.10.1984 hat das Oberverwaltungsgericht Lüneburg[11] auf der Grundlage der II. Berechnungsverordnung objektive Kriterien genannt, die bei der Entscheidung über einen Abbruchantrag zu berücksichtigen sind. Die dort aufgeführte Berechnungsmethode wird in der Praxis jedoch selten angewandt, da die erforderlichen Daten in der Regel nicht vorliegen.

Die Praxis behilft sich deshalb mit der 125 % Regel. Danach gilt beim Baukostenvergleich eine Überschreitung der Neubaukosten durch die Erhaltungskosten von 10 - 20 % als noch zumutbar[12].

Besonders schwierig ist die Beurteilung von Teilbaumaßnahmen. So ist die denkmalpflegerisch geforderte Biberschwanzeindeckung in der Regel um mehr als 25 % teurer als die Eindeckung mit Betondachsteinen. Ein reiner Kostenvergleich würde hier zum Nachteil des Denkmalschutzes gehen, was im Ergebnis unbefriedigend wäre. Hier wird mit der erhöhten Nutzungsdauer argumentiert, um die geforderte Deckung zu begründen.

5. Denkmalschutzgebietssatzungen, § 21 SächsDSchG

Für die Satzungsgebiete gelten die gleichen Tatbestandsvoraussetzungen wie für das Kulturdenkmal. In ihren Begründungen muß sowohl die Denkmalfähigkeit als auch die Denkmalwürdigkeit dargestellt sein. Die Unschärfe der Tatbestandsmerkmale des Kulturdenkmals spiegelt sich auch hier wieder. Zudem rückt ihr Inhalt nicht sel-

---

11 *OVG Lüneburg*, NJW 1986, S. 1892.

12 Vgl. *Strobl/Majocco/Birn*, Denkmalschutzgesetz Baden-Württemberg § 6 Rdn 12.

ten in die Nähe eine unqualifizierten Bebauungsplanes. So werden Traufhöhen, Straßenbeläge und Ausrichtungen der Giebel festgelegt. Im Unterschied zum Bebauungsplanes bedürfen sie jedoch keiner Bürgerbeteiligung, obwohl sie in gleichem Maße in das Eigentumsrecht der Betroffenen eingreifen. An dieser Stelle sei die Frage aufgeworfen, inwieweit es nicht einer Harmonisierung der Bestimmungen mit dem Baugesetzbuch bedarf.

6. Grabungsvereinbarungen, § 14 Abs. 3 SächsDSchG

Nach dieser Regelung können Träger größerer öffentlicher oder privater Bauvorhaben oder Erschließungsvorhaben oder Vorhaben zum Abbau von Rohstoffen oder Bodenschätze als Veranlasser im Rahmen des Zumutbaren zur Erstattung der Kosten archäologischer Ausgrabungen, der konservatorischen Sicherung, der Funde und der Dokumentation der Funde verpflichtet werden. Eine vergleichbare Regelung in anderen Bundesländern ist nicht bekannt. Hier wird der Vorhabensträger zu Kostenbeteiligungen herangezogen, obwohl die Untersuchung ausschließlich im öffentlichen Interesse an der wissenschaftlichen Forschung erfolgt. Im Gegensatz zum Erschließungsrecht, daß die Bebaubarkeit eines Grundstücks sichert, erwirbt er durch die Beteiligung an den Grabungskosten keinerlei Vorteile. In der Praxis hat diese Regelung bisher erstaunlicherweise kaum Probleme bereitet.

7. Steuerbescheinigung nach §§ 7i ,10 f, 10 g und 11 b EstG

Die Steuerbescheinigungen nach dem Einkommenssteuergesetz sichern einen hohen Steuervorteil für den Denkmaleigentümer. Hier ist ein rasanter Anstieg nach dem Auslaufen der AfA festzustellen. Allein im Jahr 2000 gingen beim Regierungspräsidium Anträge auf Bescheinigung in Höhe von ca. 130 Mio. DM ein. Für das Ausstellen der Bescheinigung sind in Sachsen die Regierungspräsidien zuständig.

In den übrigen Ländern wird diese Aufgabe von den unteren Denkmalschutzbehörden bzw. den Landesämtern wahrgenommen. Hier zeigt sich auch, daß die in § 12 SächsDSchG geforderte umfassende Genehmigungspflicht in der Praxis nicht voll eingehalten werden kann. Der Denkmaleigentümer weiß in der Regel nicht, daß auch seine Tapeten, Bodenbeläge, sanitären Einrichtungen und dergleichen von der unteren Denkmalschutzbehörde zu genehmigen bzw. mit ihr abzustimmen sind, wenn er in den Genuß der steuerlichen Abschreibung kommen möchte. Mangelt es an einer vor Baubeginn erforderlichen Abstimmung mit der unteren Denkmalschutzbehörde, können die entstandenen Aufwendungen steuerlich nicht geltend gemacht werden[13].

[13] Vgl. Bescheinigungsrichtlinien vom 30. 11.1992, SächsABl. S. 442, und Bescheinigungsrichtlinien vom 30.11.1999, SächsABl. S. 1097.

Kirchliche Denkmalpflege im Spannungsfeld zwischen staatlicher und kirchlicher Normsetzung

Hans Martin Bregger

Das Zusammenwirken der staatlichen und kirchlichen Denkmalpfleger ermöglichte in der Vergangenheit die Sicherung eines reichen und vielfältigen kulturellen Erbes; auch wenn die Einbeziehung kirchlicher Bau- und Kunstwerke in die staatliche Sorge um die Erhaltung der Kunstdenkmale gelegentlich zu Kontroversen mit den beiden großen Konfessionen in Deutschland[1] sorgte. Wenn sie in die Zukunft blicken, sehen sich die Kirchen allerdings vor immer größeren finanziellen Herausforderungen bei der Erhaltung der überkommenen Bausubstanz. Kirchliche Kulturdenkmale haben zunehmend um das nackte Überleben zu kämpfen[2]. Besonders in den neuen Bundesländern droht vielen Kirchen, Kapellen und schützenswerten Pfarrhäusern trotz größter Anstrengungen der verschiedenen kirchlichen Körperschaften und Stiftungen, die ihnen gehörenden Kulturdenkmale zu erhalten, der Verfall. Viele sind bereits nur noch als Ruinen zu bezeichnen. Doch auch in den alten Bundesländern wirken sich Mitgliederschwund, Veränderungen bei der staatlichen Steuergesetzgebung und die damit verbundenen sinkenden Kirchensteuereinnahmen bei zugleich steigenden Kosten für die Unterhaltung der bestehenden

---

[1] *F. Hammer*, Die geschichtliche Entwicklung des Denkmalrechts in Deutschland, Tübingen 1995, 94, 101 ff., (157); *G. Hans*, Denkmalschutz in Baden im 19. und 20. Jahrhundert, Freiburg i. B. 1985, 83 f. (87); *H. Dörge*, Denkmalpflege und Recht, in: Deutsche Kunst und Denkmalpflege, 1970, Heft 1/2, 118 ff. (130); *H.-G. Jung*, Kirchliche und staatliche Denkmalpflege aus der Sicht der Evangelischen Kirche, in: M. Petzet (Hrsg.), Denkmalpflege und Kirche - Jahrestagung der Vereinigung der Landesdenkmalpfleger in der Bundesrepublik Deutschland München, 12.-15. Juni 1989, Arbeitshefte des Bayerischen Landesamtes für Denkmalpflege 46, (München 1991), 24; *K. Lehmann*, Geschichte zwischen Bauen und Bewahren - vom Geist kirchlicher Denkmalpflege, in: ebd., 22; *M. Heckel*, Der Denkmalschutz an den Sakralbauten in der Bundesrepublik Deutschland, in: J. Listl/J. Schlick (Hrsg.), Denkmalpflege und Denkmalschutz an den Sakralbauten in der Bundesrepublik Deutschland und Frankreich. Deutsch-Französische Kolloquien Kirche - Staat - Gesellschaft 7, Kehl am Rhein/Straßburg 1987, 92 ff.

[2] Eine knappe Einführung in die Problematik bietet *G. Matzig*, Kirchen in Not. Über den profanen Umgang mit sakralen Denkmälern[2]. Schriftenreihe des deutschen Nationalkomitees für Denkmalschutz 56, Bonn 1997.

kirchlichen Baudenkmale aus. Obwohl wiederholt auf die bedrohliche Lage dieses Kulturerbes hingewiesen wurde[3], scheint sich noch immer die Meinung zu halten, Kirchen und Kapellen seien, was die Finanzierung ihrer denkmalgerechten Erhaltung angeht, Selbstläufer[4]. Diese wirklichkeitsferne Sicht dürfte jedoch leicht durch nüchterne Tatsachen zu widerlegen sein. Zwar können inzwischen dank des Einsatzes von - oftmals unbezahlter- Arbeitskraft, Spenden, den Zuschüssen von Stiftungen sowie von Haushaltsmitteln der Kirchen, des Staates und der Kommunen auch Erfolge bei der Rettung kirchlicher Kulturdenkmale verzeichnet werden. Tatsächlich fehlen jedoch zur Unterhaltung der bestehenden denkmalgeschützten Kirchen und Kapellen beider großen Konfessionen in Deutschland Milliardenbeträge[5]. Dies, obwohl die beiden großen Kirchen in Deutschland nach wie vor einen großen Anteil ihrer Einnahmen für die Erhaltung von Kulturdenkmalen einsetzen[6]. Gleichzeitig bleibt allerdings der Beitrag der öffentlichen Hand weit hinter dem zurück, was zur Erhaltung dieses Kulturerbes der Allgemeinheit, nicht nur der Kirchenmitglieder, notwendig und auch zu fordern ist[7], wenn man bedenkt, daß die Vermögen, die früher zur Unterhaltung der alten Gebäude bestimmt waren, häufig vom Staat eingezogen wurden, ohne daß dieser in jedem Fall auch die Verpflichtung anerkannt hätte, für die Instandhaltung des Gebäudes zu sorgen.

---

[3] *U. Böhme*, Aktivität statt Resignation, in: Kunst und Kirche 1996, 160; *R. Volp*, Kirchen sind keine Konkursmasse, in: Kunst und Kirche 1996, 156.

[4] *B. Holze*, Betrifft: Schönheit als Denkmalkern, in: Bauwelt 2000, Heft 18, 15.

[5] *M. Sußmann* nennt einen Betrag von 10 Milliarden DM, siehe: *M. Sußmann*, Kirchen als Teil der Kultur in den neuen Bundesländern - am Beispiel der Kirchenprovinz Sachsen, in: R. Volp (Hrsg.), Denkmal Kirche? Erbe - Zeichen - Vision, Darmstadt 1997, 33.

[6] Nach *B. Preusler*, der sich auf eine Erhebung der Deutschen Bischofskonferenz stützt, betrugen die von der katholischen Kirche in Deutschland im Jahr 1991 für denkmalpflegerische Zwecke ausgegebenen Geldmittel knapp eine Milliarde DM, *B. Preusler*, Kirchliche Denkmalpflege im Bistum Fulda. Jahresbericht 1996, in: Archiv für mittelrheinische Kirchengeschichte 49, 1997, 409; nach *Josef Rüenauver*, betragen die Aufwendungen der nordrhein-westfälischen Diözesen und Landeskirchen für den Denkmalschutz mehr als die Hälfte des jährlichen Bauetats, siehe: *J. Rüenauver*, Die kirchliche Denkmalpflege in Nordrhein-Westfalen, in: R. Grätz, H. Lange, H. Beu (Hrsg.), Denkmalschutz und Denkmalpflege. 10 Jahre Denkmalschutzgesetz NRW, Köln 1991, 147.

[7] *R. Volp*, Denkmal Kirche? Erbe - Zeichen - Vision, in: ders. (Anm. 5) 5 ff.

I. Gründe der Kirchen für ihren denkmalpflegerischen Einsatz

Der im Verhältnis zu anderen Denkmaleigentümern nicht nur finanziell große Einsatz der Kirchen rührt von dem Bedürfnis her, würdige Räume zur Feier des Gottesdienstes zu erhalten oder neu zu bauen. Dabei bedienen sich die Kirchen der Kunst die durch ihr Schaffen die Verkündigung der biblischen Botschaft unterstützt[8]. Wegen des reichen historischen Erbes an Kirchengebäuden steht naturgemäß die Erhaltung der bereits vorhandenen Gotteshäuser im Vordergrund und dies seit Jahrhunderten. Es verwundert daher nicht, daß die Kirchen bei ihrer Sorge um das ihnen gehörende Kunsterbe eine starke innere Beziehung zum Gedanken der Denkmalpflege aufweisen[9]. Allerdings unterscheidet sich der kirchliche Ansatz bei der Pflege ihrer Kunstdenkmale von der staatlichen Denkmalpflege darin, daß mit der Instandhaltung der überkommenen Kirchen nicht lediglich der Gegenwart ein Bild von der Vergangenheit erhalten bleiben soll. Die Kirchen wollen ihren Gotteshäusern die Zweckbestimmung erhalten, der sie seit Alters her gewidmet sind: dem sich im Laufe der Zeit verändernden Gottesdienst einer lebendigen Gemeinde zu dienen[10]. Deshalb sind Kirchen und Kapellen stets den sich wandelnden liturgischen Erfordernissen anzupassen[11]. Ein Prozeß, der bis zur Gegenwart fortdauert[12].

Die bestehenden Kirchen sind keine reinen Funktionsbauten[13]. Auch nach dem in der Beurteilung des Sakralen eher zurückhaltenden evangelischen Verständnis kommt ihnen eine besondere Würde zu, die von seiner Bestimmung als Ort der Begegnung des in Wort und Sakrament gegenwärtigen Gottes mit seiner versammelten

---

[8] Zum Verhältnis von Kirche und Kunst: *B. M. Kremer*, Kirche und Kunst. in: Erzbistum Freiburg Informationen, Heft 3 /3. Quartal 1990, 1-12; *Ders.*, Denkmalschutz und Denkmalpflege im Bereich der Kirchen, in: J. Listl/D. Pirson (Hrsg.), Handbuch des Staatskirchenrechts der Bundesrepublik Deutschland Band 2[2] Berlin 1995, 78 f. und die dort zitierte Literatur.

[9] *K. Lehmann* (Anm. 1) 22.

[10] *J. Isensee*, Res sacrae unter kircheneigenem Denkmalschutz, in: Kirche und Recht 1999, 117 f.

[11] Eine knappe Übersicht über die Veränderung der vor allem inneren Gestaltung der Gotteshäuser aufgrund sich verändernder gottesdienstlicher Gebräuche und theologischer Einsichten im Verlaufe der Kirchengeschichte bietet *R. Lückmann*, Denkmalerhaltung und kirchliche Belange. in: Konservatorenauftrag und heutige Denkmalherausforderung Jahrestagung der Vereinigung der Landesdenkmalpfleger 1993 in Heidelberg, Arbeitshefte des Landesdenkmalamtes Baden-Württemberg 4, Stuttgart 1995, 93-96.

[12] *K. Richter*, Zeichen der Kontinuität, in: Kunst und Kirche 2000, 133-136; *H.-G. Jung* (Anm.1), 25.

[13] Zum kirchlichen Verständnis des Sakralbaus *B. M. Kremer* 1995, Anm. 8, 77 ff.

Gemeinde herrührt[14]. Bei der Erhaltung geht es den Kirchen neben der gottesdienstlichen Funktionalität um die Bedeutung der Gebäude als Sinnbilder des christlichen Glaubens. Diese Bedeutung wird nicht nur innerhalb der Kirchenmauern wahrgenommen. Auch in den Augen derjenigen in der Bevölkerung, die gar keiner Kirche angehören und eine Kirche höchst selten zum Gottesdienst aufsuchen, haben Kirchen und Kapellen Symbolcharakter als Zeichen christlichen Glaubens in einer säkularisierten Welt. Insofern kommt ihnen eine wichtige Verkündigungsfunktion zu. Hier treffen sich Kunst und christliches Bekenntnis, um eine untrennbare Symbiose einzugehen[15].

II. Kirchliche Denkmalschutzvorschriften und andere Instrumentarien der kirchlichen Denkmalpflege

Die Pflege der kirchlichen Kulturdenkmäler ist ein integraler Bestandteil der Arbeit beider großen Kirchen in Deutschland[16]. Seit frühester Zeit ist die Kirche bemüht, Kunstgegenstände und dem Gottesdienst gewidmete Gebäude zu schützen und zu erhalten[17]. Freilich stand dabei zunächst weniger die Konservierung kulturgeschichtlich bedeutsamer Zeugnisse im Vordergrund, als das Bestreben, Kirchenvermögen zu sichern und Sakralgegenstände vor Zweckentfremdung zu schützen. Besonders segensreich hat in diesem Zusammenhang das kanonische Veräußerungsverbot gewirkt[18]. Als im 19. Jahrhundert ausgehend von den Ideen der Romantik in Deutsch-

---

[14] Grundsätze für die Gestaltung des gottesdienstlichen Raumes der evangelischen Kirchen vom 21.12.1951. Arbeitsausschuss des Evangelischen Kirchbautages, in: KABl. der Evangelisch-Lutherischen Kirche in Bayern 1952, S. 11 ff.; *H.-G. Jung*, Anm. 1, 25.

[15] *M. Heckel*, Staat Kirche Kunst, Rechtsfragen kirchlicher Kulturdenkmäler, Tübingen 1968, 130 f.; *B. M. Kremer* 1995, Anm. 8, 77 ff.

[16] Allgemein zum Thema kirchlicher Denkmalpflege siehe *B. Bach*/*B. M. Kremer*, Artikel „Denkmalpflege", in: A. v. Campenhausen/I. Riedel-Spangenberger (Hrsg.), Lexikon für Kirchen- und Staatskirchenrecht 1, Paderborn 2000, 395-403, *B. Bach*, Kirche und Denkmalschutz, in: A. Gebeßler/W. Eberl (Hrsg.), Schutz und Pflege von Baudenkmälern in der Bundesrepublik Deutschland, Köln u.a. 1980, 371-380; *F. J. Ronig*, Denkmalpflege der Katholischen Kirche, in: ebd., 381-393.

[17] Zur Entwicklung des kirchlichen Rechts der Denkmalpflege in der katholischen Kirche siehe: *P. Leisching*, Haec Aedes Mysterium Adumbrat Ecclesiae. Kirchliches Recht zur Wahrung von Kunstwerken, in: Österreichisches Archiv für Kirchenrecht 1978, 340-351; *W. Schulz*, Denkmalschutz und Denkmalpflege in der neuen kirchlichen Rechtsordnung, in: Theologie und Glaube 1983, 351-367; *L. Carlen*, Denkmalschutz und Kirchenrecht, in: B. Anderes u.a. (Hrsg.), Das Denkmal und die Zeit. Alfred A. Schmid zum 70. Geburtstag, Luzern 1990, 38-44; *F. Hammer*, Anm. 1, 9, 70 ff.

[18] Kanon 15 des 4. Konzils von Konstantinopel (869/870); Decretum Gratiani p. II C. 12 q. 2c. 13.

land der moderne Denkmalschutz entstand, erließen die deutschen Staaten im Rahmen der von ihnen ausgeübten Kirchenaufsicht[19] auch für kirchliche Bauten Schutzvorschriften, die durch die Kirchenbehörden ergänzt wurden[20]. Die durch die Kirchen für ihren Bereich erlassenen Vorschriften, gingen mit ihren Detailregelungen sogar oft über die staatlichen Schutzvorschriften hinaus und konnten trotz ihrer fehlenden Systematik und begrenzten regionalen Geltungsbereichs für die staatliche Gesetzgebung in mancherlei Hinsicht eine Vorbildrolle übernehmen[21]. Bei der rechtlichen Neuordnung der evangelischen Landeskirchen nach der Revolution von 1918 fand der Denkmalschutz sogar in einigen Kirchenverfassungen Berücksichtigung[22]. Trotzdem blieb die Regelung des kirchlichen Denkmalschutzes sowohl im katholischen wie im evangelischen Kirchenrecht entweder Rechtssetzungen sehr speziellen Inhalts überlassen, die nur Teilbereiche der kirchlichen Denkmalpflege erfaßten, oder es handelte sich um weit verstreute Bestimmungen der Vermögensverwaltung sowie Bau- und Gestaltungsvorschriften, deren Anwendung sich zwar denkmalschützend auswirkte, die jedoch keine ausschließlich denkmalschützende Zielsetzung hatten. Als Beispiel sei hier der am 1.1.1918 in Kraft getretene Codex Iuris Canonici der katholischen Kirche genannt. Eindeutig im Sinne eines kirchlichen Denkmalschutzes interpretiert wurden die Vorschriften des Codex jedoch durch die Literatur und durch die Instruktion des Hl. Offiziums über die sakrale Kunst vom 30. Juni 1952[23].

Das geltende Recht der römischen Universalkirche[24] weist insbesondere in der "Konstitution über die heilige Liturgie" des zweiten vatikanischen Konzils denkmalschützende Normen auf[25]. Hier sind die Artikel 122-130 der Konstitution hervorzuheben, nach denen die Ordinarien z. B. sorgfältig darüber zu wachen haben, daß nicht heiliges Gerät und Paramente oder kostbare Kunstwerke veräußert werden oder verkommen.

---

[19] *F. Hammer*, Anm. 1, 70 ff. (112 ff.).

[20] *F. Hammer*, ebd. 72 f.,

[21] *F. Hammer*, ebd. 97 ff. (177 ff.); *N. Wibiral*, Liturgie und Denkmalpflege nach dem Zweiten Vaticanum, in: Österreichisches Archiv für Kirchenrecht 1978, 392

[22] Verfassungsurkunde für die Evang. Kirche der altpreuß. Union v. 29.9.1922 (Kirchl. GVBl. 1924 S. 59) Art. 22 I/II Nr. 5; Verfassung der Evang.-Luth. Landeskirche Schleswig-Holsteins v. 30.9.1922 (Allg. Kirchbl. 1925, S. 273 ff.); weitere Nachweise bei *F. Hammer*, Anm. 1, 222.

[23] Acta Apostolicae Sedis 44, 1952, 542-546.

[24] *A. Hollerbach*, Kunst- und Denkmalpflege, in: J. Listl/H. Schmitz (Hrsg.), Handbuch des katholischen Kirchenrechts, 2, Regensburg 1999, 1109 ff.

[25] Const. „Sacrosanctum Concilium", in: Acta Apostolicae Sedis 56, 1964, 130-133.

Aufgrund Can. 2 CIC besitzen diese Bestimmungen des Konzils auch nach Erlaß des CIC von 1983 weiterhin Gültigkeit.

Die Vorgaben des Konzils wurden in einem Rundschreiben der Kongregation für den Klerus vom 11. April 1971 noch einmal bekräftigt: „Antiqua opera artis sacrae semper et ubique custodiantur"[26]. Die Anweisungen des Rundschreibens haben auch nach dem Inkrafttreten des neuen Codex nicht ihre Verbindlichkeit verloren[27] und den Gedanken des Denkmalschutzes im katholischen Kirchenrecht gefestigt.

Auch der neue CIC von 1983 enthält leider keinen eigenen Abschnitt über die Denkmal- und Kunstpflege der katholischen Kirche. Eingeflochten in die Systematik des Codex finden sich jedoch Vorschriften, die die große Bedeutung dokumentieren, die der kirchliche Gesetzgeber der Kunst- und Denkmalpflege beimißt. So schreibt c. 1220 zum Beispiel vor, daß in den Kirchen jene Sauberkeit und Zierde zu bewahren sind, die einem Gotteshaus zukommen, und daß für die Erhaltung von heiligen und kostbaren Sachen zu sorgen sowie geeignete Maßnahmen zu deren Sicherung zu treffen sind. Daneben finden sich im kirchlichen Vermögensrecht Vorschriften des Denkmalschutzes, so die in c. 1283 Nr. 2 verankerte Verpflichtung der Vermögensverwalter, Inventare anzulegen. Daneben bestehen Genehmigungsvorbehalte des c. 638 § 3 und des c. 1292 § 2 bei Veräußerungen. Danach ist die Veräußerung von Kirchengut stets von der Genehmigung der kirchlichen Oberen, bei Gegenständen von besonderem historischen, künstlerischen oder wirtschaftlichen Wert sogar von der Genehmigung des Heiligen Stuhls abhängig. Die Restaurierung wertvoller Bilder bedarf der Genehmigung des Ortsordinarius, der sich vor Erteilung der Genehmigung durch Sachverständige beraten lassen muß (c. 1189 CIC/1983).

Der Erfassung und Dokumentation der kirchlichen Kunstdenkmale dient deren Inventarisation[28], deren Überwachung durch Ziffer 3 des Rundschreibens der Kongregation für den Klerus an die Vorsitzenden der Bischofskonferenzen „De cura pa-

---

[26] Acta Apostolicae Sedis 63, 1971, 315-317, auch abgedruckt in: Archiv für katholisches Kirchenrecht 140, 1971, 173-175.

[27] *W. Schulz*, Anm. 17, 364.

[28] Zur Inventarisation: Sekretariat der Deutschen Bischofskonferenz (Hrsg.), Inventarisation von Denkmälern und Kunstgütern als kirchliche Aufgabe. Dokumentation einer Fachtagung vom 27. bis 28. Februar 1991 in Bensberg, Bonn o. J.

trimonii historico-artistici Ecclesiae" vom 11. April 1971[29] allen bischöflichen Ordinariaten der katholischen Kirche zur Aufgabe gemacht wird.

Als Partikularrecht für den Bereich der Deutschen Bischofkonferenz sind darüber hinaus die "Leitlinien für den Bau und die Ausgestaltung von gottesdienstlichen Räumen"[30] heranzuziehen. Unter Ziff. 3.3 heißt es dort, daß die Umgestaltung historisch wertvoller Räume nicht gegen die berechtigten Interessen der Denkmalpflege vorgenommen werden darf.

Die Einhaltung dieser für die gesamte katholische Kirche bzw. die katholische Kirche in Deutschland geltenden Vorschriften sichern in der einzelnen Diözesen Deutschlands in den Diözesan-Bauordnungen enthaltene Genehmigungsvorschriften[31]. Eine umfassende Regelung, die die verstreuten partikularrechtlichen Bestimmungen zusammenfassen und die Vorschriften des Codex spezifizieren könnte, fehlt allerdings. Auf eine solche sachgerechte Fortentwicklung der kirchlichen Gesetzgebung, wie sie bereits gefordert wurde[32], wartet das kirchliche Denkmalschutzrecht leider noch immer.

Für die evangelischen Landeskirchen hat der Arbeitsausschuß des Evangelischen Kirchenbautages die sog. "Wolfenbütteler Empfehlungen an die Gemeinden" vom 12.04.1991[33] beschlossen. Der Inhalt der Empfehlungen gleicht den bereits genannten Leitlinien für die katholische Kirche.

Verbindliches Kirchenrecht wird in den evangelischen Landeskirchen auf dem Gebiet der kirchlichen Denkmalpflege meist im Rahmen der einzelnen Bau-, Verwaltungs-, oder Vermögensordnungen gesetzt[34]. Zwar kommt den beweglichen und unbeweglichen Kulturdenkmalen im Kirchenbesitz auch in der Evangelischen Kirche häufig eine liturgische Bedeutung zu. Das evangelische Kirchenrecht behandelt die kirchlichen Kulturdenkmäler jedoch fast ausschließlich unter dem Gesichtspunkt der Vermögens- oder der Bauverwaltung. Spezialvorschriften, die sich mit Fragen der Denkmalpflege oder der künstlerischen Gestaltung befassen, ergehen meist le-

---

[29] abgedruckt in: Sekretariat der Deutschen Bischofskonferenz, Anm. 28, 132 ff.

[30] Deutsche Bischofskonferenz (Hrsg.), Leitlinien für den Bau und die Ausgestaltung von gottesdienstlichen Räumen. Handreichung der Liturgiekommission der Deutschen Bischofskonferenz[5], Bonn 2000.

[31] S. die Übersicht bei *B. M. Kremer* 1995, Anm. 8, dort in Fn. 26

[32] A. Hollerbach, Anm. 24.

[33] abgedruckt in: Evangelischer Kirchbautag (Hrsg.), Der Evangelische Kirchbautag. Eine Übersicht, Berlin 1999, 13 ff.

[34] *B. M. Kremer* 1995, Anm. 8, an der in der Anm. 27 bezeichneten Stelle; weiteres bei *B. Bach*, Denkmalpflege I. Evangelisch. (Anm. 15).

diglich als Bekanntmachungen, Verfügungen oder Anweisungen der kirchlichen Oberbehörden. Eine Ausnahme bilden in dieser Hinsicht das Kirchengesetz für die Erhaltung, Pflege und den Schutz des kirchlichen Kunst- und Kulturgutes der Pommerschen Kirche vom 4.11.1979[35], das bereits in seiner Präambel betont, daß das kirchliche Kulturgut dem Leben und dem Auftrag der Kirche diene und die Rechtsverordnung des Landeskirchenamtes für die kirchliche Bau-, Kunst- und Denkmalpflege in der Hannoverschen Landeskirche vom 14. Mai 1997[36].

Anders als in der katholischen Kirche ist die Verwaltung kunst- und kulturhistorischer Vermögensgegenstände in der evangelischen Kirche auch kaum von liturgierechtlichen Vorschriften überlagert. Die Ursache für diese Ausblendung liturgischer und ästhetischer Bezüge bei der Behandlung kirchlicher Kunstdenkmale im evangelischen Kirchenrecht, ist in einer Verkürzung des Liturgieverständnisses im liturgischen Recht der evangelischen Kirche auf Agenden und Gottesdienstordnungen zu sehen[37]. Gleichwohl hat der Rechtshof der Konföderation ev. Kirchen in Niedersachsen unter Berücksichtigung des Art. 20 des Loccumer Vertrages (s.u.) judiziert, daß die allgemeinen Grundsätze der Denkmalpflege auch im innerkirchlichen Bereich Rechtswirkung entfalten[38].

Die tägliche denkmalpflegerische Arbeit bewältigen in den Diözesen und Landeskirchen die entsprechenden Referate meist als Teil der allgemeinen Bauverwaltung innerhalb der Diözesanverwaltungen, Landeskirchenämter oder Konsistorien[39]. Teilweise wurden auch besondere Bauämter eingerichtet, sowohl zentral für eine ganze Diözese oder Landeskirche als auch auf mittlerer Ebene zwischen der Zentralverwaltung und den Gemeinden. Diese Dienststellen und Behörden sind jedoch personell sehr unterschiedlich ausgestattet, was auch auf die stark voneinander abweichenden Größen der Diözesen und Landeskirchen zurückzuführen ist.

---

[35] KABl. S. 105, abgedruckt auch in: ABl. EKD 1980, S. 269.

[36] All. S. 143.

[37] *G. Scheidhauer*, Die Kunst im evangelischen Kirchenrecht, in: Kunst und Kirche 1998, 108 ff, *B. Bach* (Anm. 16), 375 ff.

[38] Urteil vom 18.1.1999 - KonfR 3/97 - Rechtsprechungsbeilage des Amtsblattes der EKD 2000, S. 42.

[39] siehe hierzu *F. J. Ronig*, Die Denkmalpflege der Katholischen Kirche, in: A. Gebeßler/W. Eberl, Anm. 16, 388 f., insbesondere zu den Verhältnissen im Bistum Mainz: *P. Schotes*, Die Kirchliche Bauverwaltung, Aufbau und Organisation in den Diözesen der Bundesrepublik, in: M. Petzet (Hrsg.), Anm. 1, 40.

Die für die kirchliche Denkmalpflege zuständigen Stellen berichten in Publikationen regelmäßig über ihre Arbeit[40]. Dem Austausch von Ideen und Erfahrungen über Landeskirchen- und Diözesangrenzen hinweg dienen regelmäßig stattfindende Referentenrunden und Einrichtungen wie etwa der Evangelischen Kirchbautag, die sich stets auch mit Fragen der Denkmalpflege befassen, sogar wiederholt die Denkmalpflege zum Schwerpunktthema gemacht haben[41].

III. Staatskirchenrechtlicher Rahmen für das Zusammenspiel staatlicher und kirchlicher Denkmalpflege

Zwar befinden sich Staat und Kirche, was die Erhaltung der kirchlichen Kulturdenkmale angeht, in einer Verantwortungsgemeinschaft, sozusagen "in einem Boot"[42], doch führt die besondere kirchliche Interessenlage vor der Durchführung denkmalrelevanter Maßnahmen häufig zu unterschiedlichen Einschätzungen bei der kirchlichen Bauverwaltung einerseits und der staatlichen Denkmalpflege andererseits. Die durch die Instrumente der kirchlichen Denkmalpflege verfolgte Zielsetzung ist nicht deckungsgleich mit den Zielen der staatlichen Denkmalpflege[43]. Kommt es der staatlichen Denkmalpflege darauf an, Zeugnisse vergangener Kultur für die heute lebenden Menschen zu erhalten und erfahrbar zu machen, so steht für die Kirche die Aufrechterhaltung ununterbrochener sakraler Nutzung von Kunstwerken für eine lebendige Gemeinde im Vordergrund. Der spezifisch kirchlichen

---

40 Als Beispiele seien hier nur genannt: für die Erzdiözese Freiburg die in der zur Zeitschrift „Das Münster" periodisch erscheinende Beilage „aus unserem Schaffen", für die Diözese Fulda die Jahresberichte Burghard Preuslers. *B. Preusler*, Kirchliche Denkmalpflege im Bistum Fulda, Jahresbericht 1996, in: Archiv für mittelrheinische Kirchengeschichte 49, 1996, 409-430; *ders.*, Jahresbericht 1997, in: Archiv für mittelrheinische Kirchengeschichte 50, 1998, 527-530; *ders.*, Jahresbericht 1998, in: Archiv für mittelrheinische Kirchengeschichte 51, 1999, 541-544; *ders.*: Jahresbericht 1999, in: Archiv für mittelrheinische Kirchengeschichte 52, 2000, 403-410 über die „Kirchliche Denkmalpflege im Bistum Fulda"

41 Zum Evangelischen Kirchbautag: *B. Bach*, Kirchliches Bauen und Denkmalpflege. Zur Geschichte von 50 Jahren Evangelischer Kirchbautagungen, in: Evangelischer Kirchbautag (Hrsg.) (Anm. 33) 21 ff. oder in: S. Böning-Weis u.a. (Hrsg.), Monumental. Festschrift für Michael Petzet. Arbeitshefte des Bayerischen Landesamtes für Denkmalpflege 100 (München 1998) 177 ff.

42 *E. Stephany*, In einem Boot... Kirche und Denkmalpflege in und nach 25 Jahren, in: Deutsche Kunst und Denkmalpflege 1970 Heft 1/2, 75-78.

43 Zum unterschiedlichen Ansatz von staatlicher und kirchlicher Denkmalpflege bzw. Denkmalschutz siehe: *H. Maurer*, Denkmalschutz im kirchlichen Bereich, in: H.-G. Jung (Hrsg.), Autonomie der Kirche. Symposion für Armin Füllkrug, Neuwied/Darmstadt 1979, 83 ff.

Motivation zur Denkmalpflege und zum Denkmalschutz steht daher das staatliche Interesse am Schutz von Kunstwerken und Denkmalen zur Seite, manchmal gegenüber.

Die z.T. unterschiedlichen Zielsetzungen dürfen freilich nicht dazu führen, daß die anerkannte Sinneinheit[44] des kirchlichen Kulturdenkmales durch eine isolierte Betrachtung seines künstlerischen und seines religiösen Gehaltes auseinandergerissen wird, auch nicht dadurch, daß die staatlichen Denkmalschutzbehörden die Kirchen „auf den im engeren Sinne kultischen Interessenkreis"[45] beschränken. Weder ist eine kunstgeschichtliche Wertung des religiösen Denkmalobjekts ohne Berücksichtigung seiner theologischen Symbolik denkbar, noch darf der Einfluß künstlerisch-ästhetischer Vorstellungen auf die liturgische Bedeutung des Denkmals verkannt werden. Diese Aufeinanderbezogenheit theologischer und kunsthistorischer Gesichtspunkte gilt nicht nur für gottesdienstlich gebrauchte Denkmale (res sacrae), sondern - freilich in graduell unterschiedlichem Maße - für alle Kulturdenkmale, die der Religionsausübung dienen.

Verfassungsrechtlich stellt sich das Ineinandergreifen staatlicher und kirchlicher Denkmalpflege wie folgt dar:

Aus Art. 140 GG i. V. m. Art. 137 Abs. 3 WRV, der das Recht der Kirche zur selbständigen Verwaltung ihrer eigenen Angelegenheiten im Rahmen der Schranken des für alle geltenden Gesetzes gewährleistet und aus Art. 4 Abs. 1 und 2 GG der die Freiheit des Glaubens, des Gewissens, die Freiheit des religiösen Bekenntnisses und die ungestörte Religionsausübung schützt, wird einhellig der Anspruch der Kirchen auf Autonomie beim Schutz ihrer Sakralbauten abgeleitet[46]. Unbestritten ist, daß das denkmalpflegerische Wirken der Kirchen in die Schutzbereiche beider Normen fällt. Der Schutzbereich von Art. 137 Abs. 3 WRV wird auch nicht durch die Reichweite der durch Art. 4 GG geschützten Religionsfreiheit begrenzt[47]. Vielmehr setzen beide Normen durch ihre Schutzrichtung unterschiedliche Akzente, die durch Interpretation der Verfassung dazu führen können, daß manche Bereiche des kirchlichen Lebens durch die beiden Verfassungsnormen in unterschiedlichem Maße geschützt

---

[44] *W. Loschelder*, Staatliche und kirchliche Kulturverantwortung auf dem Gebiet des Denkmalschutzes, in: D. Schwab u.a. (Hrsg.),Staat, Kirche, Wissenschaft in einer pluralistischen Gesellschaft. Festschrift zum 65. Geburtstag von Paul Mikat, Berlin 1989, 613.

[45] *A. Hollerbach*, Anm. 24, 1114.

[46] *M. Heckel*, Anm. 15, 65 ff.; *B. M. Kremer* 1995, Anm. 8, 85 m.w.N.

[47] So aber *H. Dörge*, Anm. 1, 118 ff. (131).

werden[48]. Für die Denkmalpflege und den Denkmalschutz folgt hieraus, daß die kirchliche Denkmalpflege nicht nur dort verfassungsrechtlichen Schutz genießt und ihr Standpunkt zu berücksichtigen ist, wo sie der durch Art. 4 GG geschützten Religionsfreiheit unterfällt.

Begrenzt wird das Selbstbestimmungsrecht der Kirchen jedoch durch die Schranke des für alle geltenden Gesetzes[49]. Dabei ist zu beachten, daß zu Begründung einer Beschränkung des kirchlichen Selbstbestimmungsrechts einfache Nützlichkeitserwägungen nicht ausreichen. Das Bundesverfassungsgericht fordert hierfür vielmehr zwingende Erforderlichkeiten[50]. An der Erforderlichkeit als Rechtfertigung für einen Eingriff in das Selbstbestimmungsrecht der Kirchen fehlt es jedoch dann, wenn die Kirchen den in den Gesetzen geforderten Ansprüchen ohnehin schon genügen[51].

Ein für alle geltendes Gesetz im Sinne dieser Schranke stellen grundsätzlich auch die Denkmalschutzgesetze der Länder dar. Nach der Rechtsprechung des Bundesverfassungsgerichtes ist der Staat jedoch nicht darin frei, zu entscheiden, in welchem Umfang er seinen Gesetzen auch im Bereich der Kirchen Geltung verschafft werden soll[52]. Überwiegend wird in dem Vorbehalt ein Gebot zur Abwägung des kirchlichen Selbstbestimmungsrechts mit den anderen im Konfliktfall betroffenen und durch das Schrankengesetz geschützten Rechtsgutes gesehen[53]. Zwischen dem Anspruch auf Autonomie und der Zuordnung der Denkmalpflege zum staatlichen Aufgabenbereich, wie es aus Art. 5 Abs. 3 Satz 1 GG, dem aus dem Grundgesetz abzuleitenden Kulturstaatsprinzip und den die Denkmalpflege betreffenden Zielbestimmungen der Länderverfassungen folgt, ergibt sich ein verfassungsrechtliches Spannungsverhältnis. Im Konfliktfall sollen beide Rechtsgüter aufeinander zugeordnet, gegeneinander abgewogen und zum Ausgleich im Sinne einer praktischen Konkordanz gebracht werden. Dabei sind die Eingriffsbefugnisse des Staates in die selbstbestimmte Sphäre der Kirche aufgrund eines für alle geltenden Gesetzes um so enger zu fassen, je näher der Staat durch sein Handeln in den Kernbereich des

---

[48] *K. Hesse*, Das Selbstbestimmungsrecht der Kirchen, in: J. Listl/D. Pirson (Hrsg.), Handbuch des Staatskirchenrechts der Bundesrepublik Deutschland Band 1², Berlin 1994, 523 f.

[49] hierzu siehe *K. Hesse*, Anm. 48, 544 ff.

[50] BVerfGE 72, 294.

[51] BVerfGE 53, 406.

[52] BVerfGE 72, 290.

[53] *K. Hesse*, Anm. 48, 544 ff. m.w.N.

kirchlichen Lebens und damit des Selbstbestimmungsrechts kommt. In jedem Fall muß er einen für die Staatsgewalt unantastbaren Freiheitsbereich respektieren[54].

Neben Art. 137 Abs. 3 WRV in Verbindung mit Art 140 GG ist es Art. 138 Abs. 2 WRV, der im Zusammenspiel staatlicher und kirchlicher Denkmalpflege eine zentrale Rolle spielt. Bei dieser verfassungsrechtlichen Bestimmung handelt es sich um ein Säkularisationsverbot, welches die Kirchen vor dem Entzug ihres für Kultus-, Unterrichts und Wohlfahrtszwecke bestimmten Vermögens schützt. Sie verbietet nicht nur den vollständigen Entzug des Eigentums an den genannten Vermögensgegenständen, sondern auch, daß die genannten Vermögensgegenstände ihrer spezifischen Funktion ganz oder teilweise entzogen werden, unabhängig davon, ob eine Eigentumsänderung vorgenommen wird oder nicht[55]. Ebenso wie Art. 137 Abs.3 WRV steht jedoch auch Art. 138 Abs. 2 WRV unter dem Schrankenvorbehalt des für alle geltenden Gesetzes[56].

Denkbar unterschiedlich wird als Ergebnis der Abwägung die Frage beantwortet, inwiefern die staatlichen Denkmalschutzgesetze aufgrund der verfassungsrechtlichen Vorgaben den Kirchen eine gegenüber den übrigen Denkmaleigentümern privilegierte Position einräumen müssen, in welchem Maße also der Anspruch der Kirchen auf Autonomie in den Denkmalschutzgesetzen seinen Niederschlag finden muß. Der gegen eine denkmalrechtliche Sonderstellung der Kirchen vorgebrachte Einwand, eine derartige Bevorzugung widerspräche der Verpflichtung zu Gleichbehandlung durch die Denkmalverwaltung[57], kann nicht greifen, da er die besondere Situation der Kirchen als Eigentümer und Nutzer eines Großteils der Baudenkmäler verkennt und die verfassungsrechtliche Sonderstellung der Kirchen außer Acht läßt[58]. Es ist jedoch zuzustimmen, wenn unter Berufung auf die wesentliche Bedeutung, die Kirchengebäude für die kirchliche Verkündigung und für den Gottesdienst haben, die kirchliche Denkmalpflege dem Kernbereich des durch die Selbstbestimmungsgarantie geschützten kirchlichen Wirkens zugeordnet wird[59]. Entsprechend groß muß dann die staatliche Zurückhaltung bei der Anwendung staatlicher Denk-

54 BVerfGE 42, 332.

55 *H. Maurer*, Anm. 43, 85 mit den dort angeführten weiteren Nachweisen

56 *K.-H. Kästner*, Die Verfassungsgarantie des kirchlichen Vermögens, in: J. Listl/D. Pirson (Hrsg.), Anm. 48, 902 ff. mit weiteren Nachweisen

57 *H. Beseler*, Die Denkmalpflege an den Sakralbauten in der Bundesrepublik Deutschland, in: J. Listl/J. Schlick (Hrsg.), Anm. 1, 33 ff. (36 f.).

58 *B. M. Kremer* 1995, Anm. 8, 86.

59 *B. M. Kremer* 1995, Anm. 8, 89 f.

malschutznormen auf kirchliche Kulturdenkmäler sein, zumal wenn es auch an der Erforderlichkeit von Eingriffen in die Sorge der Kirchen um ihre Baudenkmale fehlt, die Kirchen über eigene Denkmalschutzregeln verfügen und diese auch anwenden bzw. deren Beachtung effektiv kontrollieren.

Die ihr anvertrauten Kulturdenkmale erfaßt die kirchliche Denkmalpflege als Ganzes. Sie auf die Sorge um die sakralen Aspekte und Elemente des Denkmals zu beschränken, kann nicht überzeugen, da das kirchliche Denkmal als solches sakralen Charakter hat und nicht nur einzelne Teile, Ausstattungsstücke oder Teilaspekte seiner Wirkung dem Religiösen oder Gottesdienstlichen zuzuordnen sind[60].

Aus den Reihen der Kirchen wird eine Regelung befürwortet, die den Kirchen die Möglichkeit gibt im Falle unterschiedlicher denkmalpflegerischer Bewertungen eines Falles durch die kirchlichen Stellen und den staatlichen Denkmalschutz, den Kirchen das letzte Wort zu lassen[61].

IV. Staatliche Denkmalschutzgesetze und ihre Ausnahmebestimmungen für kirchliche Denkmale

Die Landesgesetzgeber haben die Berücksichtigung der kirchlichen Belange im Denkmalrechtlichen Verfahren sehr unterschiedlich geregelt. Die Bandbreite geht hier von einer Belassung des Denkmalschutzes für kirchliche Gebäude unter der Regie der jeweiligen Kirche, so in Niedersachsen, bis zur völligen Ignorierung der Kirchen im Gesetz Bremens. Auch weicht der Anwendungsbereich der einzelnen Vorschriften voneinander ab. Zum Teil werden als Anknüpfungspunkt für eine Sonderstellung kirchlicher Baudenkmale die Eigentumsverhältnisse oder Verfügungsbefugnis gewählt (so in Hessen, Nordrhein-Westfalen, Schleswig-Holstein). Die ausschließliche Anknüpfung an die Eigentumssituation muß insofern auf Bedenken stoßen, als die tatsächliche Problematik bei der Abstimmung von staatlicher und kirchlicher Denkmalpflege nicht auf Kulturdenkmale im Eigentum der Kirchen begrenzt ist, sondern alle Denkmale umfaßt, die von den Kirchen genutzt werden, insbesondere die zu gottesdienstlichen Zwecken genutzten. Entscheidend müßte al-

---

60 *B. M. Kremer* 1995, Anm. 8, S. 89 ff.

61 *H.-G. Jung*, Anm. 1, 25.

so vielmehr die funktionelle Zuordnung (Gottesdienstliche Funktion oder im Dienst der Religionsausübung) sein[62].

Diese dient den meisten Gesetzen auch als Anknüpfungsmerkmal (so in Bayern, Berlin, Brandenburg, Hamburg, Mecklenburg-Vorpommern, Saarland, Sachsen-Anhalt, Thüringen).

Manche Gesetze wechseln je nach Regelungsgegenstand das Anknüpfungsmerkmal (Baden-Württemberg, Rheinland-Pfalz, Sachsen).

Allein im Bremer Denkmalschutzgesetz finden weder die Kirchen Erwähnung, noch in irgendeiner Weise Belange der Religionsausübung. Ungeachtet der verfassungsrechtlichen Bedenken gegen das außer Acht lassen der kirchlichen Situation im Denkmalschutzgesetz[63], kann dies natürlich nicht zur Folge haben, daß in dem Stadtstaat religiöse Belange bei zu treffenden Entscheidungen nicht zu berücksichtigen wären. Der verfassungsrechtlich verankerte Schutz des Selbstbestimmungsrechts der Kirche und der Religionsfreiheit geht auch hier dem landesgesetzlich eingerichteten Denkmalschutzmonopol des Staates vor. Die Bremer Denkmalschutzbehörden haben im Rahmen von Abwägungen, von Beurteilungsspielräumen und ihrer Ermessensausübung kirchliche Belange zu berücksichtigen, auch wenn diese Verpflichtung im Landesdenkmalgesetz nicht gesetzlich formuliert ist.

Die verschiedenen Sondervorschriften für kirchliche Denkmale lassen sich in folgende Gruppen einteilen:

1. Verweisungen auf kirchenvertragliche Regelungen

Zur Regelung der Beziehungen zwischen Staat und Kirchen auf dem Feld des Denkmalschutzes und zur Einbeziehung der Kirchen und ihrer Belange in das denkmalschutzrechtliche Verfahren hat ein Teil der Bundesländer den Weg einer kirchenvertraglichen Vereinbarung eingeschlagen. Ein Teil dieser Länder verweist in seinen Denkmalschutzgesetzen ausdrücklich auf die vertraglichen Vereinbarungen.

Das niedersächsische Denkmalschutzgesetz[64] verweist in § 36 auf die Verträge des Landes mit den evangelischen Landeskirchen vom 19.März 1955[65] (Loccumer Ver-

---

[62] *H. Maurer*, Anm. 43, 85.

[63] *W. Laschelder*, Anm. 44, 616; *W. Eberl*, Mitwirkung der Kirchen und Gemeinden beim Schutz von Baudenkmälern, DÖV 1983, 456 sowie *W. Schulz*, Anm.17, 352.

[64] hierzu: *H. K. Schmaltz*/ R. *Wiechert*, Niedersächsisches Denkmalschutzgesetz, Hannover 1998, § 36

trag) und dem 4. März 1965 sowie auf das Konkordat vom 26. Februar 1965[66] mit den Änderungen vom 21.Mai 1973 und läßt die kirchenvertraglichen und konkordatären Bestimmungen unberührt. Art. 20 des Loccumer Vertrages sieht vor, daß die evangelischen Landeskirchen der Erhaltung und Pflege denkmalswerter Gebäude nebst den dazugehörenden Grundstücken und sonstiger Gegenstände ihre besondere Aufmerksamkeit widmen sowie Veräußerungen und Umgestaltungen nur im Benehmen mit den Stellen der staatlichen Denkmalpflege vornehmen. Entsprechendes wurde in § 13 der Anlage zum Niedersächsischen Konkordat vom 26.2.1965 vereinbart. Dies bedeutet nicht weniger, als daß der Staat den Denkmalschutz an kirchlichen Denkmälern den Kirchen überläßt und seine Einwirkungsmöglichkeit darauf beschränkt vor der Durchführung denkmalschutz-relevanter Maßnahmen von den Kirchen im Rahmen der Benehmensherstellung angehört zu werden. Im Gegenzug verpflichten sich die Kirchen zur tatsächlichen Wahrnehmung des Denkmalschutzes.

Konkordats- bzw. Kirchenvertragsberücksichtigungsklauseln finden sich daneben in den Denkmalschutzgesetzen Bayerns (Art. 26 Abs. 1 mit Hinweis auf Art. 10 §§ 3 und 4 des Bayerischen Konkordates vom 29. März 1924 und Art 18 und 19 des Vertrages mit der Landeskirche vom 15. November 1924) sowie Hessens (§ 28 Abs. 1 Satz 1 mit Hinweis auf Art. 20 Satz 2 des Vertrages mit den evangelischen Landeskirchen vom 18. Februar 1960, GVBl. S. 54 und auf Art V Satz 2 des Vertrages mit den katholischen Bistümern vom 9. März 1963). Dort verweist die entsprechende kirchenvertragliche Bestimmung zusätzlich auf die Vorschriften des geltenden Denkmalschutzgesetzes.

In Schleswig-Holstein verweist das Denkmalschutzgesetz (§ 38 S. 1) auf den Vertrag zwischen dem Land Schleswig-Holstein und den evangelischen Landeskirchen in Schleswig-Holstein vom 23.April 1957, GVBl. Sch.-H. S. 73 (die entscheidende Klausel ist Art. 25). Im Kirchenvertrag verpflichten sich die evangelischen Kirchen, Veräußerungen und Umgestaltungen von Denkmälern nur im Benehmen mit den Stellen der staatlichen Denkmalpflege vorzunehmen. Zusätzlich wird auf die Bestimmungen des Denkmalschutzgesetzes verwiesen, einschränkend aber hinzugefügt: „soweit die Kirchen nicht im Benehmen mit dem Land eigene Vorschriften erlassen". Letzteres deutet die Möglichkeit einer Exemtion an. Das Gesetz hat die Regelungen des Vertrages aufgegriffen und in § 38 im Wesentlichen wiederholt, sowie

[65] Abgedruckt bei J. Listl (Hrsg.), Die Konkordate und Kirchenverträge in der Bundesrepublik Deutschland, Bd. II, Berlin 1987 108 ff.

[66] siehe J. Listl (Anm. 65)3 ff.

die Kirchen von zwei Genehmigungspflichten und einer Anzeigepflicht des Denkmalschutzgesetzes befreit. .

In Rheinland-Pfalz weist § 38 Abs. 4 DSchPflG auf Art. 25 des Vertrages des Landes Rheinland-Pfalz mit den Evangelischen Landeskirchen in Rheinland-Pfalz vom 31. März 1962 (GVBl. S. 173) hin und bestimmt, daß dessen Vereinbarungen vom Denkmalschutzgesetz unberührt bleiben.

Ähnlich ist es in Hessen, wo das Denkmalschutzgesetz (§ 28 Abs. 1 Satz 1) Art 20 Satz 2 des Vertrages des Landes Hessen mit den Evangelischen Landeskirchen in Hessen vom 18. Februar 1960 (GVBl. S. 54) und Art. V Satz 2 des Vertrages mit den Katholischen Bistümern vom 9. März 1963 (GVBl. I S. 102) unberührt läßt.

Aber auch in den Ländern deren landesgesetzliche Bestimmungen nicht auf kirchenvertragliche oder konkordatäre Vereinbarungen verweisen, können die landesgesetzlichen Bestimmungen durch Kirchenverträge oder Konkordate ergänzt oder spezifiziert sein, so etwa in Brandenburg durch den Staatsvertrag zwischen dem Land Brandenburg und den Evangelischen Landeskirchen vom 8.11.1996 (GVBl. I 1997 S. 4), in Sachsen durch Vertrag mit dem Heiligen Stuhl vom 2.7.1996 (GVBl. S. 18), den Vertrag mit den evangelischen Landeskirchen vom 24.3.1994 (GVBl. S. 1253) sowie mit dem Landesverband der Jüdischen Gemeinden (GVBl. 1994 S. 1346), in Sachsen-Anhalt durch den evangelischen Kirchenvertrag vom 15. September 1993 (GVBl. 1994 S. 173) und durch den Vertrag zwischen dem Heiligen Stuhl und dem Land Sachsen-Anhalt vom 15. Januar 1998 (GVBl. 1998, S. 161)

2. Beteiligungsvorschriften

Verbreitet sind Vorschriften, die bestimmen, wie die Kirchen am Denkmalverfahren zu beteiligen sind. Zum Teil enthalten die Denkmalschutzgesetze der jeweiligen Länder lediglich die allgemeine Bestimmung, daß die Kirchen am Verfahren zu beteiligen sind (Bayern Art. 26 Abs. 2 Satz 2 DSchG, Hamburg § 8 Abs. 3 Satz 2 Denkmalschutzgesetz, Sachsen-Anhalt § 8 Abs. 5 Satz 2 Denkmalschutzgesetz)

In Hessen (§ 28 Abs. 2 Denkmalschutzgesetz) wird die Beteiligung der Kirchen im Gesetz nur für das Verfahren zur Eintragung in die Denkmalliste vorgeschrieben. Nordrhein-Westfalen begnügt sich mit der vagen Programmvorschrift, daß die Zusammenarbeit mit den Kirchen und Religionsgemeinschaften beim Schutz und bei der Pflege der Denkmäler fortgesetzt werden soll (§ 38 Satz 1 DSchG).

Eine Beteiligung setzt in jedem Falle voraus, daß die Kirchen über beabsichtigte Maßnahmen umfassend und frühzeitig informiert werden und vor dem Treffen der staatlichen Entscheidung Gelegenheit zur Abgabe einer Stellungnahme haben müssen[67].

Für Baden-Württemberg (§ 11 Abs. 1 Satz 2 DSchG), Berlin (§ 21 Abs. 1 DSchG Bln), Hamburg § 8 Abs. 3 Satz 3 Denkmalschutzgesetz), Sachsen (§ 18 Abs. 2 SächsDSchG), Thüringen (§ 32 ThDSchG) legen die Denkmalschutzgesetze fest, daß Entscheidungen und Maßnahmen von den staatlichen Denkmalschutzbehörden nur im Benehmen mit den kirchlichen Stellen getroffen oder vorgenommen werden dürfen. In Schleswig-Holstein (§ 38 Satz 3 Denkmalschutzgesetz) haben die kirchlichen Stellen das Benehmen herzustellen, da die Initiative für Maßnahmen und Entscheidungen dort aufgrund der kirchenvertraglichen Regelung von den Kirchen ausgeht. Für Rheinland-Pfalz besteht die Besonderheit, daß die von den Kirchen ausgehenden Maßnahmen, für die das Benehmen herzustellen ist, nur von den Kirchen ergriffen werden dürfen, wenn sie über eine durch das Land anerkannte Stelle verfügen, die die Aufgaben der Denkmalpflege und des Denkmalschutzes übernimmt (§ 23 Abs. 3 DSchPflG).

Benehmen meint, daß eine Gelegenheit zur Stellungnahme gegeben und eine Einigung (Einvernehmen) angestrebt werden muß[68]. Gemeint ist vielmehr, daß die für die Entscheidung zuständige Behörde den Standpunkt der anderen Behörde nicht nur in ihre Erwägungen mit einzubeziehen hat, sondern sie muß versuchen, einen Kompromiß zwischen den unterschiedlichen Auffassungen herzustellen. Benehmen setzt zwar kein Einvernehmen, also völlige Willensübereinstimmung voraus, beinhaltet aber zumindest das Bestreben, auch von seiten der Denkmalschutzbehörde zu einer solchen Übereinstimmung zu kommen. Die muß die Behörde durch Erwiderungen auf das kirchliche Vorbringen und die Beurteilungen der Kirchenbehörde zu erreichen versuchen. Sie muß dabei auf die Argumente der Kirchenbehörde eingehen und ihre Entscheidung ausführlich begründen, wenn sie die denkmalschützerischen Belange höher bewertet als die gottesdienstlichen.

In Sachsen, Rheinland-Pfalz und Schleswig-Holstein gilt die Pflicht zur Benehmensherstellung nur für Denkmale im kirchlichen Eigentum, in den anderen genannten Ländern für Denkmale die (unmittelbar) gottesdienstlichen oder (Thüringen) religiösen Zwecken dienen.

---

[67] *A. Reich*, Denkmalschutzgesetz Sachsen-Anhalt. Kommentar, Bad Honnef 2000, § 8 Rdnr. 9.

[68] H. K. Schmaltz /R. Wiechert, Anm. 64, § 36 Rdnr. 6.

Weitergehend haben einige Länder (Bayern Art. 26 Abs. 2 Satz 3 DSchG, Brandenburg § 22 Satz 2 BbgDSchG, Mecklenburg-Vorpommern § 10 Abs. 3 Satz 2 DSchG M-V, Saarland § 14 Abs. 2 SDschG) auch Bestimmungen darüber erlassen, welche Stelle über die Zulässigkeit einer Maßnahme entscheiden soll, wenn zwischen Kirche und Staat im Hinblick auf ein Denkmal keine Einigkeit erzielt werden kann. Hier gibt es zwei Alternativen. Entweder entscheidet die kirchliche Oberbehörde im Benehmen mit der zuständigen Denkmalschutzbehörde, so in Bayern, Mecklenburg-Vorpommern, Saarland oder es entscheidet die staatliche (oberste) Denkmalschutzbehörde im Benehmen mit der Kirche, so in Brandenburg, wo § 22 Satz 2 BbgDSchG das Benehmen bei allen Entscheidungen über Denkmale herzustellen ist, die der Religionsausübung dienen. An dieser Letztentscheidungskompetenz der obersten Denkmalschutzbehörden im Konfliktfall ist im Hinblick auf das entgegenstehende Selbstverwaltungsrecht der Kirchen Kritik geäußert worden[69].

3. Berücksichtigungsklauseln

Eine große Anzahl von Ländern hat sich für eine Berücksichtigungsklausel im Bezug auf gottesdienstliche Belange bzw. Belange der Religionsausübung entschieden, so etwa Baden-Württemberg (§ 11 Abs. 1 Satz 1 DSchG), Bayern (Art. 26 Abs. 2 Satz 1 DSchG), Berlin (§ 21 Abs. 1 DSchG Bln), Brandenburg (§ 22 Satz 1 BbgDSchG), Hessen (§ 7 Abs. 1 Satz 3 Denkmalschutzgesetz), Mecklenburg-Vorpommern (§ 10 Satz 1 DSchG M-V), Nordrhein-Westfalen (§ 38 Satz 2 DSchG), Rheinland-Pfalz (§ 23 Abs. 1 Satz 1 DSchPflG), Saarland (§ 14 SDschG), Sachsen (§ 18 Abs. 1 SächsDSchG), Sachsen-Anhalt (§ 8 Abs. 5 Satz 1 Denkmalschutzgesetz), Thüringen (§ 32 ThDSchG) und Hamburg (§ 8 Abs. 3 Satz 1 Denkmalschutzgesetz. In den meisten dieser Länder lauten die Gesetzesformulierungen dahingehend, daß die staatlichen Denkmalschutzbehörden bei Denkmalen, die dem Gottesdienst oder der Religionsausübung dienen, die gottesdienstlichen oder religiöse Belange (vorrangig) zu berücksichtigen haben. Bei der Bewertung der religiösen oder kirchlichen Belange haben die Entscheidungen der dogmatischen und liturgischen Fragen durch die Kirchen für die staatliche Denkmalpflege bindende Wirkung[70]. Die ursprünglich verfassungsrechtlich bedenkliche Formulierung des § 9 Abs. 2 im Hamburger Denkmalschutzgesetz[71], die nur bewegliche Denkmale und

---

[69] *B.M. Kremer* 1995, Anm. 8, 94.
[70] *M. Heckel*, Anm. 15, 138 ff. (173 ff., 204, 229 ff.).
[71] *W. Loschelder*, Anm. 44, 616; *W. Eberl*, Anm. 63, 456.

deren Veränderung erfaßte, ist inzwischen geändert und den Regelungen in den meisten anderen Ländern angepaßt worden.

a) Betroffene Denkmale

Den Anwendungsbereich der Berücksichtigungsklauseln beschreiben die einzelnen Landesgesetze über die Definition des Kreises der betroffenen Denkmale durchaus unterschiedlich. In Brandenburg gilt die Berücksichtigungspflicht für alle Denkmale, die der Religionsausübung dienen, ebenso in Hessen, Nordrhein-Westfalen, dem Saarland, Sachsen und Thüringen. Im Unterschied zu dem gottesdienstlichen Gebrauch umfaßt der Begriff der Denkmale, die der Religionsausübung dienen, auch z. B. Gebäude im Gebrauch der Katechese oder der christlichen Liebestätigkeit[72]. Der in den Landesdenkmalgesetzen verwendete Begriff der Religionsausübung ist mit dem in Art. 4 Abs. 2 GG verwendeten Begriff identisch[73]. In Bayern ist erforderlich, daß das Denkmal (u.U. auch eingetragene bewegliche Denkmäler) unmittelbar gottesdienstlichen Zwecken dient. Irrelevant ist dagegen, in wessen Eigentum das Denkmal steht.

b) Zu berücksichtigende Belange

Der Kreis der zu berücksichtigenden Belange ist in den einzelnen Landesgesetzen gleichfalls verschieden umschrieben. Am weitesten ist der Begriff der Belange der Religionsausübung (Brandenburg, Nordrhein-Westfalen, Saarland und Thüringen). Der Begriff der Religionsausübung ist auch in diesem Zusammenhange der gleiche wie in Art 4 GG. Deshalb können bei der Bestimmung dessen, was als Belang der Religionsausübung gelten soll, nicht von vorneherein bestimmte Aspekte ausgeschlossen werden, die in den Schutzbereich des Art. 4 GG fallen.

In Bayern gilt die Berücksichtigungsklausel nicht nur für gottesdienstliche, sondern für alle kirchlichen Belange, ebenso in Sachsen-Anhalt. Die Bestimmung dieses Begriffes bereitet allerdings größere Schwierigkeiten. Sicher umfaßt er einen weiteren Bereich als nur die gottesdienstlichen Belange, so z.B. auch solche der Seelsorge. Rein finanzielle Erwägungen oder rein gestalterische Wünsche, die in keinem direk-

---

[72] So auch 18.1.1 der Anwendungshinweise des Sächsischen Staatsministeriums des Inneren zum SächsDSchG

[73] Ebenso: *D. Martin*, in: A. Schneider/W. Franzmeyer-Werbe/D. Martin/R. Krombholz, Brandenburgisches Denkmalschutzgesetz, Wiesbaden 2000, § 22 Nr. 2.1.

ten Zusammenhang mit den Lehren der Kirche stehen, werden dagegen nicht dazugehören[74]

Es erscheint bedenklich, bei dem besonders weiten Begriff der Belange der Religionsausübung zwischen solchen mit mehr Gewicht und solchen von nachrangiger Bedeutung zu unterscheiden, etwa weil die einen unmittelbar im Zusammenhang mit dem Gottesdienst stehen, die anderen eher missionarischen Arbeitsfeldern zuzuordnen sind. Eine Unterscheidung würde dann nämlich eine ebenfalls eine Wertungsentscheidung voraussetzen, die den staatlichen Behörden aufgrund des Selbstverwaltungsrechts der Kirchen nicht zukommen kann[75]. Vor diesem Hintergrund muß es auch auf Bedenken stoßen, wenn aus den von den Kirchen geltend zu machenden kirchlichen, gottesdienstlichen oder die Religionsausübung betreffenden Belangen von vorneherein Belange vermeintlich nur gestalterischer Art ausgeklammert werden sollen[76]. Die Definitionshoheit darüber, was als gottesdienstlicher, kirchlicher oder Belang der Religionsausübung anzusehen ist, muß bei den hierzu allein kompetenten Religionsgemeinschaften bleiben. Zu berücksichtigende gottesdienstliche Belange oder Belange der Religionsausübung können daher auch dazu führen, daß die Veränderung der äußeren Gestaltung einer Kirche zu genehmigen ist, da das Gebäude als Ganzes „Gefäß und das Sinnbild des gottesdienstlichen, des liturgischen Handelns"[77] bleibt. So können gottesdienstliche Erfordernisse eine Veränderung des Kirchenäußeren notwendig machen, zumal Außenkanzeln, -treppen und Eingänge im unmittelbaren Zusammenhang mit dem gottesdienstlichen Geschehen stehen können.

Die Feststellung der gottesdienstlichen oder religiösen Belange obliegt ausschließlich und abschließend den Kirchen. Die Schlüssigkeit ihrer Behauptung ist nachprüfbar[78], nicht jedoch deren Richtigkeit. Hilfreich, aber nicht notwendig, ist es für die Kirchen, wenn sie sich bei der Feststellung der zu berücksichtigenden Belange auf kirchenrechtliche Normen stützen können. Für die Bauverwaltungen der katholischen Diözesen bietet sich hier der Rückgriff auf die einschlägigen canones des CIC

---

[74] *D. Martin*, in: W. Eberl/D. Martin/M. Petzet, Bayerisches Denkmalschutzgesetz⁵, Köln 1997, Art. 26 Rdnr. 14.

[75] So auch *B. M. Kremer*, Denkmalpflege und kirchliche Belange, in: Konservatorenauftrag und heutige Denkmalherausforderung. Jahrestagung der Vereinigung der Landesdenkmalpfleger in der Bundesrepublik Deutschland 1993, 89.

[76] *W. Eberl*, Anm. 63, 456.

[77] *J. Rüenauver*, Anm. 6, 143.

[78] *D. Martin*, Anm. 73, § 22 Nr. 2.2.2

von 1983 und die ergänzenden universalrechtlichen und partikularrechtlichen Bestimmungen an. Die evangelischen Landeskirchen haben es allerdings ungleich schwerer, da - wie bereits erwähnt - das ius liturgicum der evangelischen Kirche die Gestaltung des Kirchenraumes und des liturgischen Geräts meist gar nicht thematisiert.

c) Pflicht zur Berücksichtigung oder Beachtung

Mit der Pflicht zur Berücksichtigung oder Beachtung der relevanten Belange ist nicht nur gemeint, daß die Belange in die Entscheidung mit einfließen müssen. Unter „vorrangig beachten", wie es im Sächsischen Denkmalschutzgesetz heißt, oder „vorrangig zu berücksichtigen" ist zu verstehen, daß die kirchlichen Belange nicht mit anderen Belangen abgewogen werden dürfen[79]. Dort, wo die Beachtung nicht vorrangig zu geschehen hat, kann seitens der Denkmalschutzbehörden eine Abwägung zwischen den kirchlichen und den gottesdienstlichen Belangen vorgenommen werden[80]. Dabei soll den Belangen der Religionsausübung ein ums o höheres Gewicht zukommen, je mehr sie unmittelbar zum Kern der Religionsausübung gehören, bzw. wo es um gottesdienstliche Belange geht, je unmittelbarer sie mit dem Gottesdienstvollzug zusammenhängen. Dort, wo die Kirche dagegen missionierend oder caritativ tätig ist, soll das Gewicht dieser Belange dagegen abnehmen[81].

Zu beachten ist jedoch, daß die landesgesetzlichen Regelungen zur Berücksichtigung kirchlicher Belange, die verfassungsrechtlichen Vorgaben wie sie oben dargestellt wurden, nicht einschränken können. Deshalb muß die staatliche Denkmalschutzbehörde auch bei der Anwendung der Berücksichtigungsklauseln das Selbstbestimmungsrecht der Kirchen respektieren und wegen der Bedeutung der Sakralbauten für das Selbstverständnis der Kirchen, die Letztentscheidung darüber wie deren Gotteshäuser aussehen sollen, ihnen selbst überlassen[82].

4. Enteignungsausschluß

Mehrere Länder bestimmen ausdrücklich die Unanwendbarkeit der denkmalschutzgesetzlichen Enteignungsvorschriften auf kirchliche Denkmale und schließen so ei-

---

[79] *D. Martin*, in: D. Martin/A. Schneider/L. Wecker/H.-M. Bregger, Sächsisches Denkmalschutzgesetz. Kommentar, Wiesbaden 1999, § 18 Nr. 2.4.

[80] P. A. Memmesheimer/D. Upmeier/H. D. Schönstein, Denkmalrecht Nordrhein-Westfalen, [2] Köln 1989, § 38 Rdnr. 9.

[81] *D. Martin*, Anm. 73, Nr. 2.2.2 zu § 22.

[82] *J. Isensee*, Anm. 10, S. 122; *M. Heckel*, Anm. 15, 147 ff

ne auf das Denkmalschutzrecht gestützte Enteignung aus. In Baden-Württemberg (§ 11 Abs. 3 B.-W. DSchG) gilt dies für alle Kulturdenkmale, die im kirchlichen Eigentum stehen, unabhängig von ihrer Nutzung. In Berlin werden Denkmale, die unmittelbar gottesdienstlichen Zwecken dienen, von einer Enteignung nach dem Denkmalschutzgesetz ausgenommen (§ 21 Abs. 2 DSchG Bln). Das sächsische Denkmalschutzgesetz nimmt beide Denkmalgruppen aus dem Anwendungsbereich der denkmalrechtlichen Enteignungsvorschriften heraus (§ 18 Abs.4 SächsDSchG). Das Verbot einer auf das Denkmalschutzgesetz gestützten Enteignung gilt dort sowohl für sämtliche Denkmale, die im kirchlichen Eigentum stehen, unabhängig von ihrer Nutzung, als auch für alle gottesdienstlich genutzten Denkmale, gleichgültig wer ihr Eigentümer ist. Ähnlich wie die sächsische Regelung ist die rheinland-pfälzische. Dort dürfen weder Denkmale, die dem Gottesdienst dienen noch Denkmale über die die Kirchen verfügungsberechtigt sind, nach dem Denkmalschutz- und -pflegegesetz enteignet werden (§ 23 Abs. 1 Satz 2 DSchPflG). Gemeinsam ist allen Enteignungsausschlüssen, daß sie über die Gewährleistungen des Art. 138 Abs. 2 WRV hinausgehen, da die Enteignungsverbote der Denkmalschutzgesetze anders als Art. 138 Abs. 2 WRV durch keine Schrankenregeln begrenzt werden und daher Abwägungen mit anderen Rechtsgütern nicht erforderlich sind.

5. *Exemtion*

Als Besonderheit bieten einige Länder die Möglichkeit der Exemtion der Kirchen und Religionsgemeinschaften von den denkmalschutzrechtlichen Landesbestimmungen.

Für Niedersachsen, ist diese Exemtion aufgrund kirchenvertraglicher Regelung vollständig (s.o.).

Dem sehr nahe kommt die Regelung in Baden-Württemberg, wo den Kirchen in § 11 Abs. 2 DSchG die Möglichkeit eingeräumt wird, sich durch den Erlaß eigener Denkmalvorschriften im Einvernehmen mit der oberstes Denkmalschutzbehörde aus dem Anwendungsbereich der wichtigsten Genehmigungsvorschriften des Denkmalschutzgesetzes zu entziehen[83]. Diese Ausnahme gilt jedoch nur für Kulturdenkmale, die dem Gottesdienst dienen. Vor der Durchführung von Maßnahmen setzen sich die Kirchenbehörden mit dem Landesdenkmalamt ins Benehmen. Kommt weder mit diesem noch mit der höheren Denkmalschutzbehörde eine Einigung zu Stande, entscheidet die Kirchenbehörde im Benehmen mit der obersten

[83] Zu Baden-Württemberg: *J. Isensee*, Anm. 10, S. 119 ff.

Denkmalschutzbehörde. Das letzte Wort hätte dann also die kirchliche Genehmigungsbehörde.

Die sächsische Sonderregelung ist eine Modifikation der entsprechenden Bestimmung im baden-württembergischen Denkmalschutzgesetz. Sein Vorbild wird durch § 18 SächsDSchG jedoch abgewandelt, in dem er im Falle der Durchführung des Genehmigungsverfahrens durch eigene kirchliche Denkmalschutzstellen, die Letztentscheidungskompetenz nicht der kirchlichen Oberbehörde, wie das baden-württembergische Gesetz, sondern der obersten staatlichen Denkmalschutzbehörde zuspricht.

Für Mecklenburg-Vorpommern sieht das Denkmalschutzgesetz in § 10 die Pflicht der Denkmalschutzbehörden vor, bei Denkmalen, die unmittelbar gottesdienstlichen Zwecken dienen, die durch die Kirchen festgestellten liturgischen Belange zu berücksichtigen. Die Kirchen sind am Verfahren zu beteiligen. Letztlich entscheidet die kirchliche Oberbehörde im Benehmen mit der obersten Denkmalschutzbehörde. Darüber hinaus sieht das Denkmalschutzgesetz in Verbindung mit Art. 9 Abs. 4 des evangelischen Kirchenvertrages die Möglichkeit einer vertraglichen Übertragung der Aufgaben der unteren Denkmalschutzbehörde auf die kirchlichen Bauämter vor. Von dieser Möglichkeit ist durch die Vereinbarung zwischen dem Land Mecklenburg-Vorpommern und den evangelischen Landeskirchen vom 3.Mai 1996[84] Gebrauch gemacht worden.

Auch Schleswig-Holstein eröffnet den Kirchen in Art. 25 des Staatskirchenvertrages sich über die in § 38 Satz 2 Denkmalschutzgesetz genannten Befreiungen hinaus vollständig von der Anwendung des Denkmalschutzgesetzes im kirchlichen Bereich befreien zu lassen, wenn die Kirche eigene Vorschriften erließe. Gebrauch gemacht wurde von dieser Option noch nicht.

Anders gefaßt ist die Sonderregelung in § 23 des rheinland-pfälzischen Landesgesetzes zum Schutze und zur Pflege der Kulturdenkmäler.

Zum einen erlaubt § 23 Abs. 2 DSchPflG den Kirchen die Durchführung denkmalrelevanter Maßnahmen im Benehmen mit den staatlichen Denkmalschutzbehörden, wenn die Kirche über eine anerkannte Stelle verfügt, die die Aufgaben der Denkmalpflege und des Denkmalschutzes wahrnimmt. Zum anderen befreien § 23 Abs. 2 Satz 3 und Abs. 4 DSchPflG die Kirchen von der Anwendung einer Reihe von Gesetzesvorschriften weil der Staat darauf vertraut, daß die Kirchen mit den Stellen

---

84 Amtsblatt der EKD 1996, S. 444

i.S.d. § 23 Abs.3 DSchPflG eine Denkmalpflege und einen Denkmalschutz in gleicher Güte sichern können. Insofern ist die an der Regelung geübte Kritik[85] nicht gerechtfertigt, da die Bedingungen unter denen eine solche Regelung als verfassungskonform anzusehen ist[86], eingehalten wurden. Der Staat muß seine Letztverantwortung für den Denkmalschutz nicht durch die Einflußnahme auf und Kontrolle über jeden Einzelfall ausüben.

Schließlich sieht das Denkmalschutzgesetz des Landes Sachsen-Anhalt in § 4 Abs.4 Denkmalschutzgesetz vor, daß die Rechte und Pflichten der unteren Denkmalschutzbehörden im Bezug auf Kirchen und kultischen Zwecken dienende Kulturdenkmale auf die Kirchenbauämter übertragen werden können. Kirchlicherseits setzt dies ein Mindestmaß an organisierter Fachkompetenz voraus[87]. Verschiedene kirchliche Körperschaften und Konfessionen können auch ein gemeinsames Bauamt einrichten. Um eine Exemtion im eigentlichen Sinne würde es sich dabei nicht handeln, da das staatliche Denkmalschutzgesetz für die kirchlichen Baudenkmale weiterhin gälte. Die Übertragung ist, soweit sie nicht ohnehin auf Antrag der Kirche vorgenommen wird, nur mit dem Einverständnis der Kirche zulässig. Die untere Denkmalschutzbehörde kann sich ihrer Aufgaben durch die Stellung eines entsprechenden Antrages also nicht gegen den Willen der Kirchen und zu deren Lasten entledigen. Mit der Übertragung treten die Kirchenbauämter in der staatlichen Behördenorganisation an die Stelle der unteren Denkmalschutzbehörde[88]. Die mit der Übertragung verbundenen Belastungen der Kirchen wären durch den Staat finanziell auszugleichen. Um eine echte Exemtion würde es sich handeln, wenn die in den Kirchenverträgen Sachsen-Anhalts als Möglichkeit vorgesehene Ausklammerung der gottesdienstlich genutzten Baudenkmale im Kircheneigentum realisiert würde. Dies setzt allerdings den Erlaß eigener kirchlicher Denkmalvorschriften voraus.

In Hessen werden die Kirchen durch § 28 Abs. 1 Satz 2 Denkmalschutzgesetz aus dem Anwendungsbereich bestimmter Denkmalschutzbestimmungen ausgenommen.

Verfassungsrechtliche Bedenken bestehen gegen eine Exemtion nicht. Entgegen bisher geübter Kritik[89] wird durch eine partielle Herauslösung des kirchlichen Denk-

---

[85] *E.-R. Hönes*, Denkmalrecht Rheinland-Pfalz, ²Mainz 1995, § 23 Rdn. 9.

[86] *M. Heckel*, Anm. 1, 101 ff.

[87] Dazu und zum Folgenden *A. Reich*, Anm. 67 § 4 Rdnr. 9

[88] Problematisch ist in diesem Zusammenhang, ob und inwieweit dem Land die gegenüber der unteren Denkmalschutzbehörde zustehende Rechts- und Fachaufsicht auch gegenüber dem Kirchenbauamt zukommt.

[89] *W. Eberl*, Anm. 63, 456.

malschutzes aus der staatlichen Verantwortung der „Verfassungsauftrag," des Art. 137 Abs. 3 WRV keineswegs überschritten. Dies ist auch gar nicht möglich, da das in Art 137 Abs. 3 WRV normierte Selbstverwaltungsrecht der Kirchen keine Einschränkung der Kirchen, sondern eine Beschränkung des Staates zum Schutz der Kirchen vor staatlichen Eingriffen zum Inhalt hat[90]. Im Gegenteil eine solche Regelung entspricht sogar am besten dem Subsidiaritätsprinzip[91]. Ein staatliches Monopol der Denkmalpflege schreibt weder das Grundgesetz noch eine Landesverfassung vor. Die Wahrnehmung der Denkmalpflege und des Denkmalschutzes als staatliche Aufgabe, wie sie sich aus dem kulturstaatlichen Verfassungsauftrag ableitet, verpflichtet den Staat nicht, jede eigenständige Beteiligung anderer Kräfte auf diesem Gebiet auszuschließen oder alle Aufgaben auf diesem Gebiet unterschiedslos unter seine Kontrolle zu bringen[92]. Mit der Überlassung von Denkmalschutzaufgaben und Kompetenzen bei den Kirchen darf der Staat allerdings nicht seinen völligen Rückzug aus dem Bereich des Denkmalschutzes für sakrale Kunstwerke verbinden. Der Staat muß sich Einflußmöglichkeiten auf einen exemten kirchlichen Denkmalschutz erhalten, etwa in dem er die Geltung kirchlicher Vorschriften, die an die Stelle staatlicher treten sollen, von seinem Einverständnis abhängig, an sie bestimmte inhaltliche Forderungen stellt. Einen generellen Verzicht auf staatliche Kulturschutzverantwortung im kirchlichen Bereich darf es nicht geben[93].

V. Kirchliche Denkmalpflege - eine Annäherung an die Autonomie

Das bestehende staatliche Regelungswerk hat in der Vergangenheit geholfen auch kirchliche Baudenkmale zu schützen und der Öffentlichkeit zugänglich zu halten. Von größter Wichtigkeit war dabei zu jedem Zeitpunkt die Kooperation von staatlichen Denkmalsschutzbehörden und Stellen der kirchlichen Denkmalpflege. Dieser Abstimmung muß auch in Zukunft, wie durchweg betont wird, höchste Priorität eingeräumt werden[94].

---

90 *W. Loschelder*, Anm. 44, 617.

91 *J. Isensee*, Anm. 10, 123.

92 Neben *J. Isensee*, ebda., siehe auch *W. Loschelder*, Anm. 44, 616 ff.

93 *M. Heckel*, Anm. 1, 100 ff.

94 *K. Ehrlich*, Für den lebendigen Gebrauch erhalten. Zum Verhältnis von Kirche und Denkmalpflege, in: Kunst und Kirche 1975, 105f.; *J. Rüenauver*, Anm. 6, 144.

Zwar war man kirchlicherseits in der Vergangenheit in Westdeutschland meist in der Lage die vorhandene historische Bausubstanz zu erhalten und zu pflegen, doch sehen sich die Kirchen seit rund 20 Jahren, in Ostdeutschland freilich schon länger mit mehreren Entwicklungstendenzen konfrontiert, die miteinander verbunden die bisherige kirchliche Denkmalpflege vor schier unlösbare Probleme stellen. Mitgliederschwund und finanzielle Nöte sowie Materialmangel haben vor allem in den sog. neuen Bundesländern dazu geführt, daß immer mehr Kirchengebäude und schützenswerte Pfarrhäuser nicht mehr instandgehalten und deswegen leer und ungenutzt gelassen werden mußten. Vielfach wurden Kirchengebäude, die von den Kirchen nicht wiederaufgebaut werden oder nicht weiter unterhalten werden konnten in eine profane Nutzung überführt und als Konzerthallen oder Museen genutzt. „Gesellschaftliche Neuadaptionen"[95] wie diese Umwidmungen genannt wurden, boten einen Ausweg bei der Suche nach Lösungen für zerstörte oder gefährdete Gotteshäuser. Auch in Westdeutschland gab es vereinzelt ähnliche Fälle.

Gleichzeitig nimmt durch den anhaltenden Säkularisationsprozeß in unserer Gesellschaft das Wissen um elementare Inhalte des christlichen Glaubens stetig ab. Zum Teil scheinen diese sogar aus der Allgemeinbildung geradezu ausgeklammert zu werden. In der denkmalpflegerischen Arbeit an Kirchengebäuden wirkt sich dies dahingehend aus, daß das erforderliche Maß an Sachkompetenz, das zur Beurteilung, ja schon zum Verständnis kirchlicher Belange im denkmalrechtlichen Verfahren unerläßlich ist, bei den Genehmigungsbehörden zu verschwinden droht[96]. Gleichzeitig sehen sich die Kirchen durch die zahlmäßig ansteigenden Eintragungen von Kirchengebäuden - auch jüngeren Baujahrs - in Denkmallisten einem immer stärker werdenden Druck durch die staatliche Denkmalpflege ausgesetzt[97]

Fachkreise der Kirchen befassen sich seit längerem mit den Implikationen dieses Prozesses, so z. B der Evangelische Kirchbautag 1996 in Magdeburg[98]. Zu Recht ist darauf hingewiesen worden, daß der Verkauf einer Kirche nicht nur der schlechteste, sondern eigentlich gar kein Lösungsvorschlag beim Versuch der Rettung eines verfallenden Kirchengebäudes ist, wenn dabei gleichzeitig die kirchliche Nutzung

---

[95] *H. Müller*, Denkmale christlicher Kunst. Bestand und Bewahrung, in: CDU-Ost (Hrsg.), Kirchen, Klöster und ihre Kunstschätze in der DDR (München 1982) 10 ff. (14).

[96] *J. Rüenauver*, Anm. 6, 148.

[97] *J. Isensee*, Anm. 10, 120 f.

[98] siehe zu dieser Tagung den von R. Volp herausgegebenen Band Denkmal Kirche? Erbe - Zeichen - Vision , Darmstadt 1997, 5 ff; thematisiert wurden Fragen der Nutzung nicht mehr für den Gottesdienst benötigter Kirchen auch in den Heften 3/1975 und 3/1988 der Zeitschrift Kunst und Kirche.

beendet wird[99]. Eine denkmalgerechte Nutzung ist dann häufig für die Zukunft nicht mehr zu gewährleisten[100]. Dabei ist es für den Erhalt eines Baudenkmales von entscheidender Bedeutung, daß eine seinem Charakter entsprechende Nutzung gefunden wird. Bedeutet die Erhaltung eines Bauwerkes nur mehr als bloßes denkmalwürdiges Monument, „ihm den Totenschein auszustellen"[101], bedeutet doch die aktive Nutzung der Denkmalobjekte die „Basis für ihre kontinuierliche Pflege"[102]. Auch droht der Identifikationswert, den diese Mittelpunkte des örtlichen Lebens bisher hatten, durch einen Übergang in private Hand, verlorenzugehen. Zumal der Rückzug aus dem Dorf oder Stadtviertel, der mit dem Verkauf des Kirchengebäudes verbunden ist, die Kirche auf Dauer teuer zu stehen kommen wird. Die finanzielle Entspannung dürfte kaum lange anhalten, die verlorene Möglichkeit, auch für der Kirche fernstehende sicht- und hörbar zu bleiben sowie mit Spontan- oder Konzertbesuchern ins Gespräch zu kommen, für die Kirche um so schwerer wiegen[103].

Als sinnvolle Alternative zu Verkauf oder Verfall ist es daher kaum in einem Beitrag zu dem Thema bisher versäumt worden, auf die Notwendigkeit der denkmalgerechten Erweiterung der Nutzung der Kirchen und Kapellen hinzuweisen[104]. Gelungene Beispiele einer Sicherung für die Zukunft durch Erweiterung der Nutzungsmöglichkeiten bei geringen und wieder leicht zu revidierenden baulichen Veränderungen sind mehrfach aufgezeigt und erprobt worden[105]. Ihnen gemeinsam ist, daß sie ein unkompliziertes, möglichst wenig Genehmigungsverfahren, wohl aber mit

---

99 *U. Böhme*, Anm. 3, 160; R. Volp, Anm. 3, 156; *G. Kiesow*, Wozu können Kirchengebäude genutzt werden?, in: Kunst und Kirche 2000, 131 f.

100 ebenso: *E. Widder*, Kirche zwischen Denkmalschutz, Kunstpflege und seelsorglichen Aufgaben, in: Kunst und Kirche 1975 S. 137; *M. Neumann*, Umnutzung und Veränderungen im Kirchenraum, in: M. Petzet (Hrsg.), Anm. 1, 55.

101 *H. Muck*, Die Gestaltung des Kirchenraumes nach der Liturgiereform. Lebendiger Gottesdienst 12, Münster 1966, 68.

102 *B. Preusler*, Jahresbericht 1996, Anm. 6, 410.

103 *U. Böhme*, Anm. 3, 160; R. Volp, Anm. 3, 156.

104 Unsere Kirchengebäude - Prozesse der Aneignung und Ablösung, in: Mitteilungsblatt des Bundes der Evangelischen Kirchen in der DDR 1984, 7; *W. Billig*, Nutzungsprobleme historischer Kirchen, in: M. Petzet, Anm.1, 46 ff 48; *G. Voß*, Die Zukunft der Kirchen in Sachsen-Anhalt, in: R. Volp, Anm. 5, 21 ff.; *M. Sußmann*, Kirchen als Teil der Kultur in den neuen Bundesländern - am Beispiel der Kirchenprovinz Sachsen, in: R. Volp ebda., 33-43; *G. Kiesow*, Das Erbe und die Visionen, ebd. S. 51-65; *G. Matzig*, Kirchen in Not. Über den profanen Umgang mit sakralen Denkmälern. Schriftenreihe des deutschen Nationalkomitees für Denkmalschutz 56, ²Bonn 1997, 30 ff. 83ff.; *G. Kiesow*, Anm. 99, 124-132; *G. Kirmis*, Offenheit und Zögern, in: Kunst und Kirche 2000, 137-139.

105 Die Zeitschrift „Kunst und Kirche" berichtet regelmäßig über beachtenswerte Beispiele.

Sachkompetenz begleitetes Vorgehen erfordern. Was also neben anderen Veränderungen und viel Geld notwendig wäre, ist die Bündelung von Zuständigkeiten, um die Umsetzung erfolgversprechender Ideen zur langfristigen Erhaltung von kirchlichen Kunstdenkmälern nicht durch komplizierte Verfahren zu verlangsamen. und das Engagement der interessierten Bürger durch zusätzliche Verfahrensschritte bei der Abstimmung zwischen Kirche und Denkmalschutzbehörde ermüden zu lassen.

Ein Schritt zur Vereinfachung der Arbeit könnte sein, von den Möglichkeiten einer Exemtion der kirchlichen Denkmalpflege, wo solche Regelungen bereits bestehen, Gebrauch zu machen und auf entsprechende Regelungen bei Revisionen der Denkmalschutzgesetze anderer Länder hinzuwirken.

Eine solche Veränderung im Denkmalschutzrecht würde auch den verfassungsrechtlichen Vorgaben am ehesten entsprechen. Die immer noch aktuelle Bedeutung als Glaubenszeugnis mit gottesdienstlicher Funktion, die kirchlichen Kulturdenkmalen eigen ist, zwingt den demokratischen Rechtsstaat zur besonderen Rücksichtnahme und Zurückhaltung. Gehen kulturhistorische Bedeutung und religiös-liturgische Funktion beim kirchlichen Baudenkmal die Symbiose ein, von der eingangs die Rede war, so darf aus dieser Verbindung die religiöse Bestimmung des Denkmals nicht herausgelöst werden[106]. Auch ihr haben die Schutzbemühungen der staatlichen Denkmalpflege zu dienen, nicht allein der physischen Unversehrtheit der Bausubstanz[107]. Veränderungen im Rahmen der kirchlich-religiösen Bestimmung des Denkmals, bzw. deren Realisierung, die aus sich wandelnden liturgischen Bestimmungen sowie veränderten seelsorgerlichen Zielsetzungen resultieren, sind daher auch nicht als Fremdkörper bei der Verfolgung staatlicher Denkmalschutzinteressen anzusehen. Vielmehr ist die Berücksichtigung dieser Veränderungen als eine Zielbestimmung der staatlichen Denkmalpflege anzusehen[108]. Der religiös-neutrale Staat vermag jedoch liturgische oder kultische Aspekte der kirchlichen Baudenkmale nicht zu bewerten[109]. Kann vom Staat keine Bewertung oder Beurteilung der in der Religionsausübung wurzelnden Erwägungen erwartet werden, so erscheint es nur konsequent, den Denkmalschutz an kirchlichen Denkmalen aus der staatlichen Verwaltung auszuklammern und den Kirchen und Religionsgesellschaften zu überlassen[110].

---

[106] *H. Maurer*, Anm. 43, 84.

[107] R. *Polz*, Denkmalschutz im Spannungsfeld von Staat und Kirche, in: Kunst und Kirche 1996, 170.

[108] R. *Polz*, ebda.

[109] *H. Maurer*, Anm. 43, 84; *W. Loschelder*, Anm. 44, 613.

[110] R. *Polz*, Anm. 110, 170; im Ergebnis ebenso: *B. Panzram* in einem Gutachten zu der Frage: „Kann der Staat den Kirchen das Recht, die Denkmalpflege selbst wahrzunehmen, entziehen, ohne gegen das

Den Kirchen böte dies den Vorteil, eigene, auf ihre Situation maßgeschneiderte Vorschriften zu erlassen, in denen die kirchlichen Belange einen höheren Stellenwert besäßen. Machen die Kirchen von der Möglichkeit zur Exemtion im Denkmalschutz gebrauch, bestünde die Chance zur effektiveren Durchsetzung kirchlicher Interessen im Denkmalschutz. Die Kirchen müßten ihre Interessen nicht gegenüber staatlichen Stellen geltend machen und verteidigen, sie handelten dann offensiv selbstgestaltend und erweiterten ihren Handlungsspielraum[111]. Die Argumentationslast läge bei den staatlichen Stellen, wenn diese mit der kirchlichen Sicht eines Problems nicht einverstanden wären. Im Konfliktfall wären auch nicht das staatliche Denkmalschutzgesetz, sondern die kirchlichen Vorschriften Maßstab einer gerichtlichen Überprüfung. Dies in Erinnerung zu behalten, ist insbesondere im Hinblick auf die Gesetzeslage in Sachsen wichtig, wo die Letztentscheidungskompetenz bei der obersten Denkmalschutzbehörde liegt und deren Entscheidung gerichtlich angefochten werden müßte.

Die Exemtion der Kirchen wäre allerdings an einige inhaltliche Bedingungen zu knüpfen[112]. So müßten die kirchlichen Körperschaften für ihren Bereich allgemeine Normen über den Denkmalschutz erlassen. Diese Vorschriften müßten alle erforderlichen organisations- und Verfahrensbestimmungen enthalten, inhaltlich dem Regelungsbereich des staatlichen Denkmalschutzgesetzes entsprechen sowie die wesentlichen Vorkehrungen zur Sicherung des Denkmalschutzes enthalten. Hierzu gehörte auch die Unterhaltung einer für den Denkmalschutz zuständigen Einrichtung mit ausreichender personeller und materieller Sachkompetenz, damit gewährleistet wäre, daß die Kirchen ihre Aufgabe den anerkannten Maßstäben denkmalpflegerischen Handelns entsprechend erfüllen. Diese kirchlichen Denkmalschutzstellen müßten nicht für jede Diözese oder Landeskirche gesondert eingerichtet werden. Die Tätigkeit der kirchlichen Denkmalpflege ließe sich durchaus diözesan-, bzw. landeskirchenübergreifend und auch interkonfessionell organisieren, ohne daß dies ihre Wirksamkeit gefährden würde (so ausdrücklich für Rheinland-Pfalz § 23 Abs. 3 Satz 3 DSchPflG). Entscheidend wäre vielmehr, daß die Betreuung des denkmalrelevanten Einzelfalles, meist in Auseinandersetzung mit der Kirchengemeinde vor Ort, geleistet werden kann.

Grundgesetz und die Kirchenverträge zu verstoßen?", abgedruckt in: Österreichisches Archiv für Kirchenrecht 1966, 438-443.

111 *J. Isensee*, Anm. 10, 122.

112 Zu den Vorraussetzungen: *J. Isensee*, Anm. 10, 124.

Schließlich setzen die bestehenden gesetzlichen Exemtionsklauseln stets das Einvernehmen obersten Denkmalschutzbehörde mit dem Erlaß der kirchlichen Denkmalschutznormen voraus, wenn die kirchlichen Normen an die Stelle der staatlichen treten sollen. Die oberste Denkmalschutzbehörde ist allerdings zur Zustimmung verpflichtet, wenn die kirchlichen Vorschriften alle formellen und materiellen Voraussetzungen des Gesetzes erfüllen[113].

Nunmehr bräuchte die staatliche Denkmalpflege auch nur eine Handhabe, sich in Fällen des Versagens der kirchlichen Denkmalpflege in das Verfahren einzuschalten. Diese Möglichkeit ist auch durch die bestehenden Exemtionsbestimmungen gegeben.

Daß dies die grundsätzlich trotz aller Meinungsverschiedenheiten im Detail funktionierende und anerkannte Zusammenarbeit zwischen der staatlichen und der kirchlichen Denkmalpflege nicht gefährden muß, zeigt das Beispiel Mecklenburg-Vorpommerns. Dort wo es zu einer größeren Verantwortung der Kirchen im Denkmalschutz gekommen ist, blieben die gefürchteten Folgen, wie z. B die Zersplitterung der wissenschaftlichen Arbeit[114] auf dem Gebiet der Denkmalpflege aus. Warum die Existenz einer kirchlichen Denkmalpflege an sich eine Gefahr bedeuten soll[115], ist in Anbetracht der großen Erfolge der kirchlichen Denkmalpflege in den Jahrhunderten vor und nach dem Entstehen einer staatlichen Denkmalpflege ohnehin nicht zu verstehen.

---

113 *J. Isensee*, ebda.

114 *H. Dörge*, Anm. 1, 135.

115 *H. Dörge*, ebda.

Reform des Denkmalrechts?

- Eine Problemskizze zur Notwendigkeit und Entwicklungsperspektiven vor dem Hintergrund aktueller staats- und verwaltungsrechtswissenschaftlicher Reformdiskussionen -

Ansgar Hense

A. Einleitung: Sachliche und rechtliche Herausforderungen

Die Jahre 2000 und 2001 sind denkmalrechtlich durch Spannungen und Kräfte gekennzeichnet. Die von Hoffmann-Axthelm durch seine Streitschrift „Kann die Denkmalpflege entstaatlicht werden?"[1] und weitere Zeitungsartikel[2] angestoßene Debatte setzte einerseits inspirierendes Nachdenken in Gang, ist andererseits aber auch dadurch gekennzeichnet, daß Befindlichkeiten tangiert worden sind. Frageverbote vermochte die theoretische wie praktische Community der Denkmalpflege und des Denkmalschutzes nicht aufzurichten. So hob beispielsweise der nordrhein-westfälische Kulturminister Michael Vesper Ende 2000 die Notwendigkeit eines „neuen Koordinatensystems" im Denkmalschutz hervor[3]. Vesper betonte weiter,

---

[1] *Dieter Hoffmann-Axthelm*, Kann die Denkmalpflege entstaatlicht werden? Eine Streitschrift. Gutachten für die Bundestagsfraktion von Bündnis 90/Die Grünen, März 2000.Dieses Gutachten löste eine ebenso bemerkenswerte wie weitreichende öffentliche Debatte in den Tageszeitungen wie in der Fachpresse aus. Siehe auch den Beitrag von Hoffmann-Axthelm in diesem Band. Bemerkenswert *Holger Brülls*, Schlagt ihn nicht tot! Wir brauchen ihn, den Rezensenten: Die Denkmalpflege sollte auf Kritik nicht mit Killerphrasen antworten, in: FAZ - Nr. 137 - vom 17. Juni 2002, S. 54.

[2] *Dieter Hoffmann-Axthelm*, Alles bewahren heißt nichts erhalten - Die Denkmalpflege ist am Ende und braucht eine neue Aufgabe: die Suche nach den Projektionen gesellschaftlichen Glücks, in: DIE ZEIT - Nr. 22 - vom 25. Mai 2000, S. 46-47.

[3] Dazu und zum Folgenden *Michael Vesper*, Einführung zum Forum Denkmalschutz und Denkmalpflege am 20. Dezember 2000 im Malkasten Düsseldorf, unveröffentlichtes Manuskript. In Nordrhein-Westfalen konstituierte sich im Mai 2001 eine Denkmalkommission, die am 7. Oktober 2002 ihren ersten Be-

daß die Diskussion um Denkmalschutz und Denkmalpflege mitten in die Modernisierungsdebatte der Gesellschaft gehöre. Gerade in dieser Diskussion stehen sich gegenläufige Tendenzen gegenüber. Während eine Auffassung hervorhebt, daß man sich vor allem dann traditional orientiere, wenn man in der Zukunft keine anderen Möglichkeiten sieht als in der Vergangenheit[4], argumentiert die andere Auffassung gegen die ‚Vergessensgesellschaft' und findet sich demzufolge unter dem Motto zusammen: „Je schneller die Zukunft modern wird, desto mehr Vergangenheit müssen wir in die Zukunft mitnehmen"[5]. Dabei wurden bereits Anfang des 20. Jahrhunderts Mahnungen formuliert, die - bei aller Anerkennung des Heimatwertgedankens und anderer Denkmalschutzkonzeptionen[6] - vor einer ‚Mumifizierung' der Städte und Dörfer warnten[7] und auch später sind immer wieder die Paradoxien des Denkmalschutzes hervorhoben worden[8]. Denkmalpflege und Denkmalschutz lassen sich darüber hinaus von Einschätzungen und Beurteilungen städtischer Wandlungspro-

richt vorlegte (www.mswks.nrw.de/download/ErgebnisberichtDKommission071002.doc [26.11.2002]), der in der Presse kontrovers beurteilt wurde: Einerseits Andreas Rossmann, Schönredner, in: FAZ - Nr. 272 - vom 22. November 2002, S. 39, andererseits die replizierende Leserzuschrift des Kommissionsmitglieds Prof. Dr. Janbernd Oebbecke, in: FAZ - Nr. 280 - 7. Dezember 2002, S. 11. Da dieser Bericht nach Abschluß des Manuskripts erschien, konnte er nicht mehr im einzelnen gewürdigt werden.

4 So die eingängige Sentenz von *Niklas Luhmann*, Status quo als Argument, in: Bayer (Hrsg.), Studenten in der Opposition, 1968, 73 ff. (75).

5 So eine Bemerkung Odo Marquards, zitiert nach: *Konstantin Pollock*, Ausstieg aus der Vergessensgesellschaft, in: Badische Zeitung - Nr. 158 - vom 13. Juli 1993. Zur Problemstellung der Entzweiung von Herkunfts- und Zukunftswelt, zur Bipolarität von Erinnern und Vergessen, zur Modernität des Homo faber der notwendigerweise auch ein Homo conservator sei, *Odo Marquard*, Das Zeitalter des Ausrangierens und die Kultur des Erinnerns, in: Ders., Philosophie des Stattdessen: Studien, 2000, 50 ff.

6 Dazu näher *Felix Hammer*, Die geschichtliche Entwicklung des Denkmalrechts in Deutschland, Tübingen 1995, insbes. 124 ff. (zum Heimatschutzgedanken); *Winfried Speitkamp*, Die Verwaltung der Geschichte: Denkmalpflege und Staat in Deutschland 1871-1933, 1996. Aus rechtswissenschaftlicher Sicht als Einzelfallstudie siehe *Klaus Füßer*, Denkmalschutzrecht in Sachsen, in S. Reich (Hrsg.), Festschrift zum 100jährigen Jubiläum des Sächsischen Oberverwaltungsgerichts, München 2002, 453 ff. (auch im Internet: www.fuesser.de [Dezember 2001]). Zur Orientierung zur Heimatschutzkategorie, die ehedem auch den Naturschutz umfaßte, siehe etwa *Heinz Langer*, Art. ‚Heimatschutz', in: H. Wandersleb (Hrsg.), Handwörterbuch des Städtebaus, Wohnungs- und Siedlungswesens, Bd. II, Stuttgart 1959, 815 ff.

7 Vgl. *Karl H. L. Welker*, Rezension zu W. Speitkamp, in: Ius Commune XXV (1998), 599 ff. (600). Als bemerkenswerten Kontrapunkt zu architektonischen Entwicklungen in der Nachkriegszeit siehe *Wolf Jobst Siedler/Elisabeth Niggemeyer*, Die gemordete Stadt: Abgesang auf Putte und Straße, Platz und Baum, Neuausgabe 1993.

8 *Hermann Lübbe*, Antik ist, was alt aussieht, in: Rheinischer Merkur - Nr. 28 - vom 14. Juli 1995, S. 19.

zesse nicht trennen[9]. So weit das Ortsbild und seine Gestaltung in nicht unerheblichen Maße von sozialpsychologischen Faktoren abhängig sind, so wenig läßt es sich einfachhin unter eine substantialistische Wahrnehmung von Geschichte subsumieren. Das örtliche Erscheinungsbild ist nicht nur tatsächlich eine bauliche Konstruktion, sondern auch ein Wahrnehmungskonstrukt und steht demzufolge unter Wandlungsvorbehalt[10].

Die seit der von Hoffmann-Axthelm angestoßenen Debatte in der überregionalen Tagespresse zu verzeichnenden Zeitungsberichte thematisieren nunmehr nicht selten eine Krise der Denkmalpflege[11], so daß zunehmend bei aller Kritik im einzelnen eine stärkere Nachdenklichkeit und Rationalisierung der Debatte bemerkbar wird. Schließlich handelt es sich keinesfalls um eine auf Deutschland beschränkte Denkmaldiskussion[12]. Die Diskussion über die Organisation von Denkmalpflege und Denkmalschutz korrespondiert zudem mit dem Nachdenken des „Verwaltungsstaats im Übergang“[13], der sich mit dem deutschen Einigungsprozeß und der Europäisierung einer „doppelten Erschütterung“ (F.W. Scharpf) ausgesetzt sieht.

Die Denkmaldebatte ist in juristischer Hinsicht anschlußfähig, da das Denkmalrecht als Rechtsgebiet einen nicht unprekären Charakter aufweist[14]. Eine Durchsicht viel-

---

[9] Zu städtischen Entwicklungen siehe den Sammelband: M. Mönninger (Hrsg.), Stadtgesellschaft, Frankfurt am Main 1999. Bemerkenswert zudem Friedrich Ebert Stiftung (Hrsg.), Das Leitbild der multizentrischen Stadt, 1998 (Reihe ‚Wirtschaftspolitische Diskurse‘ Nr. 124).

[10] Die Problematik kommt plastisch in folgender Bemerkung W.J. Siedlers zum Ausdruck: „Alles ernsthafte Nachdenken über den Gang des Bauens in diesem Jahrhundert läuft auf die Frage hinaus, ob das Gebaute einer Epoche ein Lebensgefühl schafft oder es ausdrückt“. In: Die gemordete Stadt, (Anm. 7), 5.

[11] Exemplarisch etwa *Ernst Wegener*, Ende der Schonzeit - Mitten in der Krise: Die Jahrestagung des Nationalkomitees für Denkmalschutz in Erfurt, FAZ - Nr. 274 - 24. November 2001, S. 44. Bei der Verleihung des Denkmalschutzpreises an *Robert Huse* konstatierte dieser nüchtern: „Es ist nicht gut bestellt um die Denkmalpflege in Deutschland“.

[12] Siehe etwa *Elmar Ledergerber*, Schützen und gestalten: Denkmalpflege der Stadt Zürich vor einer Neuorientierung, in: NZZ (Internationale Ausgabe) - Nr. 111 - vom 13./14. Mai 2000, S. 57; *Georg Mörsch*, Denkmalpflege im Umbruch: Die gewachsene Bausubstanz als Element der Stadtentwicklung, ebda., S. 59.

[13] Grundlegend *Klaus König*, Verwaltungsstaat im Übergang: Transformation, Entwicklung, Modernisierung, Baden-Baden 1999.

[14] Die prekäre kulturelle Lage in praxi und ihre Implikationen, wie sie landläufig kommuniziert werden, verdeutlicht etwa folgende, anekdotische literarische Stellungnahme: „Es ist ein eigenartiger Widerspruch, daß im Theater die sogenannten ‚Werktreue‘, also die Übereinstimmung mit der Inszenierung mit den Absichten des Dichters, als ein höchst verdächtiges Streben angesehen wird, die Veränderung eines Bauwerkes aber als eine Kulturschande. Ein Beispiel aus einem neuen Bundesland spricht Bände.

fältiger Publikationen läßt eine sehr starke Konzentration auf bestimmte, gewichtige dogmatische Fragestellungen erkennen, die vornehmlich das Verhältnis von Denkmalrecht und der grundgesetzlichen Eigentumsgarantie betreffen[15]. Auch jenseits der Frage, ob und inwieweit die Zukunft und Zukunftsfähigkeit der mobilen Gesellschaft in denkmalgeschützten Immobilien liegen kann, scheint das Denkmalrecht momentan als Rechtsgebiet noch sehr stark im Schatten der aktuellen Verwaltungs- und Verwaltungsrechtsreformdiskussionen zu liegen, wobei manche sogar von einem Rechtsgebiet im Schatten rechtsstaatlicher Handlungsformen sprechen. Letztere Stellungnahme indiziert den hohen Sensibilitätsgrad denkmalrechtlicher Fragestellungen, die häufig geradezu den status confessionis erreichen - mit entsprechenden Auswirkungen.

Die Aufgabe der nachfolgenden Problemskizze kann es nur sein, das Denkmalrecht ansatzweise und in ausgewählten Teilaspekten mit den bislang aktuellen Reformdiskussionen in Beziehung zu bringen sowie auf Anschlußmöglichkeiten hinzuweisen. Die Auswahl bestimmter Problemgesichtspunkte bedingt es, daß keine systematisch systematisierende Synthese des Denkmalrechts in all seinen ebenso praktischen wie dogmatisch aktualisierbaren Facetten zu bieten ist[16]; beispielsweise bleiben u.a. die Bodendenkmale ausgeklammert.

In zwei großen Schritten soll die Problematisierung als Tour d'horizon erfolgen: Zum einen soll untersucht werden, wie weit die kulturelle Staatsaufgabe reicht und ggfs. zwangsläufig mit einem weitreichenden, flächendeckenden Denkmalschutz verbunden sein muß (B.). Zum zweiten soll in einem weiteren Schritt vor dem Forum herkömmlicher Dogmatik und mit Blick auf aktuelle verwaltungsrechtliche Reformvorstellungen die Wandlung des denkmalrechtlichen Instrumentariums als Teil des Besonderen Verwaltungsrechts in seiner Notwendigkeit wie auch Perspektivität ‚anthematisiert' werden (C.).

Dort wurde beim Umbau eines alten Gebäudes von der Denkmalbehörde zur Auflage gemacht, die Steckdosen zu erhalten. Dies geschah mit großer Liebe zum Detail. Danach stellte es sich freilich heraus, daß es sich um einen Tippfehler handelte. Gemeint waren die Stuckdecken. Der Bauherr war aber so eingeschüchtert, daß er sich an den seltsamen Wortlaut hielt". *Manfred Rommel*, Trotz allem heiter: Erinnerungen, Stuttgart 1998, 278 f.

[15] BVerfGE 100, 226. Aus dem umfangreichen Schrifttum siehe neben *Joachim Lege*, in diesem Band, nur *Hansjörg Melchinger*, Die Eigentumsdogmatik des Grundgesetzes und das Recht des Denkmalschutzes, Berlin 1994. Im übrigen siehe etwa die ältere, in ihrer Ausstattung aber einzigartige Monographie von *Michael Kummer*, Denkmalschutz als gestaltendes Baurecht, München 1980.

[16] Dies muß ggfs. weiteren Untersuchungen vorbehalten bleiben.

B. Staatsaufgabe ‚Kultur' und der Denkmalsschutz

I. Schutz und Pflege von Denkmalen als notwendige Staatsaufgabe?

Wenn mit großem publizistischen Aufwand die Entstaatlichung der Denkmalpflege gefordert wird, so stellt sich verfassungsrechtlich erst einmal die Frage, ist Denkmalpflege überhaupt eine ‚notwendige Staatsaufgabe' und kann diese gegebenenfalls privatisiert werden[17]? Damit steht das Denkmalrecht unvermittelt in einem übergreifenden Diskussionszusammenhang, der andere spezielle verwaltungsrechtliche Materien, wie beispielsweise das Polizei- und Baurecht bereits früher erreicht hat. Und damit vor der Anfrage, weshalb in dem sicherheitsempfindlichen Gefahrenabwehrrecht Police-Private-Partnership (Rolf Stober)[18] und in anderen öffentlichrechtlichen Materien so intensiv über PPP diskutiert wird[19], während das Denkmalrecht gegenüber solchen diskursiven Anfragen, deren Diskussionsergebnis letztlich keineswegs feststeht, so hermetisch abgeschirmt sein soll.

Demnach ist zuerst die Frage zu untersuchen, ob und inwieweit Denkmalschutz und Denkmalpflege überhaupt verfassungsrechtlich explicit formulierte Staatsaufgaben sind und welche juristischen Folgerungen sich daraus im weiteren ergeben. Die Beantwortung dieser Frage setzt in einem ersten Schritt die terminologische Klärung voraus, da im Argumentationsfeld noch mit anderen rechtsdogmatischen Kategorien wie Staatszwecken und Staatszielen, Staatszielbestimmungen hantiert wird[20]. Ohne daß an dieser Stelle im einzelnen der Diskussionsstand zur Terminolo-

---

[17] Vgl. aus der aktuellen Diskussion, ohne daß die Denkmalpflege aber näher behandelt würde, etwa *Christof Gramm*, Privatisierung und notwendige Staatsaufgaben, Berlin 2001; zu sog. notwendigen Staatsaufgaben siehe zudem *Gunnar Folke Schuppert*, Verwaltungswissenschaft, Baden-Baden 2000, 925 ff.; darüber hinaus die umfängliche, grundlegende Darstellung der Privatisierungsproblematik bei *Jörn Axel Kämmerer*, Privatisierung: Typologie - Determinanten - Rechtspraxis - Folgen, Tübingen 2001.

[18] Vgl. dazu *Hartmut Bauer*, Public Private Partnerships als Erscheinungsformen der kooperativen Verwaltung - zugleich ein Beitrag zu Police Private Partnership, in: R. Stober (Hrsg.), Public-Private-Partnerships und Sicherheitspartnerschaften, Köln u.a. 2001, 21 ff. m.w.N.

[19] Zum Phänomen Public-Private-Partnership grundlegend *Bauer*, (Anm. 18); *ders.*, Verwaltungsrechtliche und verwaltungswissenschaftliche Aspekte der Gestaltung von Kooperationsverträgen bei Public Private Partnership, DÖV 1998, 89 ff.

[20] Zur umfangreichen Diskussion siehe vor allem die Monographien von *Hans Peter Bull*, Die Staatsaufgaben nach dem Grundgesetz, Frankfurt a.M. 1973; *Karl-Peter Sommermann*, Staatsziele und Staatszielbestimmungen, Tübingen 1997; sowie den Aufsatz von *Helmuth Schulze-Fielitz*, Staatsaufgabenentwicklung und Verfassung: Zur normativen Kraft der Verfassung für das Wachstum und die Begrenzung von Staatsaufgaben, in: D. Grimm (Hrsg.), Wachsende Staatsaufgaben - sinkende Steuerungsfähigkeit des

gie rekapituliert werden könnte, läßt sich folgendes festhalten: Sämtliche Verfassungen im deutschen Rechtskreis, also neben dem Grundgesetz auch die einzelnen Landesverfassungen, treffen verfassungsgestaltende Grundentscheidungen, die bestimmte legitimierende Grundaussagen der Verfassung gleichsam auf den Punkt bringen. Derartige Staatszielbestimmungen, wie beispielsweise die Sozial- oder Umweltstaatlichkeit (Artt. 20, 20 a GG), knüpfen an die alten Traditionen der Staatszweckdiskussionen bzw. -lehren an. Als staatstheoretische Kategorie waren - und sind - die Staatszwecke in der Vergangenheit in der Regel nicht verfassungsrechtlich ausdrücklich positiviert worden. In einer verfassungsmäßigen Ordnung - wie der Bundesrepublik Deutschland - werden als Staatsaufgaben nur diejenigen angesehen, die ausdrücklich in der Verfassung als Fundamentalordnung bzw. Rahmenordnung[21] des Gemeinwesens als sog. Staatszielbestimmungen niedergelegt oder zumindest aus diesen ableitbar sind[22]. Staatsaufgaben sind nach heute überwiegendem Verständnis demzufolge Verfassungsaufgaben in dem Sinne, daß es eines ausdrücklich positivierten normativen Anknüpfungspunktes bedarf, um diese Aufgabenattribution vorzunehmen[23]. Theoretisches Raisonnement ist in diesem Zusammenhang nicht ausreichend. Vor dem Hintergrund des Diktums von Hans Peter Bull, „Staatsziele lassen sich nur relativ abstrakt bestimmen, Aufgaben können relativ konkret beschrieben werden"[24], sind die Ebenen der föderalen Rechtsordnung der Bundesrepublik Deutschland daraufhin zu untersuchen, wo eher allgemein gehaltene kul-

---

Rechts, Baden-Baden 1990, 11 ff. m.w.N. Schließlich Bundesminister des Innern und der Justiz (Hrsg.), Staatszielbestimmungen - Gesetzgebungsaufträge: Bericht der Sachverständigenkommission, 1983.

[21] Dies bedeutet durchaus Unterschiedliches, auf die Problematik des Begriffes ‚Verfassung' sei an dieser Stelle aber nicht eingegangen; dazu siehe jetzt *Peter Unruh*, Der Verfassungsbegriff des Grundgesetzes: Eine verfassungstheoretische Rekonstruktion, Tübingen 2002. Zur Rahmen- bzw. Grundordnungfunktion siehe zudem *Gunnar Folke Schuppert/Christian Bumke*, Die Konstitutionalisierung der Rechtsordnung, 2000, 24 ff., 33 f. m.w.N.

[22] Die terminologische Verortung ist im einzelnen aber nicht einheitlich und letztlich dürften es zwischen den begriffen Staatszwecke, Staatszielen und Staatsaufgaben auch durchaus fließende Übergänge gegeben, vgl. *Gramm*, (Anm. 17), 61 f. m.w.N. *Schulze-Fielitz*, (Anm. 20), 11 ff. (13), siedelt die Staatsaufgaben logisch unterhalb der abstrakten Staatszwecke oder Staatszielbestimmungen an, da diese durch Staatsaufgaben konkretisiert würden. Vergleichbar wohl *Bull*, (Anm. 20), 43 ff. m.w.N.

[23] *Schulze-Fielitz*,(Anm. 20), 11 ff. (15). Ablehnend zu Staatsaufgaben unter Verfassungsvorbehalt aber *Josef Isensee*, Vorbehalt der Verfassung: das Grundgesetz als abschließende und als offene Norm, in: FS Walter Leisner (1999), 359 ff. (370 ff. m.w.N.)

[24] *Bull*, (Anm. 20), 44 f.

turfördernde Aussagen normiert sind und wo die denkmalschützende und denkmalpflegende Aufgabe ausdrücklich verankert wird[25].

1. Bundesebene: Grundgesetzlicher Denkmalschutz?

Denkmalschutz und Denkmalpflege sind aufgrund der föderal austarierten Kompetenzen Länderangelegenheiten, da dem Bund - anders als bei Art. 150 WRV[26] - keinerlei unmittelbare denkmalrechtliche Zuständigkeit von Verfassungs wegen zugestanden ist. Ebensowenig ist im Grundgesetz eine ausdrückliche Kulturstaatsklausel verankert worden, wie sie von einer Expertenkommission in der 1980er Jahren vorgeschlagen worden war[27]; der Sachverständigenvorschlag sah bemerkenswerterweise sogar an einer Stelle die Denkmale als Verfassungsthema ausdrücklich vor[28]. Schließlich erscheint auch die Herleitung einer bundesverfassungsrechtlichen Kulturstaatsklausel und einer daraus resultierenden Staatzielbestimmung aus Art. 35

---

[25] Ein instruktiver Überblick - auch rechtsvergleichend - findet sich bei *Sommermann*, (Anm. 20), 230 ff. m.w.N.

[26] Die bemerkenswerterweise im Zweiten Hauptteil der WRV „Grundrechte und Grundpflichten der Deutschen" unter der Überschrift „Bildung und Schule" plazierte Art. 150 WRV lautete: „Die Denkmäler der Kunst, der Geschichte und der Natur sowie der Landschaft genießen den Schutz und die Pflege des Staates. Es ist Sache des Reichs, die Abwanderung deutschen Kunstbesitzes in das Ausland zu verhüten". Während der zweite Satz eine kompetenzielle Zuordnung trifft, die auch heute noch in Art. 75 GG vorzufinden ist, enthielt der erste Satz eine bemerkenswerte denkmalverfassungsrechtliche Bestimmung für das ganze Reich. Als zeitgenössische Kommentierung siehe etwa ausführlich *Arthur B. Schmidt*, Art. 150 - Denkmalschutz, in: H.C. Nipperdey (Hrsg.), Die Grundrechte und Grundpflichten der Reichsverfassung: Kommentar zum zweiten Teil der Reichsverfassung, Bd. III, Berlin 1930, 99 ff.; weiter *Gerhard Anschütz*, Die Verfassung des Deutschen Reichs. Kommentar, 14. Aufl. 1933, 695 f. m.w.N.; *Friedrich Giese*, Die Verfassung des Deutschen Reichs, 8. Aufl. 1931, 311; weiterhin siehe die Darstellung bei *Melchinger*, (Anm. 15), 95 ff. m.w.N. Dem Art. 150 S. 1 WRV ist allenfalls programmatischer Charakter zugebilligt worden, dem keinerlei Befugnis für Zwangseingriffe o.ä. zu entnehmen war.

[27] Dazu BMI/BMJ, Staatszielbestimmungen, (Anm. 20), Rdnr. 169 ff. Weiter zur Diskussion über solche Bestrebungen *Max-Emanuel Geis*, Ergänzung des Grundgesetzes um eine ‚Kulturstaatsklausel'?, in: ZG 7 (1992), 38 ff. m.w.N.

[28] BMI/BMJ, Staatszielbestimmungen, (Anm. 20), Rdnr. 170: Der Art. 20 GG sollte um einen Abs. 5 erweitert werden, mit folgendem Textvorschlag: „Die Denkmäler der Kunst und der Geschichte sind zu schützen". Alternativ schlug die Kommission vor die Denkmalaspekt mit einer Umweltstaatsklausel zu verbinden: „Natur und Umwelt sowie die Denkmäler der Kunst und der Geschichte sind der Obhut und Pflege von jedermann anvertraut. Das Gesetz bestimmt die notwendigen Bindungen und Pflichten; es ordnet den Ausgleich der betroffenen öffentlichen und privaten Belange und regelt die staatlichen und kommunalen Aufgaben".

Abs. 1 S. 3 EinV nicht unproblematisch[29]. Letztlich wird auf Bundesebene keine explizite Normierung einer Staatszielbestimmung Kultur getroffen. Dies hat aber keineswegs zwangsläufig zur Folge, daß die Bundesrepublik Deutschland nicht doch phänomenologisch als Kulturstaat definiert werden könnte, nur ist dies nicht positivrechtlich normiert worden. Aus dem Fehlen einer Staatszielbestimmung Kultur läßt sich indes keineswegs folgern, daß es eine derartige Staatsaufgabe nicht gäbe. Das Gegenteil dürfte der Fall sein: Die Staatsaufgabe Kultur/Kulturförderung bereitet in dieser Allgemeinheit dabei die geringsten Probleme und gehört demzufolge zum ungeschriebenen Verfassungskonsens[30]. Nur: Juristisch Konkretes und Zwingendes läßt sich hieraus weder für den Kultursektor allgemein noch die Denkmalproblematik im besonderen ableiten. In Ergebnis lassen sich demnach auf gesamtstaatlicher, bundesverfassungsrechtlicher Ebene aufgabentheoretisch für die Denkmalproblematik keine juristisch expliziten Schlußfolgerungen ziehen.

2. *Die Denkmale in den allgemeinen Kulturstaatsklauseln der Bundesländer und speziellen landesverfassungsrechtlichen Bestimmungen*

Demzufolge ist angesichts der kulturföderalen Struktur der Bundesrepublik Deutschland die Sorge für die Kultur - vorbehaltlich anderer spezieller Zuweisungen an den Gesamtstaat - in besonderem Maße und vorrangig in die Obhut der Länder gegeben[31]. Regelungstechnisch gehen die Landesverfassungen dabei unterschiedliche Wege. Entweder wird in allgemeinen Kulturstaatsklauseln die Staatsaufgabe ‚Kultur' normiert und die Denkmalfrage darin aufgehoben, oder die Landes-

---

[29] Vgl. *Helmuth Schulze-Fielitz*, Art. 35 EinigungsV - Freibrief für eine Bundeskulturpolitik?, NJW 1991, 1456 ff. m.w.N.

[30] Ausführlich dazu *Udo Steiner* und *Dieter Grimm*, in: VVDStRL 42 (1984), 7 ff., 46 ff. *Gerd Roellecke*, DÖV 1983, 653 ff. Zu den rechtsdogmatischen Fragen der Kultur- und Kunstförderung siehe *Birgit Geißler*, Staatliche Kunstförderung nach Grundgesetz und Recht der EG, Berlin 1995; *Wolfgang Palm*, Öffentliche Kunstförderung zwischen Kunstfreiheitsgarantie und Kulturstaat, Berlin 1998.

[31] Zum Kulturföderalismus grundlegend *Friedhelm Hufen*, Gegenwartsfragen des Kulturföderalismus, BayVBl. 1985, 1 ff., 37 ff. *Peter Häberle*, Kulturhoheit im Bundesstaat - Entwicklungen und Perspektiven, in: Bundesrat (Hrsg.), 50 Jahre Herrenchiemseer Verfassungskonvent - Zur Struktur des deutschen Föderalismus, 1999, 55 ff. Aus politikwissenschaftlicher Sicht sehr bemerkenswert *Klaus von Beyme*, Kulturpolitik und nationale Identität, Opladen/Wiesbaden 1998. Soweit nicht selten der Argumentationstopos ‚Kulturhoheit' der Länder - etwa BVerfGE 6, 309 (346 f.); 12, 205 (229) - Verwendung findet, so ist dies verfassungsrechtlich durchaus eine stark anzuzweifelnde Kategorie. Informativ zum Kulturföderalismus allgemein die Beiträge in: Institut für Kulturpolitik der Kulturpolitischen Gesellschaft (Hrsg.), Jahrbuch für Kulturpolitik 2001, Band 2, Thema: Kulturföderalismus, Essen 2002.

verfassungen sehen spezielle landesverfassungsrechtliche Denkmalbestimmungen vor. Der Freistaat Sachsen bietet in Artt. 1 und 11 Abs. 3 SächsVerf sogar beides.

a) Kulturstaatsziel = Denkmalschutz + Denkmalpflege?

Allgemeine Kulturstaatklauseln stehen schon für sich genommen vor einem gewichtigen Definitionsproblem[32]. Sie sollen ein bestimmtes Programm staatlichen Handelns umreißen, indem sie eine fortdauernde Beachtung oder Erfüllung eines sachlich umschriebenen Ziels rechtlich verbindlich für die Ausübung der Staatstätigkeit vorschreiben. Nur was heißt Kultur überhaupt im verfassungsrechtlichen Kontext? Bereits die Bestimmung des Begriffes Kultur außerhalb des juristischen Kontextes bereitet derart erhebliche Schwierigkeiten[33], daß einige den vollständigen Verzicht auf diesen Begriff fordern. Andere wiederum setzten ihn pathetisch als Allzweckwaffe ein und verwenden ihn mit dem Zusatz „-staat" geradezu mit einem Beschwörungsgestus, der in einem katechontischen Sinne den Niedergang und Zerfall aufhalten soll[34]. Hierbei wird durchaus als gesichert gelten können, daß die Bundesrepublik Deutschland und die einzelnen Bundesländer sich durchaus ihrer Kulturstaatlichkeit bewußt sind und auch verpflichtet fühlen. Nur: In nüchtern enttäuschender Absicht wird aus verfassungsrechtlicher Sicht mit der letztgenannten Kulturstaatsformel per se kein großer dogmatischer Erkenntnisgewinn verbunden sein, da die Kulturstaatskonzeption eben nur eine recht abstrakte „Chiffre für staatliche Organisations-, Schutz- und Förderpflichten" darstellt[35], die noch konkretisiert werden muß und damit die eigentlichen Argumentationslasten in den Konkretisie-

---

[32] Vgl. Art. 3 c BaWüVerf, Art. 3 Abs. 1 Satz 1 BayVerf. Das Bild der einzelnen Kulturstaatsklauseln ist durchaus föderal vielfältig; neuere Landesverfassungen sind i.d.R. relativ ausführlich, vgl. etwa Art. 34 Abs. 2 und 3 BbgVerf.

[33] Vor systemtheoretischen Hintergrund sehr aufschlußreich *Dirk Baecker*, Kultur, begrifflich (Wittener Diskussionpapiere Nr. 19), 1999; *ders.*, Gesellschaft als Kultur: Warum wir beschreiben müssen, wenn wir erkennen wollen, in: Lettre International 45 (Sommer 1999), 56 ff.; umfassend *ders.*, Wozu Kultur?, Berlin 2000. Zum Kulturbegriff aus der Perspektive des Historikers *Otto Gerhard Oexle*, Memoria als Kultur, in: Ders. (Hrsg.), Memoria als Kultur, Göttingen 1995, 9 ff. (insbes. 22-29 m.w.N.); *ders.*, Kulturelles Gedächtnis im Zeichen des Historismus, in: H.-R. Meier/M. Wohlleben (Hrsg.), Bauten und Orte als Träger von Erinnerung, Zürich 2000, 59 ff. m.w.N.; siehe schließlich auch *Ralf Konersmann*, Die Zweckmäßigkeit des Unzweckmäßigen. Über Kultur, in: Christiana Albertina, Heft 45 NF (1997), 5 ff.

[34] Zur katechontischen Wirkung in anderem Zusammenhang näher *Bernhard Schlink*, Die Bewältigung der wissenschaftlichen und technischen Entwicklungen durch das Verwaltungsrecht, in: VVDStRL 48 (1990), 235 ff. (259).

[35] In diesem Sinne *Hans Heinrich Trute*, Die Forschung zwischen grundrechtlicher Freiheit und staatlicher Institutionalisierung, Tübingen 1994, 187; ebenfalls *Gramm*, (Anm. 20), 65 f. m.w.N.

rungsbereich verlegt. Einmal mehr erweist sich das verfassungsrechtliche Gefüge als komplizierter und komplexer und läßt sich nicht derart instrumentalisieren, daß allein schon die Berufung auf die Verfassung von jeglicher Begründung entlastet und demnach die Verfassung als das „juristische Weltenei“ (Ernst Forsthoff) qualifiziert, aus dem sich alles schon klar und eindeutig ergibt. Die Verfassung, die an der Spitze im Stufenbau der Rechtsordnung steht, ist zwangsläufig auf die verfassungskonforme Konkretisierung der dazu in der parlamentarischen Demokratie berufenen Verfassungsorgane angewiesen. Die verfassungsrechtlichen Vorgaben setzen sich in den einfachgesetzlichen Bestimmungen fort, wie es die Sentenz vom „Verwaltungsrecht als konkretisiertem Verfassungsrecht“ so prägnant formuliert[36]. Die allfällige Berufung auf den ‚Kulturstaat‘ kann dabei aus unterschiedlichsten Gründen erfolgen: Während einige dadurch den Staat in die Pflicht zu nehmen suchen, um auf diese Weise einen Haushaltstitel zu ihren Gunsten zu kreieren und an entsprechende Fördermittel zu gelangen, sehen sich andere unter dem kulturstaatlichen Deckmantel als etatistische Lordsiegelbewahrer einer recht verstandenen Umhegung von Denkmalschutz und Denkmalpflege, die sich vor Angriffen wie Anfragen frustrierter Eigentümer oder anderer gesellschaftlicher Kräfte gleichermaßen zu verbunkern suchen.

Zudem verbergen sich hinter dem Topos Kulturstaatlichkeit die fast ins Unermeßliche gesteigerten Definitionsprobleme des Kulturbegriffs[37]. Juristisch läßt er sich gegenständlich nicht abschließend definieren und ist demzufolge normativ nicht ohne weiteres zu operationalisieren. Die Definitionsproblematik ist mit der Frage verknüpft: Quis judicabit? Als Rechtsbegriff müßte unter Umständen rechtsverbindlich über den Kulturbegriff entschieden werden. Welche großen Probleme bereits die Definition der Phänomene ‚Kunst‘[38] (Art. 5 Abs. 3 GG) oder Religion[39] (Art. 4

---

[36] *Fritz Werner*, Verwaltungsrecht als konkretisiertes Verfassungsrecht, in: Ders., Recht und Gericht in unserer Zeit, hrsg. von K.A. Bettermann und C.H. Ule, Köln u.a. 1971, 212 ff.

[37] Eine Zusammenstellung unterschiedlicher Kulturbegriffe aus kulturverfassungsrechtlicher Sicht findet sich in der programmatischen Schrift von *Peter Häberle*, Verfassungslehre als Kulturwissenschaft, Berlin, 2. Aufl. 1998, Zur Bedeutung von Kultur im nationalen und europäischen Zusammenhang grundlegend *ders.*, Europäische Verfassungslehre, Baden-Baden 2002, passim. Vgl. weiter aus rechtswissenschaftlicher Perspektive *Kersten Heinz*, Kultur - Kulturbegriff - Kulturdenkmalsbegriff, 1993, 55 ff. m.w.N.

[38] BVerfGE 83, 130; aus der Literatur grundlegend *Friedrich Müller*, Freiheit der Kunst als Problem der Grundrechtsdogmatik, Berlin 1969; resümierend J. *Würkner*, Das Bundesverfassungsgericht und die Freiheit der Kunst, München 1994.

[39] Vgl. nur die wegweisende Untersuchung von *Stefan Muckel*, Religiöse Freiheit und staatliche Letztentscheidung: Die verfassungsrechtlichen Garantien religiöser Freiheit unter veränderten gesellschaftlichen

Abs. 1 und 2 GG) bereiten, läßt sich eindrucksvoll an der Judikatur des Bundesverfassungsgerichts ablesen. Gerade in den religiösen Zusammenhängen wird zu Recht die religiös und weltanschauliche Neutralität des Staates hervorgehoben, die es staatlichen Stellen eben untersagt in wertender Absicht zu religiösen Phänomen Stellung zu nehmen[40] und wie weitreichend die Grundrechtsträger mit ihrem je eigenen Selbstverständnis in die Grundrechtsdogmatik als mitbeteiligte ‚Verfassungsinterpreten'[41] einbezogen werden[42]. Gerade in religiösen, wissenschaftlichen, künstlerisch-kulturellen Angelegenheiten besteht eine erhöhte Grundrechtssensibilität, die das staatliche Austarieren der Freiheitspositionen unter das Prinzip optimaler Freiheitsverwirklichung stellt und eher eine gewisse Staatsferne nahelegt[43]. Es ist in diesem Zusammenhang deshalb an eine vielleicht banal klingende Tatsache zu erinnern, daß die Kulturstaatskonzeption nicht zu einem uniformierenden Druck wohlfahrtsstaatlicher kultureller Daseinsvorsorge, eine Art paternalistische Kulturstaatlichkeit führen darf, da dies den fundamentalen Prinzipien eines freiheitlich verfaßten Gemeinwesens zuwiderläuft. Kultur ist in der Regel und in erster Linie keine Staatskultur „von oben" mehr, sondern umfaßt sämtliche Formen gesellschaftlicher Selbstwahrnehmung und Selbstdarstellung, die sich - seien sie religiös motiviert oder historisch - als Kulturphänomene begreifen lassen und darauf hin angelegt sind. Die freiheitlich verfaßte Grundordnung des Grundgesetzes und der Länderverfassungen

---

Verhältnissen, Berlin 1997. Ferner *Axel Isak*, Das Selbstverständnis der Kirchen und Religionsgemeinschaften und seine Bedeutung für die Auslegung staatlichen Rechts, Berlin 1994.

[40] Umfassend zur Neutralitätsproblematik unter dem GG die klassische Studie von *Klaus Schlaich*, Neutralität als verfassungsrechtliches Prinzip - vornehmlich im Kulturverfassungs- und Staatskirchenrecht, Tübingen 1972. Staatliche Neutralität bedeutet dabei keineswegs Indifferenz oder Gleichgültigkeit. Ebenso wie die Autonomie des Einzelnen in Anbetracht der grundrechtlichen Gewährleistungen staatlicherseits anzuerkennen ist, ebenso anerkennt der Staat nach diesem Neutralitätsverständnis, da er Heimstaat aller Bürger (so das BVerfG)zu sein hat, die individuell-gesellschaftliche Pluralität. Demzufolge wird Neutralität auch nicht als Ausgrenzung oder Sich-selbst-überlassen gedeutet, sondern als „eine freiheitliche Art und Weise der Hereinnahme des Kulturellen in das Staatsverständnis zum Zwecke der Förderung nach dessen eigenen pluralen Maßstäben und Selbstverständnissen", so *Schlaich*, 259. Neutralität ist - wie Schlaich zutreffend darlegt - ein Akt staatlicher Selbstbescheidung.

[41] Dazu etwa *Peter Häberle*, Die offene Gesellschaft der Verfassungsinterpreten, JZ 1975, 297 ff. Dezidierte Gegenposition insbesondere *Josef Isensee*, Wer definiert die Freiheitsrechte? Selbstverständnis der Grundrechtsträger und Grundrechtsauslegung des Staates, Karlsruhe 1980.

[42] Dazu allgemein die Untersuchung von *Martin Morlok*, Selbstverständnis als Rechtskriterium, Tübingen 1993.

[43] Dies bedeutet dabei keineswegs, daß die entsprechenden Grundrechtspositionen schrankenlos gewährleistet und letztlich nicht doch gewissen, beschränkten (!) staatlichen Ingerenzen zugänglich wären. Der Weg zur Beschränkung und die Ermittlung der konkreten Reichweite (im Einzelfall) kann dabei durchaus sehr unterschiedlich verlaufen.

weisen eine Kulturoffenheit auf, die einerseits die gemeinschaftliche Pflege von Traditionen, Erinnerungen, kulturelles Erbe nicht nur bloß zuläßt, sondern sogar fördert. Andererseits ist aber auch die freiheitliche Herausbildung neuer kultureller Darstellungsformen nicht nur nicht untersagt, sondern ebenfalls gleichermaßen zu fördern. Es ist demzufolge bedeutungsvoll, wenn Peter Häberle oder Max Emanuel Geis das letztlich doch immer etwas obrigkeitsstaatliche Kulturstaatskonzept unter den Vorzeichen vielfältig kultureller Dimensionen auch und gerade der Grundrechte gleichsam vom Kopf auf die freiheitlichen Füße zu stellen suchen[44]. Für die Kunstfreiheit (Art. 5 Abs. 3 GG) und andere Rechte ist dies offensichtlich; aber selbst die verfassungsrechtliche Gewährleistung des Eigentums weist nicht unerhebliche kulturelle Dimensionen auf, wie sich exemplarisch an der Denkmalproblematik ablesen läßt. Die grundrechtliche Absicherung kultureller Verwirklichung als kulturelle Freiheit soll im übrigen eine Verstaatlichung ebenso wie eine übermäßige Kollektivierung der Kultur verhindern. Vielmehr wird die individuelle und gesellschaftliche Selbstbeschreibung und Selbstdarstellung kultureller Zusammenhänge nicht nur gewährleistet, sondern in den Vordergrund gerückt. Eine „Kulturuniform" wäre demnach grundrechtswidrig. Da Grundrechte aber Rechtsofferten vor allem an die einzelnen Staatsbürger sind, leben sie davon, daß sie angenommen werden. Sie wirken dann differenzierend und konstituieren damit Pluralität. Diese Unterscheidungstendenz bewirkt, daß sich vor dem Hintergrund der grundgesetzlichen Freiheitsgewährleistungen keine „stahlharten Gehäuse" einer wie auch immer gearteten regionalen, religiösen o.ä. ‚Leitkultur' bilden sollen. Die kulturintegrative Kraft des Staates[45] liegt in seiner mit der Kulturoffenheit[46] verbundenen Absage an eine uniforme, vorrangige Staatskultur und erweist erst in der (kulturellen) Pluralität seine Freiheitlichkeit[47].

---

[44] Vgl. *Peter Häberle*, Die Wesengehaltsgarantie des Art. 19 Abs. 2 Grundgesetz, 3. Aufl. 1983, 385 ff.; ders., (Anm. 37) passim; *Max-Emanuel Geis*, Kulturstaat und kulturelle Freiheit, Baden-Baden 1990, insbes. 201 ff.; *ders.*, (Anm. 27), ZG 7 (1992), 38 ff.

[45] *Friedhelm Hufen*, Die kulturintergrative Kraft der Verfassung, in: FS für E. G. Mahrenholz (1994), 115 ff.

[46] Dazu, aber in etwas abweichender Akzentuierung *Paul Kirchhof*, Brauchen wir ein erneuertes Grundgesetz, München 1992, 57 ff.

[47] Die Komplexität der verfassungsrechtlichen Kulturproblematik wird aber noch dadurch gesteigert, daß es eben nicht nur das Bedürfnis nach individuell-gesellschaftlicher Artikulation von Kultur gibt, sondern auch noch - und nach der Wiederherstellung der deutschen Einheit in einem zunehmenden Maße - ein staatliches Selbstdarstellungsrecht in kulturellen Erstreckung. Vgl. dazu näher *Ansgar Hense*, Bundeskulturpolitik als verfassungs- und verwaltungsrechtliches Problem, DVBl. 2000, 376 ff. (378 ff. m.w.N.).

Daß die Denkmalaspekte zweifelsohne in Kulturstaatsklauseln und ggfs. eher verfassungstheoretischen Herleitungen des Kulturstaats aufgehoben sein können und letztlich wohl auch sind, mag als juristischer Befund nicht nur diskutabel, sondern sogar unproblematisch sein. Lediglich ist damit angesichts der Weite des Kulturbegriffs de iure nur sehr Abstraktes, nämlich allenfalls (!) eine programmatische Chiffre für Förderpflichten, die sich u.U. ebenfalls u.a. aus einer leistungsstaatlichen Dimension der grundrechtlichen Gewährleistungen ableiten ließen, gewonnen. Dezidierte oder gar eindeutig-zwingende normative Schlußfolgerungen lassen sich angesichts der Weite und Unbestimmtheit aus ihnen nicht ziehen[48]. Mithin behält die Mahnung des Soziologen Dirk Baecker zum Terminus Kultur auch in spezielleren Denkmalbelangen ihre Berechtigung: „Wo immer der Begriff [sc. Kultur] eingesetzt wird, eröffnet er einen Interpretationsspielraum, der nur um den Preis eines Verzichts auf den Kulturbegriff wieder geschlossen werden kann“[49].

b) Spezielle verfassungsrechtliche Denkmalklauseln - Beispiel Art. 11 Abs. 3 SächsVerf

Mithin stellt sich die Frage, ob spezielle verfassungsrechtlich verankerte Denkmalklauseln wie beispielsweise Art. 11 Abs. 3 SächsVerf eine stärkere und weiterreichende Wirkmächtigkeit zeigen können. Art. 11 Abs. 3 SächsVerf besagt, daß Denkmale und andere Kulturgüter unter dem Schutz und der Pflege des Landes stehen und sich der Freistaat für das Verbleiben im Land einsetze. Vom Wortlaut her auffallend ist, daß nicht von einem ‚besonderen‘, sondern lediglich einfach von Schutz die Rede ist. Insgesamt weist verfassungshistorisch betrachtet Art. 11 Abs. 3 SächsVerf weitreichende inhaltliche Übereinstimmung mit der Regelung Art. 150 WRV auf. Insofern normiert Art. 11 Abs. 3 SächsVerf nicht nur die geläufige Unterscheidung von Denkmalschutz und Denkmalpflege[50], sondern weist im rechtlichen Kon-

---

[48] So treffend *Gramm*, (Anm. 17), 65.

[49] *Baecker*,(Anm. 33), Kultur, begrifflich, 84.

[50] Herkömmlicherweise wird unter der Terminologie Denkmalpflege die fachbezogene und wissenschaftlich begründeten Maßnahmen zur Er- und Unterhaltung von Kulturdenkmalen sowie ihre kunsthistorische Beurteilung verstanden; es handelt sich verkürzt formuliert also um eine wissenschaftlich beratende Tätigkeit, die demzufolge keine Erscheinung der herkömmlichen Eingriffsverwaltung darstellt. Unter dem Begriff Denkmalschutz werden demgegenüber hoheitliche Anordnungen, Genehmigungen, Auflagen u.ä. gefaßt, die zur Sicherung, zum Erhalt und um Schutz der Kulturdenkmale erforderlich sind und sich demnach auf die verwaltungsrechtliche Umsetzung denkmalpflegerischer Erkenntnisse beziehen. Der Denkmalschutz entspricht hoheitlicher Eingriffsverwaltung, da er sich verbietend oder gebietend an Privatpersonen und andere nichtsstaatliche Rechtsträger wendet. Statt vieler nur *Hammer*, (Anm. 6), 3 ff. m.w.N.

text durchaus ein eigenes Verständnis auf[51]. Der Schutz von Denkmälern bedeutet vor allem Sicherung gegen Beschädigung, Zerstörung und Verunstaltung, während unter ihrem Pflegen die Erhaltung des Bestehenden in seinem kulturellen Wert verstanden wird[52]. Art. 11 Abs. 3 SächsVerf benennt wie schon bereits Art. 150 WRV keinen Rechtsträger oder Rechtssubjekt, sondern ist eine ausschließlich an staatliche Institutionen und Organe adressierte Verpflichtung[53]. Die Verfassungsbestimmung Art. 11 Abs. 3 SächsVerf statuiert demnach eine objektive Verfassungspflicht[54]. Dies kann als Konkretion der kulturstaatlichen Verfassungsaussagen aufgefaßt und demzufolge als eine Staatszielbestimmung qualifiziert werden. Als Staatszielbestimmung steht Art. 11 Abs. 3 SächsVerf aber nicht für sich allein. Vielmehr wird die normative Verbindlichkeit des Art. 11 Abs. 3 SächsVerf nicht unerheblich durch den in Art. 13 SächsVerf niedergelegten „Bemühensvorbehalt" relativiert[55]. Kurzum die prinzipielle Klausel des Art. 11 Abs. 3 SächsVerf verpflichtet und legitimiert den Gesetzgeber und die vollziehende Verwaltung zur Wahrnehmung der Staatsaufgabe ‚Denkmalschutz und Denkmalpflege', ohne daß mit diesem allgemeinen Auftrag individuelle Schutzansprüche auf eine solche Wahrnehmung oder gar unmittelbare Handlungsanweisungen begründet würden. Vielmehr besitzt der parlamentarisch legitimierte Gesetzgeber bei der legislativen Umsetzung einen durchaus nicht unerheblichen Gestaltungsspielraum, der aber durch die grundrechtlichen Verfassungsgewährleistungen determiniert wird und keineswegs zu übermäßigen Eingriffen in Freiheitsrechte unter dem Deckmantel der Denkmalpflege oder des Denkmalschutzes führen darf. Dies betrifft in besonderem Maße die Eigentumsgarantie (Art. 14 Abs. 1 und 2 GG), kann sich aber auch auf andere grundrechtliche Gewährleistungen wie insbesondere die Kunstfreiheit (Art. 5 Abs. 3 GG) oder auch die Berufsfreiheit (Art. 12 Abs. 1 GG) beziehen[56]. Schließlich hat der Landesgesetzgeber ande-

---

51 Siehe aber § 1 Abs. 1 S. 2 ThürDSchG: „Dabei obliegt dem Denkmalschutz die hoheitliche Aufgabe und Verantwortung, der Denkmalpflege die fachliche Beratung und Fürsorge für den hoheitlichen Denkmalschutz".

52 I.d.S. etwa Anschütz, (Anm. 26), 696;

53 So zu Art. 150 WRV *Melchinger*, (Anm. 15), 96 m.w.N.. Zu den staatlichen Stellen wurden in der Weimarer Zeit das Reich, die einzelnen Länder und die Kommunen gerechnet. Umstritten war, ob Normadressat ggfs. auch die Kirchen wie überhaupt die gesamte Kulturgemeinschaft sein könnten.

54 So *Christoph Degenhart*, Verfassungsrecht, in: R. Stober (Hrsg.), Handbuch des Sächsischen Staats- und Verwaltungsrechts, Stuttgart u.a. 1996, § 2 Rdn. 28.

55 Vgl. *Christoph Degenhart*, Denkmalschutz und Eigentum in den neuen Bundesländern, in: FS Wolfgang Gitter (1995), 195 ff. (197 f.); Art. 13 SächsVerf lautet: „Das Land hat die Pflicht, nach seinen Kräften die in dieser Verfassung niedergelegten Staatsziele anzustreben und sein handeln danach auszurichten".

56 Denkbar wäre als Grundrechtsbetroffenheit beispielsweise die jüngst in der Rspr. des BVerfG entschiedene Frage, ob und inwieweit Art. 12 GG auch die wirtschaftliche Verwertbarkeit der Berufstätig-

re mit Verfassungsrang ausgestattet Rechtsgüter, wie beispielsweise die kommunale Selbstverwaltungsgarantie (Art. 28 Abs. 2 GG[57]) bei der Umsetzung seiner denkmalrechtlichen Verfassungsaufgabe zu beachten[58].

Im großen und ganzen kann die Legislative das ‚Wie', die einzelnen Modalitäten, die Tiefendimension, den Intensitätsgrad von Schutz und Pflege der Denkmale in dem verfassungsrechtlich vorgegebenen Rahmen näher konkretisieren. Es handelt sich bei solchen Verfassungsbestimmungen normtheoretisch um Prinzipien, die, wie Franz Reimer treffend formuliert, als Normen nichtkonditional und demzufolge inhaltsoffen konzipiert sind[59]. Die Gestaltungsfreiheit des Gesetzgebers gibt dabei nach Art. 13 SächsVerf auch Raum, das ‚Können' des Staates mit einzubeziehen. Damit wird der denkmalrechtliche Sektor nicht nur unter den leistungsstaatlichen Vorbehalt des Möglichen gestellt, sondern zudem auch nicht gegen Veränderungen imprägniert. Der Gesetzgeber ist jederzeit befugt, seine denkmalrechtlichen im Rahmen des verfassungsrechtlich Vorgegebenen zu nuancieren. Eine spezielle Denkmalklausel wie Art. 11 Abs. 3 SächsVerf sichert den Belangen der Pflege und des Schutzes von Denkmalen und anderen Kulturgütern eine gewisse normative Gewichtigkeit zu, die sich aber, zumal der Verfassungstext keineswegs von einer besonderen, d.h. hervorgehobenen Schutz- und Pflegeverpflichtung spricht, keinesfalls in einem abwägungsresistenten Vorrang der denkmalrechtlichen Belange bewegen kann, sondern ihnen eine grundsätzliche Gleichwertigkeit mit konfligierenden Rechtsgütern zusichert[60]. Wenn den Denkmalbelangen nach der Verfassung auch

---

keit gewährleistet (dazu BVerfGE 97, 228 [253]). Grundrechtsdogmatisch ergeben sich - bei einer Übertragung dieser Rechtsprechung auf den vorliegenden Untersuchungsgegenstand - für den Denkmalbereich zwar einige sehr intrikate Problemstellungen (berufsregelnde Tendenz; faktischer Grundrechtseingriff u.ä.m.), aber als Prüfgesichtspunkt, der zudem das Verhältnis zwischen Art. 12 und 14 GG betrifft, läßt sich diese Fragestellung - beispielsweise bei denkmalgeschützten Geschäftshäusern nicht von vornherein ausschließen. Als Beispiel siehe etwa OVG LSA Urteil vom 13. September 2001 - Az. A 2 S 204/99 - (unveröffentl.), Umdruck S. 10 ausdrücklich zu Art. 12 Abs. 1 GG, dessen Verletzung aber letztlich ausgeschlossen wurde.

57 Und die entsprechenden landesverfassungsrechtlichen Bestimmungen, z.B. Art. 71 BaWüVerf; Art. 11 BayVerf und Art. 84 SächsVerf.

58 Zu den einzelnen Rechtsproblemen siehe exemplarisch etwa *Karl-Oskar Schmittat*, Denkmalschutz und gemeindliche Selbstverwaltung - dargestellt anhand der Rechtslage in Nordrhein-Westfalen, Berlin1988.

59 So die prägnante wie präzise Umschreibung von *Franz Reimer*, Verfassungsprinzipien: Ein Normtyp im Grundgesetz, Berlin 2001, 179 ff., insbes. 181 f.

60 So wohl auch i.E. *Degenhart*, (Anm. 55), FS Gitter, 198, 209. Dem steht nicht entgegen, daß dem Denkmalschutz, insoweit er landesverfassungsrechtlich ausdrücklich abgesichert ist, von BVerfGE 100, 226 ff. (242) als hochrangige Gemeinwohlaufgabe qualifiziert wird. Allein die - letztlich sogar unbestrittene - Hochrangigkeit impliziert ebensowenig die dauernde Vorrangigkeit oder Abwägungsresistenz ge-

keine relative prima-facie Vorrangstellung zukommt, so muß dies keinesfalls stets dazu führen, daß sie bei Abwägungsprozessen regelmäßig verlören. Sie sind vielmehr in ein verfassungsrechtliches Kräfteparallelogramm einzustellen, daß um einen angemessenen, schonenden Ausgleich widerstreitender Rechtspositionen bemüht ist[61], der aber keineswegs als Idealausgleich konzipiert sein muß. „Das Mittel der Konfliktlösung soll die Abwägung, und ihr Ziel die Herstellung praktischer Konkordanz sein"[62]. Diese verfassungsrechtlich vorgegebene Spannungslage, die die grundsätzliche oder prinzipielle Berücksichtigung von Denkmalbelangen vorschreibt, sie aber in der Gegenseitigkeitsrechtsordnung (H. Bethge) mit anderen ebenfalls geschützten Rechtsgütern in einer Konstellation von Grund und Gegengrund integriert, muß im Stufenbau der Rechtsordnung konkretisierend auf die einfachgesetzliche Ebene weitergereicht werden. Denkmalschutz und Denkmalpflege müssen demzufolge auf einfachgesetzlicher Ebene als Aufgabenstellung formuliert werden und, um nicht a priori verfassungswidrig zu werden, die Realisierung dieser Aufgabe optional so ausgestalten, daß die einfachgesetzliche Ebene die möglicherweise konfligierenden Grundrechte als konkrete, immer wieder im Einzelfall zu lösende Spannungslage aufhebt[63].

Die in Art. 11 Abs. 3 SächsVerf formulierte und normierte Staatsaufgabe wird durch das Sächsische Denkmalschutzgesetz der öffentlichen Verwaltung übertragen. Indem nunmehr die Verwaltung diese Aufgabe in den rechtlich zulässigen Formen wahrzunehmen hat, werden Denkmalschutz und Denkmalpflege zur Verwaltungsaufgabe. Daraus ergibt sich organisatorisch dann die Frage, ob und inwieweit sie in der Verwaltungsstruktur fest verankert und ggfs. monopolisiert ist.

II. *Verfassungsrechtliche* Determinanten einer Privatisierung der Staatsaufgabe Denkmalpflege und Denkmalschutz

Vor dem Hintergrund der verfassungsrechtlichen Aufgabenumschreibungen ist in einem weiteren Schritt zu prüfen, ob und inwieweit diese verfassungsrechtlichen Bestimmungen vor dem Hintergrund der allgemeinen Staats-Verschlankungsdiskussion

---

genüber anderen Gemeinwohlbelangen wie die Imprägnierung gegenüber Wandlungen und Änderungen in der rechtlichen oder politischen Einschätzung.

61 Klassisch dazu *Peter Lerche*, Übermaß und Verfassungsrecht, Köln u.a. 1961, 152 f.

62 *Michael Sachs*, in: Stern, Das Staatsrecht der Bundesrepublik Deutschland, Bd. III/2 (1994), 563.

63 Zu den Besonderheiten im Hinblick auf die eigentumsverfassungsrechtliche Lage siehe in diesem Band den grundlegenden Beitrag von *Joachim Lege*; m.w.N.; vgl. weiterhin *Ulrich Battis*, Denkmalschutz und Eigentumsgarantie, NuR 2000, 421 ff.

und der durch Hoffmann-Axthelm angestoßenen Forderung nach der Entstaatlichung der Denkmalpflege Privatisierungsschranken aufstellen.

1. *Die allgemeine Privatisierungsdiskussion*

Früher unausweichlich dem Staat zugeschriebene und vorbehaltene Aufgaben sind in den letzten Jahren zunehmend in Frage gestellt worden. Selbst Staatsmonopole in sicherheitsempfindlichen Sektoren sind kein Diskussionstabu[64]. Und in anderen bis dato staatsmonopolistisch organisierten Sektoren (Bahn, Post, Elektrizitätswirtschaft) hat nicht zuletzt durch die europarechtlichen Anstöße eine Verschlankung stattgefunden, deren weitreichende Bedeutung nicht zu unterschätzen ist. Vordem mit dem Konzept der Daseinsvorsorge schnell abzuweisende Anfragen an Staatstätigkeit und Staatsquoten sind nunmehr nicht mehr so einfach auf diese Weise zu erledigen[65]. Staatlichen Tätigkeit und Staatsaufgaben sind - bis auf ganz wenige Ausnahmen - in vielfältiger Hinsicht streitig gestellt. Ob damit ein Abschied vom Staat, eine Entwicklung vom „Leviathan auf dem Weg zum nützlichen Haustier"[66] oder eine zunehmende „Staatskaries" verbunden ist, die Phänomen wie Rolle ‚des Staates' unter Vorbehalt stellt, läßt sich an dieser Stelle nicht näher thematisieren, zumal der Prozeß in seiner Komplexität verkürzt würde, wenn nicht auch die Binnenrevisionen staatlicher Verwaltung (Stichworte: Neues Steuerungsmodell u.v.m.) und andere Entwicklungstendenzen in die Betrachtung einbezogen würden[67]. Der Prozeß der Entstaatlichung bzw. der Privatisierungsprozeß werfen zudem eine Reihe nicht zuletzt staatstheoretischer Fragestellungen auf, die sich vielfach auf das Verhältnis von Staat und Gesellschaft beziehen. Verkürzend sei nur folgendes festgehalten:

---

[64] Aus dem Schrifttum siehe nur *Christoph Gusy*, Jenseits von Privatisierung und ‚schlankem' Staat: Duale Sicherheitsverantwortung, in: G.F. Schuppert (Hrsg.), Jenseits von Privatisierung und schlankem Staat: Verantwortungsteilung als Schlüsselbegriff eines sich verändernden Verhältnisses von öffentlichem und privaten Sektor, Baden-Baden 1999, 115 ff; *Rainer Pitschas*, Verantwortungsteilung in der inneren Sicherheit: Sozietale Sicherheitspartnerschaft als Ausdruck der Verantwortungskooperation von Polizei, Sicherheitsgewerbe und Bürger, ebda., 135 ff.

[65] Zu Recht kritische Würdigung der auf Forsthoff zurückgehenden Konzeption der Daseinsvorsorge bei *Johann-Christian Pielow*, Grundstrukturen öffentlicher Versorgung, Tübingen 2001, 353 ff. m.w.N.

[66] *Helmuth Schulze-Fielitz*, Der Leviathan auf dem Wege zum nützlichen Haustier?, in: R. Voigt (Hrsg.), Abschied vom Staat - Rückkehr zum Staat, Baden-Baden 1993, 95 ff.

[67] Statt vieler *Hermann Hill*, Potentiale und Perspektiven der Verwaltungsmodernisierung, in: M. Morlok u.a. (Hrsg.), Rechts- und Organisationsprobleme der Verwaltungsmodernisierung, Berlin 1997, 18 ff.

Die Privatisierungsdiskussion wird unter einem Label geführt, welches alles andere als eindeutig ist. Privatisierung ist für sich genommen allenfalls ein Schlagwort[68]. „Ungeachtet der beträchtlichen Randunschärfen meint Privatisierung im allgemeinen aber die Verlagerung von Angelegenheiten, die bisher von der öffentlichen Hand wahrgenommen wurden , in den privaten Bereich einschließlich der vorgelagerten Grauzonen“[69]. Demzufolge bezeichnet Privatisierung in heuristischer, also eben nicht rechtsdogmatischer Funktion Umverteilungsprozesse vom Staat auf Private[70]. Rechtsdogmatisch wird die Privatisierungsproblematik zum einen typologisch abgearbeitet und widmet sich zunehmend der näheren Umschreibung eines Privatisierungsfolgenrechts. Es ist hier nicht der Ort die Privatisierungsklassifizierungen und -typologien in extenso zu entfalten[71]. Hilfreich dürfte in denkmalrechtlichen Zusammenhang aber die Differenzierung sein, die zwischen der Organisationsprivatisierung (unechte bzw. formale Privatisierung) und Aufgabenprivatisierung (echte bzw. materielle Privatisierung) unterscheidet. Daran schließt sich die Frage nach den möglicherweise bestehenden Privatisierungsschranken an, deren Verneinung schließlich in die konkrete Umsetzungs- und Organisationsproblematik und den rechtlichen Folgen der Privatisierung mündet[72].

Ein bedeutsames Ergebnis der rechtswissenschaftlichen Diskussion über Privatisierung und der rechtlichen Analyse bisheriger Privatisierungspraxis ist, daß diese Organisationstendenz weder zu einem Totalrückzug ‚des Staates‘ und damit zu völligen Aufgabe staatlichen Handelns in dem jeweiligen Sachbereich führt, sondern im Regelfall staatliche Ingerenzen fortbestehen, sie sich aber in Gewährleistungs- bzw. Garantenpflichten (Auffangverantwortung) verwandeln[73]. Indem die staatliche Leistungstiefe zurückgenommen wird, ändert sich spiegelbildlich dazu auch der staatliche Steuerungsansatz mit dem Ziel eine intelligente, gemeinwohlorientierte Steuerung unter Beteiligung Privater zu generieren[74].

---

68 So zutreffend *Kämmerer*, (Anm. 17), 17.

69 So die Definition von *Hartmut Bauer*, Privatisierung von Verwaltungsaufgaben, in: VVDStRL 54 (1995), 243 ff. (250).

70 *Bauer*, (Anm. 69), VVDStRL 54 (1995), 243 ff. (251).

71 Dazu siehe näher *Kämmerer*, (Anm. 17), 20 ff.; *Bauer*, (Anm. 69), VVDStRL 54 (1995), 245 ff. (251 ff. m.w.N.).

72 Grundlegende Weiterführung i.S. eines Privatisierungsfolgenrechts bei *Kämmerer*, (Anm. 17), 426 ff.

73 Vgl. ausführlich dazu *Schuppert*, (Anm. 17), 400 ff., u.ö.

74 *Hans-Heinrich Trute*, Vom Obrigkeitsstaat zur Kooperation: Zur Entwicklung des umweltrechtlichen Instrumentariums zwischen klassischem Ordnungsrecht und moderner Verwaltung, in: UTR 48 (1999), 13 ff. (15).

2. *Verfassungsrechtliche Grenzen und Möglichkeiten einer Entstaatlichung des Denkmalschutzes*

Die von Hoffmann-Axthelm mit solch großer Verve vorgetragene Forderung nach einer Entstaatlichung des Denkmalschutzes läßt sich nicht einfach den Kategorien Organisations- oder Aufgabenprivatisierung zuweisen, so daß nachfolgend in beiderlei Hinsicht mögliche verfassungsrechtliche Grenzen einer Entstaatlichung von Denkmalpflege und Denkmalschutz auszuloten sind. Hierbei ist es von der Wortwahl bemerkenswert, daß keineswegs einer Privatisierung das Wort geredet, sondern eine Entstaatlichung eingefordert wird. Damit könnte qualitativ durchaus noch etwas anderes anklingen. Nicht zuletzt dürfte die angestoßene Denkmaldiskussion sich perspektivisch an das Nachdenken über eine eigenverantwortliche Bürgergesellschaft anschließen[75]. Nachfolgend wird aber keine juristische Reformulierung des Bürgergesellschaftskonzepts angestrebt, sondern gilt es lediglich ausgewählte denkmalrechtliche Probleme und Defizite zu benennen, wobei den verfassungsrechtlichen Grenzen einer möglichen Aufgabenreduzierung im Sachbereich Denkmalschutz und Denkmalpflege ein vorrangiges Augenmerk gilt.

a) Schutz und Pflege von Denkmälern - staatliche oder öffentliche Aufgabe?

Während es im verfassungsrechtlichen Zusammenhang um den Schutz und die Pflege von Denkmalen als Staatsaufgabe oder ggfs. öffentliche Aufgabe geht, mutiert der Handlungsgegenstand durch einfachgesetzliche Umsetzung in das Verwaltungsrecht zur Verwaltungsaufgabe[76]. Hierbei wird davon ausgegangen, daß eine synonyme Verwendung der Termini Staatsaufgabe und öffentliche Aufgabe keine adäquate Kategorisierung darstellt[77]. Hinter dieser Differenzierung stehen vielmehr über das Verfassungs- und Verwaltungsrecht hinausgehende theoretische Annahmen, die - wie gesagt - insbesondere das Verhältnis von Staat und Gesellschaft be-

---

[75] Interessante Beiträge dazu etwa in: Thomas Schmid (Hrsg.), Entstaatlichung: Neue Perspektiven auf das Gemeinwesen, Berlin 1988; *Wolfgang Streeck*, Die Bürgergesellschaft als Lernzielkatalog, in: Mitbestimmung 6/2000, 28 ff.

[76] Zur Aufgabentrias Öffentliche Aufgaben - Staatsaufgaben - Verwaltungsaufgaben siehe nur *Bauer*, (Anm. 69), VVDStRL 54 (1995), 243 ff. (249 f. m.w.N.); *Christoph Möllers*, Staat als Argument, München 2000, 317 ff.,

[77] Grundlegend in diesem Sinne etwa *Hans Peters*, Öffentliche und staatliche Aufgaben, in: FS Nipperdey, Bd. II (1965), 877 ff. *Wolfgang Martens*, Öffentlich als Rechtsbegriff, Bad Homburg v.d.H. 1969, 118 f.; vgl. mit Nachweisen näher *Bull*, (Anm. 20), 47 ff. Informativ weiterhin die systematische Zusammenstellung bei *Erich Becker*, Verwaltungsaufgaben, in: F. Morstein Marx (Hrsg.), Verwaltung: Eine einführende Darstellung, Berlin 1965, 187 ff.

treffen[78]. Die Beziehung von Staat und Gesellschaft wird in der freiheitlich-demokratischen Verfassungsordnung des Grundgesetzes dabei nicht als ein getrenntes Verhältnis aufgefaßt, sondern als zwar unterschiedenes, aber doch in vielfältiger Weise verschränktes und aufeinander zugeordnetes Gefüge. Die gegenseitige Annäherung, die wechselseitige Beeinflussung von Staat und Gesellschaft werden überwiegend nicht mehr, wie noch in den Diskussionen der Weimarer Zeit, als ausgeschlossen betrachtet. Staat und Gesellschaft begegnen sich ‚im Öffentlichen' und wirken in dieser Sphäre zusammen. Während Verwaltungsaufgaben als all diejenigen Angelegenheiten umschriebenen werden, die den Verwaltungsbehörden durch Rechtssatz übertragen worden sind oder von ihnen in rechtlich zulässiger Weise wahrgenommen werden[79], wird die öffentliche Aufgabe (i.w.S.) als die Angelegenheit aufgefaßt, an deren Erfüllung ein maßgebliches Interesse der Öffentlichkeit besteht: die Aufgabe kann sowohl von Privaten als auch von hoheitlichen Aufgabenträgers erfüllt werden[80].

Die Frage danach, ob und inwieweit der Staat verpflichtet ist, Denkmalpflege und Denkmalschutz als verfassungsabgeleitete Staatsaufgabe wahrzunehmen und demzufolge ein Gut ‚öffentlich(rechtliche) Denkmalverwaltung' bereitzustellen hat, läßt sich von Verfassungs wegen vergleichsweise schlicht beantworten: Schutz und Pflege sind zwar in der Regel ausdrücklich landesverfassungsrechtlich vorgeschrieben und ließen sich ggfs. auch aus einer allgemeinen Kulturstaatsklausel und letztlich wohl auch aus einer kulturverfassungsrechtlichen Gesamtsicht - z.B. von grundge-

---

[78] Auf diese hier nicht weiter zu vertiefende Diskussion siehe etwa den repräsentativen Sammelband von Ernst-Wolfgang Böckenförde (Hrsg.), Staat und Gesellschaft, Darmstadt 1976. Focussiert wurde die Diskussion in besonderem Maße in den 1970er Jahren durch den Begriff „des Öffentlichen", dazu neben der Arbeit von *Martens* (Anm. 77) auch *Alfred Rinken*, Das Öffentliche als verfassungstheoretisches Problem, Berlin 1971; ferner *Ulrich K. Preuß*, Zum staatsrechtlichen Begriff des Öffentlichen - untersucht am Beispiel des verfassungsrechtlichen Status kultureller Organisationen, Stuttgart 1969. Das verfassungstheoretische Problem des Öffentlichen ist bereits in den 1950er Jahren thematisiert worden. Grundlegend und heute noch wirksame klassische Problematisierung bei *Rudolf Smend*, Zum Problem des Öffentlichen und der Öffentlichkeit, in: GS W. Jellinek (1955), 11 ff. Nebenbei: eine auch theologisch nicht bedeutungslose Diskussion siehe *Erik Peterson*, Theologische Traktate, 1951, 422 ff.; siehe dazu *Hermann Krings*, in: Frankfurter Hefte 7 (1952), 294 ff.

[79] So etwa *Bauer*, (Anm. 69), VVDStRL 54 (1995), 243 ff. (250 m.w.N.). Siehe zudem *Becker*, (Anm. 77), 187 ff. (188), der als Verwaltungsaufgaben solche Angelegenheiten der Allgemeinheit versteht, „die gegenständlich zur öffentlichen Verwaltung zählen und von Verwaltungsorganen der Hoheitsträger wahrgenommen werden.

[80] *Becker*, (Anm. 77), 187 ff. (187). Becker grenzt von dieser öffentlichen Aufgabe i.w.S. die öffentliche Aufgabe i.e.S. ab, d.h. die öffentlichen Angelegenheiten, die von Organen eines Gemeinwesens tatsächlich wahrgenommen werden (187 f.).

setzlichen Normen - herleiten, aber den demokratisch legitimierten Stellen bleibt ein sehr weitreichenden Spielraum überlassen, diese Aufgabe näher zu konkretisieren und zu spezifizieren. Wie schon bei der Diskussion um die grundrechtliche Schutzpflichten steht dem parlamentarische Gesetzgeber de constitutione das interpretative Erstzugriffsrecht zu, das durch einen weitreichenden Gestaltungsspielraum gekennzeichnet ist. Dem demokratisch legitimierten Gesetzgeber obliegt der Auftrag, die Aufgaben der Denkmalpflege und des Denkmalschutzes präzise und verbindlich zu umschreiben. Die verfassungsrechtliche Normierung dieses Aspekts bedeutet so etwas wie eine Merkhilfe und damit die Festlegung eines Gesetzgebungsauftrages, nicht nur weil der Gesetzgeber aufgrund der Wesentlichkeitsrechtsprechung des Bundesverfassungsgerichts ‚Wesentliches' in das Steuerungsmedium Gesetz zu fassen hat, sondern weil das Gesetz auch der „Garant rechtsstaatlich gebändigter Sozialgestaltung und Mittler demokratischer Legitimation ist"[81]. Ein Totalausfall gesetzgeberischer Tätigkeit in der Denkmalpflege und des Denkmalschutzes wäre demzufolge ebenso verfassungswidrig wie ein einseitige, insbesondere mit der Eigentumsgarantie und anderen grundgesetzlichen - beispielsweise auch der kommunalen Selbstverwaltungsgarantie (Art. 28 Abs. 2 GG) - Gewährleistungen möglicherweise konfligierenden unverhältnismäßig einseitigen Bevorzugung von Denkmalschutz und Denkmalpflege. Der Gesetzgeber befindet sich wie auch bei den grundrechtlichen Schutzpflichten allzeit in der Klemme zwischen Übermaß und Untermaßverbot[82]. Dies impliziert demnach eine öffentliche Diskussion über die Aufgabe von Denkmalpflege und Denkmalschutz, da die Verfassung keineswegs ein staatliches Aufgabenmonopol formuliert und Denkmalpflege und Denkmalschutz von ihrem verfassungsrechtlichen Rang her eher nicht zu staatlichen Kernaufgaben gehören müssen, da sie anders als beispielsweise das staatliche Gewaltmonopol[83] für die innere und äußere Souveränität des Staates weder konstitutiv noch zwingend wesentlich sein dürften[84]; es sei denn man konstruierte Kultur als gleichsam viertes Staatselement neben Staatsgebiet, Staatsgewalt und Staatsvolk[85]. Aber selbst in diesem Fall, würde dies keineswegs zu einer Privatisierungs- oder Entstaatlichungs-

---

81 *Eberhard Schmidt-Aßmann*, Das allgemeine Verwaltungsrecht als Ordnungsidee: Grundlagen und Aufgaben der verwaltungsrechtlichen Systembildung, Berlin u.a. 1998, Tz. 4/7.

82 Dazu näher *Karl-Eberhard Hain*, Der Gesetzgeber in der Klemme zwischen Übermaß- und Untermaßverbot?, DVBl. 1993, 982 ff.

83 Aber selbst in diesem Sektor nicht mehr apriorisch und ungeteilt!

84 Zur Diskussion über staatskonstitutive und staatswesentliche Aufgaben und Befugnisse allgemein siehe nur *Kämmerer*, (Anm. 17), 153 ff.

85 So etwa der bemerkenswerte über die Jellinek'sche Drei-Elementen-Lehre hinausgehende Entwurf Peter Häberles, siehe *Häberle*, Europäische Verfassungslehre (Anm. 37), 125 ff., 364.

schranke führen, da mittlerweile, wie gesagt, auch der Sicherheitsbereich als privatisierbar angesehen wird. Der Streit über Sinn und Funktion von Denkmalschutz und Denkmalpflege verweist demnach, die sei hier nebenbei festgehalten, auf eine grundsätzlichere Debatte, die allgemein als Kulturdebatte oder Diskussion über kulturelle Identität geführt wird[86].

Wie schon vor Jahren für den Umweltschutz stellt sich auch hinsichtlich des Denkmalrechts die Frage, ob nicht mehr Denkmalschutz und mehr Denkmalpflege sich durch weniger staatliche Reglementierung erreichen lassen[87]. In diesem Zusammenhang ist dann darauf hinzuweisen, daß Staatsentlastung keineswegs Deregulierung bedeutet und zudem andere Organisations- bzw. Aufgabenwahrnehmungsformen nicht zwangsläufig einen staatlichen Totalrückzug bedeuten, sondern eine Anpassung an veränderte Zeitumstände, die Verantwortungsteilungen ebenso wenig ausschließt wie andere Wahrnehmungsmodi. Darüber zu diskutieren ist Aufgabe der demokratischen Öffentlichkeit, darüber verbindlich zu entscheiden obliegt der Legislative, die insofern auf die öffentliche Diskussion reagieren sollte. Zwar ist Denkmalrecht seinem Ursprung und seiner aktuellen Konzeption nach Ordnungsrecht; es hat seine Wurzeln im alten Polizeirecht (= Baupolizeirecht) und wird demzufolge in strikter Pfadabhängigkeit momentan als staatliche Aufgabe wahrgenommen. Verfassungsrechtlich existiert aber keinerlei Vorgabe des Inhalts, daß die Erfüllung staatlicher Aufgaben ausschließlich oder vorrangig in der Form des Ordnungsrechts zu geschehen hat, da keine prinzipielle Pflicht des Staates besteht, Aufgaben eigenhändig zu erfüllen[88].

Verfassungsrechtliches Zwischenfazit: Ein Verfassungsrecht und eine Staatsaufgabendiskussion die eher an einem Übermaß übergreifender Rechtskonstruktionen leidet, bedarf der harten dogmatischen Arbeit an fest umrissenen Rechtsinstituten[89]. Als verfassungsrechtlich normierte Aufgabenstellung läßt sich lediglich eine Verpflichtung des Staates ausmachen, Denkmäler in konkordanter Zuordnung zu

[86] Neben den in diesem Zusammenhang bemerkenswerten Arbeiten von Dirk Baecker siehe auch *Armin Nassehi*, Das stahlharte Gehäuse der Zugehörigkeit: Unschärfen im Diskurs um die ‚multikulturelle Gesellschaft', in: Ders. (Hrsg.), Nation, Ethnie, Minderheit: Beiträge zur Aktualität ethnischer Konflikte. Georg Weber zum 65. Geburtstag, Köln u.a.1997, 177 ff. Die Bedeutung des Beitrags von Nassehi weist weit über die ‚Multikulti-Debatte' hinaus.

[87] Unter umweltrechtlichen Vorzeichen dazu grundlegend *Dietrich Murswiek*, Freiheit und Freiwilligkeit im Umweltrecht, JZ 1988, 985 ff.

[88] So treffend *Trute*, (Anm. 74), UTR 48 (1999), 13 ff. (18 m.w.N.).

[89] So in anderem Zusammenhang prägnant *Wilhelm Henke*, Rezension von G. Püttner, Toleranz als Verfassungsprinzip, in: DER STAAT 18 (1978), 603 f.

grundrechtlichen Gewährleistungen zu pflegen und zu schützen. Mehr als eine verfassungsrechtliche Chiffre ist damit letztlich nicht gewonnen. Vielmehr zum ersten eine Relativierung politisch-moralischen Raisonnements mit der allgemeinen Kulturstaatskonzeption und zum zweiten eine Entlastung spezieller verfassungsrechtlicher Denkmalklauseln vor allzu weitreichender und detaillierter rechtsdogmatischer Schlußfolgerungen. Die Aufgabe Bewahrung der Denkmale und ihre organisatorische Bewältigung hat sich auf verwaltungsrechtlicher Ebene zu bewähren. Wie dieses Bewähren sowohl von seiner Aufgabenstellung als auch seiner organisatorischen Realisierung auszusehen hat, läßt sich keineswegs - gleichsam zwingend - aus der Verfassung ableiten, sondern ist dem einfachen Gesetzgeber und der an diese Vorgaben gebundenen Verwaltung näher aufgegeben. Mit dem verfassungsrechtlichen Résumé: Wandel nicht ausgeschlossen!

C. Denkmalschutz und Denkmalpflege vor dem Forum der Verwaltungsreformdiskussion - Arrondierung des Problemfeldes

I. Schlaglichter der aktuellen verwaltungsrechtlichen Reformdiskussion

1. Allgemeines

Nachdem es bereits in den 1970er Jahren zu einem weitreichenden Umbau grundrechtsdogmatischer Fragestellungen gekommen war, die die Grundrechtsdogmatik „von ihrem spätabsolutistischen Kopf auf die demokratischen Füße" gestellt hatte[90], setzte seit Anfang der 1990er Jahre ein Nachdenken über Umbrüche im Verwaltungsrecht[91] ein und führte zu einem ebenso ambitionierten wie elaborierten Wissenschaftsprojekt ‚Reform des Verwaltungsrechts'[92]. Standen in den 1970er Jahren

---

[90] So das berühmte Diktum von *Peter Häberle*, Aufgaben der Grundrechtsdogmatik im leistenden Gemeinwesen, in: VVDStRL 30 (1972), 43 ff. (80).

[91] Pionierarbeit aus der ‚Rechtsverhältnisschule': *Hartmut Bauer*, Verwaltungsrechtslehre im Umbruch?, in: Die Verwaltung 25 (1992), 301 ff. Siehe auch *Wilhelm Henke*, Wandel der Dogmatik des öffentlichen Rechts, JZ 1992, 541 ff. Schließlich *König*, (Anm. 13).

[92] Ohne den Diskussionsstand im Folgenden auch nur annähernd referieren oder würdigen zu können siehe die mittlerweile in acht Bänden von E. Schmidt-Aßmann und W. Hoffmann-Riem herausgegebene Reihe ‚Schriften zur Reform des Verwaltungsrechts'. Als positive Würdigung siehe etwa *Andreas Voßkuhle*, in: Die Verwaltung 32 (1999), 545 ff.; kritischer demgegenüber von Anbeginn *Udo Di Fabio*, Rezension in: AöR 119 (1994), 359 ff.; kritische Würdigung verschiedenster Diskussionsaspekte ferner bei *Oliver*

in erster Linie die Grundrechtsprobleme auf der Agenda des Öffentlichen Rechts - und zwar in einem Maße, die nicht wenige das Verdikt Hypertrophie fällen ließ[93] -, so verlagerte sich der Blickwinkel in den 1990ern auf das Verwaltungsrecht und fand seinen herausragenden Markstein in der Dresdener Staatsrechtslehrertagung 1996 unter dem programmatischen Thema „Verwaltung und Verwaltungsrecht zwischen gesellschaftlicher Selbstregulierung und staatlicher Steuerung"[94]. Daß die Reformdiskussion dabei nicht in verwaltungsrechtlicher Selbstreferenz zu verharren sucht, wird an dem moderaten disziplinübergreifenden Ansatz ersichtlich, der beispielsweise einen ökonomisierenden Zugang nicht nur nicht ausschließt, sondern wahrscheinlich sogar geboten erscheinen läßt[95]. Damit wird an Diskussionen über das Staatsverständnis anderer Fachdisziplinen angeknüpft[96].

Ziel der Reformdiskussion ist u.a. die Erkenntnis, daß auch ein auf Kontinuität und Vertrauensschutz angelegtes Recht nicht nur seiner Ordnungs- und Kontrollfunktion, sondern auch einer Optimierungs- und Impulsfunktion gerecht werden muß[97].

2. *Schlüsselbegriffe der Reformdiskussion - Überblick in Andeutungen*

Da ein Nachzeichnen dieser Reformdiskussion in allen Nuancierungen und Facetten an dieser Stelle nicht möglich ist, seien einige begriffliche Schlaglichter kurz vorgestellt, die diese vor allem durch Schlüsselbegriffe gekennzeichneten Diskussion in

---

Lepsius, Steuerungsdiskussion, Systemtheorie und Parlamentarismuskritik, Tübingen 1999; sowie *Christoph Möllers*, Braucht das öffentliche recht einen neuen Methoden- und Richtungsstreit ?, in: VerwArch 90 (1999), 187 ff.; *ders.*, Theorie, Praxis und Interdisziplinarität in der Verwaltungsrechtswissenschaft, in: VerwArch 93 (2002), 22 ff. Als programmatische Summe ebenso grundlegend wie wegweisend *Eberhard Schmidt-Aßmann*, (Anm. 81).

93 So die schon in den 1960er Jahren publizierte Schrift *Karl August Bettermann*, Hypertrophie der Grundrechte, jetzt in: Ders., Staatsrecht, Verfahrensrecht und Zivilrecht, 1988, 49 ff.

94 *Matthias Schmidt-Preuß*, in: VVDStRL 56 (1997), 160 ff.; und *Udo Di Fabio*, ebda., 235 ff. Von großer Bedeutung zudem - unter demselben Titel - der Begleitaufsatz von *Hans-Heinrich Trute*, DVBl. 1996, 950 ff.

95 Siehe nur *Jens-Peter Schneider*, Zur Ökonomisierung von Verwaltungsrecht und Verwaltungsrechtswissenschaft: Begriffsbildung und einführende Analyse ausgewählter Beispielsfälle, in: Die Verwaltung 34 (2001), 317 ff. m.w.N.

96 Siehe etwa aus der unüberschaubaren Zahl von Publikationen den programmatischen Sammelband Birger P. Briddat (Hrsg.), Der bewegte Staat: Formen seiner ReForm - Notizen zur ‚new governance', Marburg 2000.

97 In diesem Sinne etwa *Reiner Schmidt*, Die Reform von Verwaltung und Verwaltungsrecht: Reformbedarf - Reformanstöße - Reformansätze, in: H. Bauer u.a. (Hrsg.), Ius Publicum im Umbruch, Stuttgart u.a. 2000, 89 ff. (94).

besonderem Maße prägen[98]. Sie sollen gleichsam unterschwellig als Reflexionsreferenz mitlaufend den nachfolgenden Versuch eines reformanalytischen Zugriffs auf das Denkmalrecht in ausgewählten Fragestellungen unterstützen.

Die verwendeten Begrifflichkeiten bringen die neuen, neu zu bedenkenden Sach- und Wertungsfragen auf den Punkt, ohne daß sie zu sehr durch traditionale Verwendungszusammenhänge vorbelastet sind[99]. Ob und inwieweit sie sich ggfs. als kurzlebig erweisen werden[100], kann und soll an dieser Stelle ausdrücklich offen bleiben.

Der Freiburger Verwaltungsrechtler Andreas Voßkuhle schlüsselt die Begrifflichkeit der Verwaltungsreformdiskussion, die als Impulsgeber und Erkenntnisrahmen fungiert, heuristisch näher nach Ziel und Strategie auf[101]. Während einige Begriffe Ziele des modernen Verwaltungsrechts näher umschreiben, bestimmen andere die Strategien, um dieses Ziel zu erreichen. Als Zielkategorien listet Voßkuhle exemplarisch auf: Innovation, Effizienz, Kommunikation, Öffentlichkeit und Akzeptanz. Der als Strategiekonzepte Kooperationalisierung, Deregulierung, Privatisierung, Ökonomisierung und schließlich ‚regulierte Selbstregulierung' an die Seite gestellt werden.

- ***Innovation*** soll nicht nur die Elastizität rechtlich bereits vorhandener Regelungsinstrumentarien sicherstellen und damit eine möglichst situationsadäquate Gesetzesanwendung ermöglichen, die herkömmlicherweise durch Ermessensvorschriften u.ä. sichergestellt wird, sondern setzt insofern höher an, als der rechtlichen Ordnung auch Impuls- und Optimierungsfunktion zugesprochen wird. Dies erfolgt beispielsweise mit final formulierten Aufgaben und Zweckbestimmungen, die sich demzufolge von den herkömmlicherweise konditional programmierten gesetzlichen Bestimmungen insbesondere des Ordnungsrechtes (Polizeirechts) nicht unerheblich unterscheiden[102]: § 1 BauGB oder § 1

---

[98] Grundlegend thematisiert von *Andreas Voßkuhle*, ‚Schlüsselbegriffe' der Verwaltungsrechtsreform - Eine kritische Bestandsaufnahme -, in: VerwArch 92 (2001), 184 ff. Siehe auch *Wolfgang Hoffmann-Riem*, Tendenzen in der Verwaltungsrechtsentwicklung, DÖV 1997, 433 ff. (438 ff.).

[99] Zu heuristischen Funktion näher *Hoffmann-Riem*, (Anm. 98), DÖV 1997, 433 ff. (438 f.).

[100] Vgl. dazu näher unter bestimmten Focus *Winfried Brohm*, Kurzlebigkeit und Langzeitwirkung der Rechtsdogmatik, in: FS Maurer (2001), 1079 ff.

[101] Dazu und zum Folgenden ausführlich *Voßkuhle*, (Anm. 98), in: VerwArch 92 (2001), 184 ff. (196 ff. m.w.N.).

[102] Zum Unterschied zwischen Final- und Konditionalprogramm als gesetzgeberischer Technik siehe grundlegend *Rainer Wahl*, Rechtsfragen der Landesplanung und Landesentwicklung, Bd. I, Berlin 1978, 33 ff., 48 f. u.ö.

BNatSchG sind hierfür ebenso Beispiele wie § 2 ROG oder § 50 BImSchG, die sämtlich gesetzliche Optimierungsaufgaben formulieren[103].

- ***Effizienz*** fordert von der Verwaltung einen möglichst ressourcenschonenden Einsatz der Mittel und damit eine Optimierung der Aufgabenwahrnehmung (= Effektivität). Damit wird u.a. die bedeutungsvolle Saite des Verwaltungsorganisationsrechts und des Haushaltsrechts (vgl. Art. 114 Abs. 2 Satz 1 GG[104]; § 6 Abs. 1 HRGrG, § 7 BHO) angeschlagen. Der Effizienzgrundsatz liegt ebenfalls dort zutage, wo die Rechtsordnung der Verwaltung Handlungsoptionen eröffnet, wie beispielsweise im Rahmen von Ermessens- und Beurteilungsspielräumen.

- Mit der Forderung nach ***Kommunikation*** und ***Öffentlichkeit*** werden bereits Modi der Aufgabenwahrnehmung beschrieben, deren Ziel es wiederum u.a. ist, Akzeptanz für die Handlungsziele zu schaffen. Beides, Kommunikation und Öffentlichkeit, sind in einer und für eine Informationsgesellschaft besonders herausragende Aspekte. Während die Kommunikation sowohl die Innen- und Außenseite der Verwaltung betrifft, da es hier um interne und externe Behördenkommunikation geht, markiert der Öffentlichkeitsaspekt ein übergreifendes Zwischenreich, das die Verwaltung und ihren - nicht selten als Arkanum gehegten und gepflegten - Informationsbestand mit dem erkennbaren, erkannten oder vermeintlichen Informationsbedarf der Gesellschaft wie der einzelnen Staatsbürger verbindet und somit ‚ans Licht holt'. Wissen, Information als Basis für Handlungsmaßnahmen und -alternativen werden erst durch kommunikatives Wirken verfügbar. Man kann nicht von vornherein wissen, was man nicht weiß. Handlungsoptionen, -alternativen lassen sich nicht aufgrund einer einzigen Informationsbasis gewinnen. Dabei sind die Behörden nach § 24 VwVfG zur Untersuchung und demnach zur Informationsbeschaffung von Amts wegen verpflichtet und haben dabei auch mit den Betroffenen zu kommunizieren bzw. ihnen Hilfestellungen zu geben (vgl. §§ 25, 28 f. VwVfG). Durch die Novellie-

---

[103] Siehe exemplarisch hierbei zum naturschutzrechtlichen Zusammenhang nur *Patrick Berendt*, Die Bedeutung von Zweck- und Zielbestimmungen für die Verwaltung: Dargestellt am Beispiel der § 1 f. BNatSchG - zugleich ein Beitrag zur Methode der Abwägung im Verwaltungsrecht, Baden-Baden, 2001. Grundsätzlich kritisch zu Optimierungsgeboten aber *Thomas Würtenberger*, Rechtliche Optimierungsgebote oder Rahmensetzungen für das Verwaltungshandeln, in: VVDStRL 58 (1999), 139 ff. (154 ff. m.w.N.); Würtenberger präferiert statt dessen eine stärkere Prozeduralisierung und demzufolge eine Optimierung des Verwaltungsverfahrens (ebda., 166 ff.). Vgl. auch unter gleichem Titel den Beitrag von *Thomas von Danwitz*, DVBl. 1998, 928 ff.

[104] Vgl. auch Art. 94 Abs. 2 SächsVerf.

rung des VwVfG - insbesondere § 71 c VwVfG - ist diese Kommunikationsverpflichtung für beschleunigte Genehmigungsverfahren bei wirtschaftlichen Unternehmungen mittlerweile auch zu einer Art Vorfeldkommunikation generiert worden[105]. Da der Verwaltungsakanbereich durch informationelle Öffnung aufgebrochen und damit öffentlich gemacht werden soll, ist eine ebenso grundlegende wie schon lange vorgetragene Maxime die Öffentlichkeit der Verwaltung[106]. In der begrenzten Form der Aktenöffentlichkeit wird sie in vergleichsweise engem Rahmen nach Maßgabe des § 29 VwVfG schon gewährt. Dies entspricht aber noch keineswegs dem Öffentlichkeitsstandard, wie er in der US-amerikanischen Freedom-of-Information-Act formuliert ist. Eine Ausnahme stellt in diesem Zusammenhang Art. 21 Abs. 4 Brandenburgische Verfassung dar, der einen entsprechenden Gesetzgebungsauftrag formuliert, der mittlerweile eingelöst worden ist[107]; auch der § 4 UIG, der die Richtlinie 90/313/EWG aus dem Jahre 1990 umsetzt[108], normiert einen solchen Informationsaspekt im Umweltrecht. Informationsansprüche, Informationsteilhabe sind Aspekte die zudem grundlegender Bestandteil einer ebenso qualitätsorientierten wie qualitätssichernden Verbraucherschutzpolitik sind und sich bereits in vereinzelten Rechtsbereichen finden lassen und zunehmend von weiteren Bundesländern als Regelung umgesetzt werden.

- Der ***Akzeptanz*** von Verwaltungsentscheidungen gilt seit spätestens Ende der 1980er Jahre eine besondere rechtswissenschaftliche Aufmerksamkeit[109]. Für eine entsprechende behördliche Handlung ist es nicht nur zwingend erforderlich, daß sie demokratisch legitimiert ist und sich demzufolge in einer unmittelbaren Legitimationskette auf den Souverän zurückführen läßt, sondern sie muß auch ihrem Output - d.h. dem konkreten, also fallorientierten Verwaltungshandeln - nach darauf aus sein, daß sie den Willen der Betroffenen entspricht bzw. zumindest nicht übermäßig zuwiderläuft. Daß dieses nur dort der Fall sein kann, wo der demokratisch legitimierte Gesetzgeber der Verwaltung Hand-

---

105 Näher *Voßkuhle*, (Anm. 98), VerwArch (2001), (199 f.)

106 Grundlegend und umfassend untersucht von *Arno Scherzberg*, Die Öffentlichkeit der Verwaltung, Baden-Baden 2000.

107 Vgl. die landesrechtliche Umsetzung in Brandenburg durch das Akteneinsichts- und Informationszugangsgesetz vom 10. März 1998, GVBl., 46. Dazu etwa *Scherzberg*, (Anm. 106)., 400 f. m.w.N.

108 Zur Bedeutung der Öffentlichkeit im Prozeß der Europäisierung siehe grundlegend *Häberle*, Gibt es eine europäische Öffentlichkeit?, 2000; *ders*, Europäische Verfassungslehre (Anm. 37), 162 ff. m.w.N.

109 Vgl. aus dem umfangreichen Schrifttum gleichsam als Forschungssumme nur *Thomas Würtenberger*, Die Akzeptanz von Verwaltungsentscheidungen, Baden-Baden 1996.

lungs- und Entscheidungsspielräume zubilligt, ist offensichtlich. Dieser sicherlich nicht leicht herzustellende Zustand läßt sich insbesondere prozedural erreichen, indem dem Verwaltungsverfahren akzeptanzfördernde Regelungsstrukturen implementiert werden[110]. Stichwortartig zusammengefaßte Modelle wie Konfliktvermittlung und Mediation sind Indikatoren für diesen Ansatz.

Die genannten Zielorientierungen weisen damit bereits nicht unerhebliche Hyperlinks zu den strategischen Konzeptionen auf.

- In strategischer Hinsicht hat das Konzept des ***kooperativen Verwaltungsrecht*** bzw. der ***kooperativen Verwaltung*** seit langem eine Vorrangstellung. Insbesondere der kooperative Staat[111] sei in der Lage, akzeptabel zu handeln, da er seine Bürger eben nicht zu Untertanen degradiere, die Befehlsempfänger staatlicher Entscheidungen sind. Der Eingängigkeit des Begriffes Kooperation steht das Problem seiner präzisen Begriffsbestimmung geradezu diametral entgegen[112]. Sie ist durch Beliebigkeit und Konturlosigkeit auszeichnet und demzufolge für vermeintlich selbstverständliche Auslegungen je nach Interpretationsgeschick des Anwenders oder Betroffenen offen. Ungeachtet dessen[113], zeichnen sich die Rechtsordnung durch zunehmende Kooperationsstrukturen aus, wie sie sich nicht nur an dem Klassiker des Verwaltungsvertrages (§§ 54 ff. VwVfG), sondern in neuerer Zeit durch die Baurechtsreformen beispielsweise am Vorhaben- und Erschließungsplan (§ 12 BauGB) ablesen lassen. Dem Kooperationsansatz wohnt zudem die Tendenz inne, die herkömmliche verwal-

---

[110] Dazu, daß dem Verfahrensgrundsatz zudem eine grundrechtsschützende, grundrechtsverwirklichende Komponente innewohnt, siehe die Leitentscheidung BVerfGE 53, 30 (65 ff.); vgl. ferner die grundlegende monographische Abhandlung dieser Thematik - in wissenschaftlicher wie auch praxisorientierter Sicht - von *Friedhelm Hufen*, Fehler im Verwaltungsverfahren: Ein Handbuch für Ausbildung und Praxis, 3. Aufl. Baden-Baden 1998; sowie die gewichtige Untersuchung von *Hermann Hill*, Das fehlerhafte Verfahren und seine Folgen im Verwaltungsrecht, Heidelberg 1986. Siehe oben *Würtenberger* (Anm. 109).

[111] Begriffsbildend etwa *Ernst-Hasso Ritter*, Der kooperative Staat, in: AöR 104 (1979), 389 ff. Siehe aus der mittlerweile fast unübersehbaren Literatur nur *Arthur Benz*, Kooperative Verwaltung: Funktionen, Voraussetzungen und Folgen, Baden-Baden 1994; weiter die Beiträge in: N. Dose/R. Voigt (Hrsg.), Kooperatives Recht (Schriften zur Rechtspolitologie, 2) Baden-Baden 1995.; *Jens-Peter Schneider*, Kooperative und konsensuale Formen administrativer Entscheidungsprozesse, in: JbNPÖ 15 (1996), 82 ff.

[112] Soweit Kooperation als Rechtsprinzip aufgefaßt wird, siehe dazu die kritische Stellungnahme von *Hans-Joachim Koch*, Das Kooperationsprinzip im Umweltrecht - ein Mißverständnis?, NuR 2001, 541 ff. (545 ff. m.w.N.). Zu diesen und weiteren Problemstellungen des Kooperationsprinzip siehe die kritische Würdigung bei *Oliver Lepsius*, Besitz und Sachherrschaft im öffentlichen Recht, Tübingen 2001, 489 ff.

[113] Näher zu den Kooperationsproblemen *Voßkuhle*, (Anm. 98), VerwArch 92 (2001), 184 ff. (203-206 m.w.N.).

tungsrechtliche Struktur von Aufgabe und Befugnis insofern zu modifizieren, als nunmehr eine Verantwortungsteilung zwischen Verwaltung und gesellschaftlichen Akteuren im Bereich öffentlicher Aufgaben vorgenommen wird[114].

- Gerade die Reformen des Baurechts - insbesondere des Bauordnungsrechts Ende der 1990er Jahre - zeigen die weitere Strategietendenz der ***Deregulierung*** an. Der Ruf nach Deregulierung schallt allenthalben. Dabei ist er keineswegs so unproblematisch, wie die Rufer Glauben gemacht wollen und sicherlich kein probates Allheilmittel. Die Sachadäquanz von Deregulierungen stößt da auf Grenzen, wo komplexe Sachverhalte zu normieren sind. Mit simplifizierenden Normstrukturen läßt sich die Wirklichkeit beispielsweise schwieriger technisch-naturwissenschaftlicher Sachverhalte nicht normativ einfangen, da sich komplexe Strukturen nun einmal nicht unterkomplex lösen lassen. Die Paradoxie der Deregulierungsbestrebungen lag und liegt vielfach darin, daß die Umsetzung der Vereinfachungen nicht selten zu neuen, nicht minder komplizierten Regelungen und Steuerungsstrukturen führten und führen. Der sicherlich in vielen Bereichen zu Recht erhobenen Forderung nach Deregulierung - oder vorsichtiger: zumindest nach weitestmöglicher Rechtsvereinfachung mit dem Ziel von Rechtsklarheit - kann demzufolge nicht einfach entsprochen werden. Vielmehr kommt es zu einem Regelungswandel derart, daß Sachbereiche ‚umreguliert' werden. Diese Umregulierungen finden ihren Grund in der staatlichen Regulierungsverantwortung, die sich beispielsweise aus der grundrechtlichen Schutzverpflichtung ergeben kann und darauf gerichtet ist, nicht alles dem freien Spiel der Kräfte zu überlassen, so sehr dem „Wettbewerb als Entdeckungsverfahren" (F. A. von Hayek) auch Rechnung getragen werden soll. Die Rechtsordnung hat aufgrund ihrer Wechsel- und Kehrseitigkeiten der unterschiedlichsten insbesondere individuellen Rechtspositionen sowohl normative Gegenseitigkeitsstrukturen[115] als auch normative Konfliktschlichtungspro-

---

114 *Wolfgang Hoffmann-Riem*, Verantwortungsteilung als Schlüsselbegriff moderner Staatlichkeit, in: FS Klaus Vogel (2000), 47 ff.; sowie die Beiträge in: Schuppert (Hrsg.), (Anm. 64). Sehr kritisch etwa *Udo Di Fabio*, Der Verfassungsstaat in der Weltgesellschaft, Tübingen 2001, 100 ff. m.w.N.; *Lepsius*, (Anm. 111), 398 ff.

115 Vgl. zur Gegenseitigkeits(rechts)ordnung *Herbert Bethge*, Zur Problematik von Grundrechtskollisionen, München 1977, 256 ff., 321 ff.

gramme[116] zu generieren, die von radikalen neoliberalen Positionen nicht unerheblich entfernt sein dürften.

- Ein weiteres Zentralgebiet verwaltungsrechtlicher Reformen und Reformansätze ist die zunehmende ***ökonomisierende*** Betrachtungsweise und Umsetzung in den Verwaltungsalltag. Die avisierte stärkere Marktorientierung und Ausrichtung öffentlicher Verwaltungen als Dienstleistungsbetriebe läßt in neuerer Zeit zunehmend ökonomische Erkenntnisse, Handlungs- und Denkweisen sowie Organisationsmodelle in die Verwaltungspraxis einfließen. Betriebswirtschaftliche Vorstellungen werden auf die öffentliche Verwaltung übertragen; Verwaltungscontrolling[117], Produktdefinition u.v.m. sind keine Fremdwörter mehr für die Verwaltungspraxis, sondern sollen gerade ihrer Effizienz und Effektivität dienen. Die sparsame, wirtschaftliche Verwendung mit Haushaltsmitteln ist damit ebenso verbunden, wie die stärkere Akzentuierung der Dienstleistung ‚öffentliche Verwaltung' für die Bürger.

- Besonderer Aufmerksamkeit gilt in der Verwaltungsreformdiskussion dem Phänomen „regulierter Selbstregulierung"[118]. Die Karriere dieses Schlüsselbegriffes verbindet sich zudem mit den bereits genannten Begriffen Verantwortungsteilung und Prozeduralisierung. Ziel dieses Ansatzes ist es, eine gestufte, arbeitsteilige Regelungsstruktur zu kreieren, die gesellschaftliche Selbstregulierung mit staatlicher Gewährleistungsverantwortung in eine wohlverstandene Wechselbezüglichkeit und Gleichgewichtigkeit bringt, die individuelle/gesellschaftliche Eigenverantwortlichkeit ebenso fördert wie gewährleistet und auf der anderen Seite den Staat nicht aus seiner Verantwortung und Pflichtigkeit entläßt, sondern in diesen Prozeß mit einbindet, ohne daß dies seine Übermä-

---

[116] Grundlegend konzeptionell entfaltet von *Matthias Schmidt-Preuß*, Kollidierende Privatinteressen im Verwaltungsrecht: das subjektive öffentliche Recht im multipolaren Verwaltungsrechtsverhältnis, Berlin 1992, 247 ff. u.ö.

[117] *Klaus Lüder*, Verwaltungscontrolling, DÖV 1993, 265 ff.; ferner *Bert Rürup*, Controlling als Instrument effizienzsteigernder Verwaltungsreformen?, in: Aus Politik und Zeitgeschichte B5/95 vom 27. Januar 1995, 3 ff.; *Udo Müller*, Controlling als Steuerungsinstrument der öffentlichen Verwaltung, ebda., 11 ff.; *Jochen Struwe*, Lean Administration und Verwaltungscontrolling: Das Instrumentarium, ebda., 20 ff. je m.w.N.

[118] Neben *Voßkuhle*, (Anm. 98), VerwArch 92 (2001), 184 ff. (213-215); siehe insbesondere die Beiträge, in: Regulierte Selbstregulierung als Steuerungskonzept des Gewährleistungsstaates - Ergebnisse des Symposiums aus Anlaß des 60. Geburtstages von Wolfgang Hoffmann-Riem, DIE VERWALTUNG, Beiheft 4, Berlin 2001. Siehe Ferner *Klaus von Beyme*, Steuerung und Selbstregelung: Zur Entwicklung zweier Paradigmen, in: Journal für Sozialforschung 35. Jg. (1995), Heft 3/4, 197 ff.

ßigkeit und Übermächtigkeit provoziert. Hintergründige Überlegung ist dabei, daß allzu detaillierte staatliche Vorgaben den einzelnen Regelungsherausforderungen nicht gerecht werden können, da eine gesetzliche Regelung vielfältiger Erscheinungen des modernen Lebens beispielsweise in technischen Fragen niemals vollständig komplexitätsadäquat sein können. Angestrebt wird demzufolge ein wohlverstandenes Regelungsparallelogramm, das einerseits nicht in Regellosigkeit münden, andererseits aber den rechtlich zu regelnden Problem sachadäquat sein soll. Seit langem wird dieses - hier stark vereinfachte Konzept - bereits im Sozial- und Gesundheitswesen in der Form sozialer Selbsthilfe realisiert, womit zum Ausdruck kommt, daß das heute unter dem Begriff ‚regulierte Selbstregulierung' diskutierte Leitbild eine gewisse Nähe zum Subsidiaritätsprinzip und seinen Komponenten besitzt[119], aber normativ-kontextuell etwas anders verortet wird. Entsprechende Steuerungsmechanismen - die je nach theoretischem Vorverständnis auch unter dem Label „reflexives Recht" oder „(dezentrale) Kontextsteuerung" firmieren[120] - finden sich beispielsweise in der sog. programmierten Forschungsförderung[121] oder bei der Freiwilligen Selbstkontrolle von Film und Fernsehen.

Die vorstehend skizzierten Bewegungen in der verwaltungsrechtlichen Diskussion sind zwar keineswegs unwidersprochen geblieben, bieten aber durchaus ein Reflexionspotential und inspirieren zum Überdenken herkömmlicher Ansätze und Positionen. Schließlich geht es um eine verwaltungsrechtliche Reformdiskussion und nicht um Revolution. Auch im verwaltungsdogmatischen Bereich besitzt Odo Marquard's Diktum, daß Zukunft Herkunft braucht und rechtlicher Wandel immer an bereits Bestehendes, Vorhandenes anknüpft[122], durchaus Plausibilität.

---

[119] Näher dazu *Ansgar Hense*, Der staats- und europarechtliche Gehalt des Subsidiaritätsprinzips in den päpstlichen Enzykliken, in: Blickle u.a. (Hrsg.), Subsidiarität als rechtliches und politisches Ordnungsprinzip in Kirche, Staat und Gesellschaft (Beiheft RECHTSTHEORIE 20), Berlin 2002, 401 ff. m.w.N..

[120] Vgl. die Nachweise bei *Voßkuhle*, (Anm. 98), VerwArch 92 (2001), 184 ff. (214). Ferner *Trute*, (Anm. 94), DVBl. 1996, 950 ff. (950 f.).

[121] Dazu grundlegend *Hans Heinrich Trute*, Die Forschung, (Anm. 35), 585 ff. m.w.N.

[122] Zu der hier assoziativ verwendeten Sentenz siehe im Original: *Odo Marquard*, Abschied von Prinzipiellen, Stuttgart 1981, 4 ff. (16); ders, Zukunft braucht Herkunft, in: ders., Philosophie des Stattdessen, Stuttgart 2000, 66 ff. Bemerkenswert zu den Hintergründen dieses philosophischen Traditionsverständnisses *Claude Ozankom*, Herkunft bleibt Zukunft, Berlin 1998. Für den rechtlichen Kontext resümierend *Voßkuhle*, (Anm. 98), VerwArch 92 (2001), 184 ff. (215): „Fortschritt und Tradition haben eben nur gemeinsam eine Zukunft!"

II. Zuspitzung auf drei Leitfragen

Da das Rechtsgebiet Denkmalrecht keineswegs selbstreferentiell wiederum unter Denkmalschutz steht, aber sicherlich beständig gepflegt und demzufolge durchaus mit rechtlichen Innovationen in Beziehung gesetzt werden muß, soll das Denkmalrecht mit einigen Ansätzen der kurz referierten aktuellen verwaltungsrechtlichen Reformdiskussion konfrontiert werden. Da sich die genannten Schlüsselbegriffe der Diskussion in nicht wenigen Aspekten überschneiden und jeweils für sich betrachtet mit nicht unerheblichen hermeneutischen Implikationen aufgeladen sind, soll ihnen nachfolgend vor allem heuristische Funktion unterlegt werden[123]. Für den denkmalrechtlichen Zusammenhang, den es vor diesem Hintergrund schlaglichtartig zu beleuchten gilt, soll nachfolgend in stark vereinfachter Form mittels dreier Leitfragen der Bezug der wissenschaftlichen Diskussion hergestellt werden:

- Die Frage nach der Aufgabe: Was ist überhaupt Denkmalrecht, was soll es sein und in welchem Umfang soll es bestehen? Hierbei ist es selbstverständlich, daß dies vor dem Hintergrund der herkömmlichen denkmalrechtlichen Probleme und Regelungsdefizite zu erfolgen hat, die gleichsam den Ausgangspunkt für mögliche Neuansätze markieren.
- Die Frage nach den Akteuren im denkmalrechtlichen Sektor: Wer soll Träger der denkmalrechtlichen Aufgaben sein?
- Die Organisations- und Ordnungsfrage: Wie kann ggfs. eine aufgabenadäquate Organisation[124] im Bereich des Denkmalrechts aussehen? In welchen verwaltungsrechtlichen Handlungsformen soll sich Denkmalrecht realisieren? Wie kann ein wohlverstandenes denkmalrechtliches Ordnungsmuster aussehen?

Es soll nachfolgend weniger um abschließende Antworten gehen, als vielmehr um die Markierung weiterer Frage- und Problemstellungen, die sich durchaus im Gewande ganz herkömmlicher rechtsdogmatischer Fragestellungen zeigen, aber auch ein Reformpotential de lege ferenda andeuten können und insofern rechtspolitisch sind.

---

123 Instruktiv zur Funktion der Reformbegriffe: *Helmuth Schulze-Fielitz*, Rationalität als rechtsstaatliches Prinzip für den Organisationsgesetzgeber: Über Leistungsfähigkeit und Leistungsgrenzen „weicher" Leitbegriffe in der Rechtsdogmatik, in: FS Klaus Vogel (2000), 311 ff. m.w.N.

124 Allgemein zu diesem Problem *Trute*, (Anm. 94), DVBl. 1996, 950 ff. (962 ff., insbes. 963).

1. *Erste Leitfrage: Was ist überhaupt Denkmalrecht und in welchem Umfang kann und soll der Denkmalschutz staatliche Aufgabe sein? - Zugleich eine denkmalrechtliche Bestandsaufnahme -*

a) *Schutz und Pflege von Denkmalen als Ziel und Aufgabe: Eine - immer noch - unausgetragene Diskussion?*

Die denkmalgesetzlichen Aufgabenumschreibungen in Deutschland bieten bereits hinsichtlich des Objektes kein einheitliches Bild, sondern sind durchweg Variationen der Aufgabenthematik Denkmalschutz und Denkmalpflege. Diese beiden Aspekte bilden gleichsam das zusammenfassende Aufgaben-Begriffspaar. § 1 Abs. 1 S. 2 ThürDSchG definiert dieses Begriffspaar folgendermaßen: „Dabei obliegt dem Denkmalschutz die hoheitliche Aufgabe und Verantwortung, der Denkmalpflege die fachliche Beratung und Fürsorge für den hoheitlichen Denkmalschutz". Eine etwas andere Tonlage der Aufgabenformulierung läßt sich in § 1 R-Pf DSchPflG feststellen, der die Aufgaben von Denkmalpflege und Denkmalschutz weitgehend parallelisiert und auch bei der Normierung der Denkmalfachbehörde und deren Fachberatungsaufgabe auf eine Unterscheidung zwischen Denkmalpflege und Denkmalschutz verzichtet (§ 25 Abs. 1 S. 1 R-Pf DSchPflG)[125]. Damit muß noch nicht zwangsläufig die Schwelle zur Nichtbeachtung des rechtsstaatlichen Bestimmtheitsgebotes überschritten worden sein. Aber es ist doch bemerkenswert, daß die im gesetzlichen Topoi Denkmalschutz und Denkmalpflege keineswegs einheitlich verwendet werden und dies ein (!) normativer Ansatzpunkt ebenso rechtsdogmatischer wie auch außerrechtlicher Aufgabendiskussion sein könnte, zumal das Feld der Verwaltungsaufgaben als vernachlässigtes theoretisches „Entwicklungsland" bezeichnet wird[126]. Dieser Befund ließe sich anhand verschiedenster landesgesetzlicher Bestimmungen noch weiter belegen, wobei sich Denkmalschutz und Denkmalpflege in unterschiedlichsten Regelungskontexten als Oberbegriffe (!) abwechseln. Bemerkenswert ist in diesem Zusammenhang beispielsweise die Rechtslage in Nordrhein-Westfalen, die zwischen dem Denkmalschutz als Sonderordnungsrecht und damit gemeindliche Pflichtaufgabe nach Weisung (§§ 20 Abs. 3 NWDSchG) und der Denkmalpflege als Selbstverwaltungsaufgabe (§ 22 Abs. 1

---

[125] Die Kategorien Denkmalpflege und Denkmalschutz werden beispielsweise durch § 1 Abs. 1 R-Pf DSchPflG dahingehend konkretisiert, daß es deren Aufgabe ist, Kulturdenkmäler zu erhalten und zu pflegen, insbesondere deren Zustand zu überwachen, gefahren von ihnen abzuwenden und sie zu bergen.

[126] So etwa *Josef Isensee*, Gemeinwohl und Staatsaufgaben im Verfassungsstaat, in: ders./P. Kirchhof (Hrsg.), Handbuch des Staatsrechts, Bd. III (1988), 3 ff. (61) § 57 Rdn. 132.

NWDSchG) unterscheidet[127]. Nicht ganz überzeugend dürfte es zudem sein, die denkmalrechtliche Bipolarität von Schutz und Pflege einfachhin, wie dies verbreitet geschieht, den Aspekten von Eingriffs- und Leistungsverwaltung zuzuschreiben. Jenseits des eher deskriptiven Charakters des Begriffs Leistungsverwaltung[128], wird diese Engführung des Begriff Denkmalpflege den gesetzlich umschriebenen Aufgaben beispielsweise nach Art. 12 Abs. 2 BayDSchG oder § 4 Abs. 2 HessDSchG nicht gerecht. Diese Bestimmungen, die keineswegs in allen Landesdenkmalgesetzen vorkommen[129], beziehen sich nicht auf die klassische Leistungsverwaltung, die insbesondere finanzielle Unterstützungen (Subventionen) in Form des begünstigenden Verwaltungsakts (§ 35 Satz 1 VwVfG) auskehrt, sondern beschränken sich auf die (regelbeispielhafte) Aufgabenbestimmung in Form der fachlichen Beratung, Unterstützung u.ä.

Angesichts dieser gewissen oberbegrifflichen Verwirrung nimmt es nicht Wunder, daß viele Landesdenkmalgesetze die zweibegriffliche Aufgabenbestimmung durch zusätzliche Aspekte anzureichern oder zu konkretisieren suchen. Neben Schutz und Pflege werden Aspekte wie Erhaltung, wissenschaftliche Erforschung, Verbreitung des Denkmalgedankens[130] und ein Hinwirken auf sinnvolle Nutzung genannt[131].

Bereits mit Blick auf organisationsrechtliche Zusammenhänge und der institutionellen Differenzierung zwischen Denkmalschutzbehörden und Denkmalpflegefachbehörden erscheint es unter dem Focus einer Aufgabenehrlichkeit und Verantwortungsklarheit fragwürdig zu sein, die Aufgabe derart zu vereinheitlichen, daß es den Anschein hat, daß viele für alle, also sämtliche Aufgaben von Denkmalschutz und Denkmalpflege zuständig sind[132]. Es läßt sich ganz naiv fragen, weshalb eine Behörde auch für Denkmalschutz zuständig sein soll, wenngleich sie nur unter dem Eti-

---

[127] Vgl. *Janbernd Oebbecke*, Die Aufgaben der Gemeinden und Kreise nach dem nordrhein-westfälischen Denkmalschutzgesetz, VR 1980, 384 ff. (385).

[128] Zur Begrifflichkeit von Eingriffsverwaltung (oder ‚ordnende Verwaltung') und Leistungsverwaltung etwa *Wolff/Bachof/Stober*, Verwaltungsrecht, Bd. 1, 11. Aufl., München 1999, § 3 Rdn. 5 f. m.w.N.; *Heiko Faber*, Verwaltungsrecht, 4. Aufl. Tübingen 1995, 172 ff., 249 ff. m.w.N.

[129] In den denkmalrechtlichen Gesetzes des Landes Baden-Württemberg und des Freistaats Sachsen existieren derartige Aufgabenumschreibungen der Denkmalpflege nicht.

[130] Vgl. § 1 Abs. 1 und 2 R-Pf DSchG; § 1 BerlDSchG.

[131] So etwa § 1 NWDSchG; § 1 Abs. 1 MVDSchG.

[132] Vgl. etwa § 3 Abs. 3 SächsDSchG: „Fachbehörden für alle Fragen des Denkmalschutzes und der Denkmalpflege sind (..)"; ebenso Art. 12 Abs. 1 S. 1 BayDSchG; etwas anders § 5 Abs.2 BerlDSchG, wo der Denkmalfachbehörde aber in Ziff. 11 die Vertretung öffentlicher Belange des Denkmalschutzes und der Denkmalpflege zugeschrieben werden, wodurch sie nach § 4 BauGB im Planaufstellungsverfahren förmlich zu beteiligen ist.

kett Denkmalpflege firmiert? Oder: Weshalb ein Denkmalpflegeplan einer kommunalen Gebietskörperschaft Ziele und Erfordernisse sowohl des Denkmalschutzes als auch der Denkmalpflege betrifft (§ 7 Abs. 2 BbgDSchG)? Sicherlich ließe sich die Bipolarität von Denkmalschutz und Denkmalpflege metaphorisch als zwei Seiten derselben Medaille umschreiben, die notwendigerweise zusammengehören und sich letztlich nicht trennen lassen; ein Verweis auf das Rechtsgebiet Naturschutz und Landschaftspflege nach BNatSchG würde dies stützen können[133], ebenso wie die auch dort anzutreffende Differenzierung zwischen Naturschutzbehörden einerseits und Fachbehörden andererseits[134]. Nur kann man die Begriffsverwendungszusammenhänge in dem hier bloß angedeuteten Rahmen mit gleichem Recht gerade in den Bundesländern, die eine genaue Aufgabenumschreibung der Fachbehörden unterlassen, als Indikator dafür nehmen, daß es eben keine klare Aufgabenumschreibung gibt, sondern ein vielleicht durchaus sympathisches und ehrenwertes Aufgabenkonglomerat, das aber letztlich in nicht geringem Maße erklärungsbedürftig bleibt. Daß zwischen Denkmalschutz und Denkmalpflege durchaus ein rechtsdogmatischer Unterschied zu bestehen scheint, wird bereits aus dem exemplarischen nordrhein-westfälischen Denkmalrecht näher ersichtlich. Selbst für den Fall, daß Denkmalschutz und Denkmalpflege als normativ zusammengehöriges Begriffspaar genommen werden, konstituieren sie keineswegs einen untrennbaren, monolithischen Aufgabenblock; vielmehr geht beispielsweise § 25 Abs. 1 R-Pf DSchPfG in institutionellem Kontext offensichtlich davon aus, daß sich in diesem Zusammenhang die „fachlichen Angelegenheiten" separieren lassen. Diese hier nur angedeutete Differenzproblematik wird offensichtlich auch in Fachkreisen registriert, die zunehmend den Zusammenhang zwischen Denkmalschutz und den Grundsätzen der Denkmalpflege, wie sie beispielsweise in unterschiedlichsten Konventionen zum Ausdruck gekommen sind, hinterfragen[135].

Daß die angedeuteten Probleme keineswegs bloß unerhebliche aufgabentheoretische Glasperlenspiele sind, ergibt sich nicht zuletzt daraus, daß die gesetzlichen Aufgabennormen, wenngleich sie verwaltungsrechtlich strikt von Befugnisnormen zu trennen sind, doch keineswegs ein rechtsdogmatisches Nullum sind. Vielmehr markieren sie die äußersten Zulässigkeitsgrenzen behördlicher Aktivitäten und sind

[133] Zum heute als zusammengehörigen Begriffspaar verwendeten Naturschutz und Landschaftspflege siehe nur *Bender/Sparwasser/Engel*, Umweltrecht: Grundzüge des öffentlichen Umweltschutzrechts, 4. Aufl. Heidelberg 2000, Kap. 5 Rdn. 14 ff. m.w.N.

[134] Vgl. § 40 f., 43 SächsNaturSchG; bemerkenswerterweise werden dort aber die Aufgaben der Fachbehörden enumerativ bestimmt.

[135] Vgl. *Dieter Martin*, Denkmalschutz am Scheideweg, BayVBl. 1999, 225 ff. (231 f. m.w.N.).

darüber hinaus als normative Leitvorschriften ggfs. Abwägungsdirektive[136], die auf andere rechtliche Zusammenhänge als allgemeines Ziel ausgedehnt werden können (vgl. z.B. § 1 Abs. 3 SächsDSchG; § 1 Abs. 3 S. 1 NWDSchG), und damit rechtserheblich. Neben der dabei ausgesprochenen Relativierung denkmalrechtlicher Belange auf angemessene Berücksichtigung, ist für eine sachgerechte Abwägung zwingend erforderlich, daß als Eingangsdatum für den Abwägungsprozeß eine hinreichend klare Vorstellung von Ziel und Zweck der Aufgabenstellung bestehen muß. Nur hinreichend bestimmte gesetzliche Leitvorstellungen vermögen das Verwaltungshandeln im rechtsstaatlich erforderlichen Maße zu steuern. Eine weitere Relativierung der Aufgabe Denkmalschutz und Denkmalpflege wird aus dem Vorbehalt finanzieller Leistungsfähigkeit des Staates (§§ 1 Abs. 2 S. 1, 8 Abs. 2 S. 1 SächsDSchG; §§ 1 Abs. 2, 6 S. 2 BaWüDSchG) ersichtlich. Damit wird zwar an und für sich eine verwaltungsrechtliche Selbstverständlichkeit formuliert[137], womit aber die Effizienzthematik und Ressourcenverantwortung ausdrücklich in denkmalrechtlichen Bereichen normativ verankert wird.

De lege ferenda könnte es angesichts der von Hoffmann-Axthelm angestoßenen Diskussion durchaus überlegenswert sein, wie bereits in naturschutzrechtlichen oder anderen umweltrechtlichen Regelungszusammenhängen realisiert, im Denkmalrecht Zweck- und Zielbestimmungen neu zu umschrieben und dabei - vor dem Hintergrund der bereits getroffenen Aufgabenformulierungen - präzisere und ausdifferenziertere Formulierungen zu suchen. Bei aller Ergebnisoffenheit im einzelnen wäre rechtspolitisch ein solchen Unterfangen durchaus mit Blick beispielsweise auf die Zielgröße Akzeptanz des Verwaltungshandelns sinnvoll und wünschenswert. Die inhaltlich-materielle Programmierung denkmalrechtlicher Aufgabenformulierungen erscheint dabei ebenso verbesserungsbedürftig wie verbesserungswürdig.

b) Die herkömmliche Crux des Denkmalrechts: der Denkmalbegriff

Letztlich spiegelt sich die Aufgabendiskussion nochmals in der Frage, was als Denkmal der entsprechenden Rechtsbestimmungen qualifiziert wird[138], da der

---

136 Dies hängt dann maßgeblich von ihren Formulierungen ab. Faustregelartig kann festgehalten werden, daß je allgemeiner und pauschaler sie formuliert sind, desto weniger Steuerungs-, Programmierungskraft mögen sie dann zu entfalten.

137 Vgl. *Heinz Sieche*, in: Strobl u.a., Denkmalschutzgesetz für Baden-Württemberg. Kommentar, 2. Aufl., Stuttgart 2001, § 1 Rdn. 11.

138 Instruktiv dazu der Beitrag von *Walter Bürkel*, Praktische Probleme des Denkmalschutzrechts aus der Sicht des Juristen, in diesem Band.

Rechtsbegriff Denkmal das Rechtsgebiet formiert. Das gesetzliche Schutzgut Denkmal - mit seinen Untergliederungen Bau, Bodendenkmal etc. - als normativer Ankerpunkt bereitet dabei in vielfältiger Hinsicht Schwierigkeiten und zwar vor allem - wie Walter Bürkel treffend hervorhebt - in den Grauzonen zwischen Hochkultur und Belanglosigkeit[139]. Wie sieht es mit der Denkmaleigenschaft zeitgenössischer Architektur[140], von Industriedenkmalen u.ä.m. aus? Der Denkmalbegriff ist iudex omnium; erst wenn die Denkmaleigenschaft bejaht wurde, öffnet sich der Anwendungsbereich der Landesdenkmalgesetze. In diesem Zusammenhang ist an zweierlei zu erinnern: Zum einen, indem das Wort ‚Denkmal' in den Gesetzestext inkorporiert wird, wird er zum Rechtsbegriff, der sich aus seinem alltags- bzw. wissenschaftssprachlichen Kontext löst, „denn im juristischen Kontext sind an die Anwendbarkeit oder Nichtanwendbarkeit des Begriffs Rechtsfolgen geknüpft"[141]. Zum anderen ist eine Rechtsnorm keine „Attacke auf die Wirklichkeit, sondern eine ordnende und anordnende Folgerung aus ihr"[142]. Die Rechtsanwendung, die juristische Entscheidung ist ein schöpferischer Vorgang[143], da die Rechtsnorm dem Juristen keineswegs schon zur Anwendung und damit zur Subsumtion vorgegeben, begrifflich abgesteckt ist, sondern durch ihn erst hergestellt wird[144].

aa) Rechtsprobleme des Kriteriums Denkmalfähigkeit: zwischen gesetzlicher Bindung und freier Sacheinschätzung

Bei der Prüfung der Denkmaleigenschaft wird herkömmlicherweise zwischen Denkmalfähigkeit und Denkmalwürdigkeit unterschieden. Während sich die Denk-

---

139 Vgl. *Bürkel*, (Anm. 138). Als Entwicklungsübersicht etwa *Michael Metschies*, „Erweiterter", gewandelter oder unveränderter Denkmalbegriff? Zur Kontroverse um einen neuen Begriff des Denkmals, in: Die alte Stadt 23 (1996), 219 ff. m.w.N.

140 Dazu etwa *Hannah Cornelia Gawehns*, Denkmalschutz und zeitgeschichtliche Architektur, Diss. iur. Erlangen-Nürnberg 1999.

141 So treffend *Gertrude Lübbe-Wolff*, Rechtsfolgen und Realfolgen, Freiburg/München 1981, 124.

142 *Friedrich Müller*, Normbereiche von Einzelgrundrechten in der Rechtsprechung des Bundesverfassungsgerichts, Berlin 1968, Vorwort. Sowie die grundlegende Konzeption bei *dems.*, Strukturierende Rechtslehre, Berlin 1984.

143 Als modernen Klassiker dazu: *Hans Heinrich Rupp*, Grundfragen der heutigen Verwaltungsrechtslehre, 2. Aufl. Tübingen 1991, 187 ff. m.w.N.

144 In diesem Sinne - auch - vor dem Hintergrund der Strukturierenden Rechtslehre *Bernd Jeand'Heur*, Verfassungsrechtliche Schutzgebote zum Wohl des Kindes und staatliche Interventionspflichten aus der Garantienorm des Art. 6 Abs. 2 Satz 2 GG, Berlin 1993, 30 m.w.N. Zum Recht als dynamischen Rechtserzeugungsprozeß siehe zudem *Hans Heinrich Rupp*, Ermessen und unbestimmter Rechtsbegriff und kein Ende, in: FS Wolfgang Zeidler, Bd. I (1987), 455 ff. (459).

malfähigkeit auf die landesgesetzlich sehr unterschiedlich vorgegebenen Schutzgründe bezieht, wenn künstlerische, wissenschaftliche oder heimatgeschichtliche Gründe (vgl. § 2 Abs. 2 BaWüDSchG) für die Erhaltung von Sachen, Sachgesamtheiten oder Sachteile sprechen[145], so stellt das Kriterium der Denkmalwürdigkeit darauf ab, daß an der Erhaltung ein öffentliches Interesse bestehen muß. Diese in der Rechtsprechung praktizierte Zweiteilung der Prüfung führt dazu, daß das Tatbestandsmerkmal öffentliches Interesse als eingrenzendes Korrektiv verstanden wird, mit dessen Hilfe „aus der großen Zahl theoretisch schutzfähiger Objekte im Interesse der Akzeptanz und der Sozialverträglichkeit diejenigen [herausfiltert], die tatsächlich unter besonderen Schutz gestellt werden sollen“[146].

Rechtsdogmatisch ergeben sich daraus unter anderem folgende Problemstellungen: Wie sind die einzelnen Merkmale des Kulturdenkmalbegriffs rechtlich zu qualifizieren[147], wie bestimmt sich das Eingrenzungskriterium öffentliches Erhaltungsinteresse näher, schließlich das Problem, wie wird die Denkmaleigenschaft festgestellt.

Die rechtliche Qualifikation des Denkmalbegriffs ist insbesondere für die Reichweite des Rechtsschutzes, den der Bürger erlangen kann, bedeutungsvoll. Dieser differiert je nachdem, ob die gesetzlichen Tatbestandsmerkmale in der herkömmlichen Verwaltungsrechtsdogmatik als sog. unbestimmte Rechtsbegriffe aufgefaßt werden, oder ob ihnen eine administrative Beurteilungsermächtigung oder gar ein Ermessen innewohnt[148]. Während Ermessensnormen und Beurteilungsermächtigungen der Verwaltung einen nicht unerheblichen, gerichtlich nur eingeschränkt nachprüfbaren Entscheidungsspielraum bei der Rechtsanwendung verschaffen, unterliegen die sog. unbestimmten Rechtsbegriffe einer uneingeschränkten verwaltungsgerichtlichen Kontrolle[149]. Apodiktisch werden die Alternativen Ermessenvorschrift oder Beurtei-

---

[145] BaWüVGH, DVBl. 1988, 1219 f. (1220). Vgl. auch *Heinz Strobl*, in: Ders. u.a., (Anm. 137), § 2 Rdn. 23.

[146] *Robert Uerpmann*, Das öffentliche Interesse: Seine Bedeutung als Tatbestandsmerkmal und als rechtsdogmatischer Begriff, Tübingen 1999, 85 m.w.N. Siehe auch OVG Bautzen, SächsVBl. 1998, 12 ff. (15); VG Weimar, ThürVBl. 2001, 45 ff. (insbes. 47).

[147] Zu aktuellen Tendenzen vertiefend und materialreich *Christoph Moench/Olaf Otting*, Die Entwicklung des Denkmalschutzrechtes (Teil 1) - Voraussetzungen der Denkmaleigenschaft, NVwZ 2000, 146-155 m.w.N. (Teil 2, ebda. 515-525); ferner *Gawehns*, (Anm. 140), 63 ff. m.w.N.

[148] Zum Diskussionstand siehe etwa *Hartmut Maurer*, Allgemeines Verwaltungsrecht, 14. Aufl. München 2002, § 7 Rdn. 7 ff., 26 ff.; *Jörn Ipsen*, Allgemeines Verwaltungsrecht, Köln u.a. 2000, Rdn. 462 ff., 478 ff., 511 ff.; *Wolff/Bachof/Stober*, (Anm. 126), § 31 Rdn. 8 ff., 14 ff., 31 ff.; *Walter Schmidt*, Einführung in die Probleme des Verwaltungsrechts, München 1982, Rdn. 97 ff.

[149] Dazu, daß die Rede von unbestimmten Rechtsbegriffen verwirrend ist und demzufolge auf diese Kategorie verzichtet werden sollte, *Schmidt*, (Anm. 148), Rdn. 104 m.w.N.; siehe auch *Hans-Uwe Erichsen*,

lungsermächtigung in der Rechtsprechung zum Denkmalrecht ausgeschlossen[150]. In der Literatur wird demgegenüber durchaus für eine Beurteilungsermächtigung eingetreten[151]. Ein derartiger Beurteilungsspielraum würde den Denkmalbehörden ein relativ weites und gerichtlich nur sehr eingeschränkt nachprüfbares ‚Tatbestandsermessen' zubilligen, welches dem deutschen Verwaltungsrecht zwar grundsätzlich nicht fremd, bis jetzt aber nur in sehr wenigen Fällen bei lediglich begrenzt objektivierbaren Verwaltungsentscheidungen, wie z.B. Prüfungs- oder prüfungsähnlichen Entscheidungen, dienstlichen Beurteilungen, Wertungsentscheidungen plural besetzter Sachverständigengremien (vgl. z.B. §§ 1, 8 ff. GjS) bejaht worden ist[152]. Aber auch die Qualifikation der gesetzlichen Tatbestandsmerkmale der Denkmalseigenschaft als Beurteilungsermächtigung zugunsten der Denkmalbehörden führt keineswegs zu einer vollständigen rechtlichen Exemtion. Auch administrative Beurteilungsspielräume werden gerichtlich, wenn auch nur eingeschränkt überprüft; z.B. auf die zutreffende und vollständige Sachverhaltsermittlung, ob die richtigen Beurteilungsmaßstäbe (keine sachfremden Erwägungen bei der Sachverhaltsbeurteilung, Beachtung gültiger Bewertungsmaßstäbe[153]) beachtet worden sind. Einem denkbaren Beurteilungsspielraum der Verwaltung können aber enge verfassungsrechtliche Grenzen entgegenstehen[154]. Nun könnte die besondere Eigengesetzlichkeit der kulturverwaltungsrechtlichen Gebiets Denkmalschutz und Denkmalpflege als Argument herangezogen werden, um die Notwendigkeit eines administrativen Beurteilungsspielraums zu begründen, da die Verwaltungsgerichte die Sach- und Rechtslage keineswegs (abschließend) beurteilen können. Der professionelle Sachverstand sei vor allem oder sogar ausschließlich bei den Denkmalschutz- und Denkmalfachbehörden versammelt, während die richterliche Prüfung allenfalls laienhaft bleiben könne. Zwar läßt sich die Sachgerechtigkeit der eher fachwissenschaftlichen Beurteilung der Denkmaleigenschaft und damit die Annahme, daß durch die entsprechen-

---

Die sog. unbestimmten Rechtsbegriffe als Steuerungs- und Kontrollmaßgaben im Verhältnis von Gesetzgebung, Verwaltung und Rechtssprechung, DVBl. 1985, 22 ff. (22).

150 Statt vieler OVG Bautzen, SächsVBl. 1998, 12 ff. (13 m.w.N.).

151 Etwa *Schmittat*, (Anm. 58), 39-60; ferner *Hammer*, (Anm. 6), 390 ff.; ebenso die Rezension der Dissertation Hammers von J. Oebbecke, DVBl. 1996, 221.

152 Aufstellung bei *Maurer*, (Anm. 148), § 7 Rdn. 37 ff.

153 Zum Prüfungswesen vgl. nur BVerwGE 84, 34 ff. (54). Ferner *Wolff/Bachof/Stober*, (Anm. 126), § 31 Rdn. 24 ff. m.w.N.

154 Dazu etwa *Ipsen*, (Anm. 148), Rdn. 509 f. unter Bezugnahme auf BVerfGE 83, 130 ff. (148). Ausführliche Darstellung dieser Tendenz und grundlegende Verortung bei *Helmuth Schulze-Fielitz*, Neue Kriterien für die verwaltungsgerichtliche Kontrolldichte bei der Anwendung unbestimmter Rechtsbegriffe, JZ 1993, 772 ff. (insbes. 774 ff.).

den gesetzlichen Kriterien auf einen außerrechtlichen Entscheidungsgehalt rekurriert werde[155], nicht a priori als unzutreffend abweisen, jedoch ist die Annahme einer zwingenden Sachgesetzlichkeit und der damit verbundenen Unmöglichkeit die behördliche Entscheidung vor Gericht rekonstruieren zu können für sich genommen in hohem Maße rechtfertigungsbedürftig[156], da eine allzu voreilige Annahme zu einer rechtsstaatlichen Unterminierung führen kann. Schließlich wohnt jeder Rechtsanwendung gleichermaßen Kognition und Dezision inne und ist der Rechtsanwender zur Normergänzung gehalten[157]. Die Rechtsordnung kennt dabei durchaus Verweisungen auf außerjuristische Sachverhalte, indem beispielsweise ausdrücklich auf den Stand von Wissenschaft und/oder Technik (z.B. §§ 3 Abs. 6, 5 Abs. 1 Ziff. 2, 22 Abs. 1 Ziff. 1 BImSchG), anerkannte Regeln der Technik (z.B. § 3 Abs. 3 SächsBauO) o.ä. Bezug genommen wird. Die Annahme eines administrativen Beurteilungsspielraums im Bereich des Denkmalrechts begegnet aber erheblichen Bedenken, wenn man das kontrollreduzierte oder gar kontrollfreie Handeln von Denkmalbehörden allein mit dem hochabstrakten Topos Sachgerechtigkeit zu rechtfertigen sucht. Allein der Verweis auf die aktuell geführte Debatte über Denkmalschutz und Denkmalpflege konterkariert bereits eine derartige Annahme faktischer Sachzwänge. Die Einräumung eines Beurteilungsspielraums müßte sich darüber hinaus auch verfassungsrechtlich rechtfertigen lassen[158]. Wenn sich dabei u.U. aus Artt. 19 Abs. 4 und 14 Abs. 1 GG zumindest keine grundsätzlichen verfassungsrechtlichen Sperren gegen die Annahme eines administrativen Beurteilungsspielraumes ergeben[159], so ist dies andererseits keineswegs die positive Rechtfertigung für die Annahme. Es ist als realistisches Denkspiel nicht auszuschließen, daß sich denkmalrelevante Veränderungen ggfs. auf die Kunstfreiheit (Art. 5 Abs. 3 GG) stützen ließen und es demzufolge um die künstlerische Fortentwicklung eines denkmalgeschützten Gebäudes ginge - in diesen Fällen würde die verfassungsrechtlich garantierte Freiheit auch der Baukunst nicht leichterdings durch fachwissenschaftliche Erwägungen von Denkmalpflege und Denkmalschutz zu entkräften sein[160]. Zumal weitgehende

---

155 I.d.S. insbesondere *Schmittat*, (Anm. 58), 57 ff. m.w.N.

156 So wohl zu Recht *Schulze-Fielitz*, (Anm. 154), JZ 1993, 772 ff. (778 m.w.N.).

157 Vgl. näher *Erichsen*, (Anm. 149), DVBl. 1985, 22 ff. (22, 25 f.). Zwischen Ermessen und Rechtsanwendung keinerlei Unterschied sehend und die strikte Trennung anzweifelnd etwa *Rupp*, (Anm. 145), 455 ff. (458 ff.).

158 Näher dazu *Schulze-Fielitz*, (Anm. 154), JZ 1993, 772 ff. (779 f. m.w.N.).

159 So i.E. *Schmittat*, (Anm. 58), 49-52. Siehe aber auch *Moench/Otting*, (Anm. 147), NVwZ 2000, 146 ff. (147 m.w.N.).

160 Zu den hier nur andeutbaren Rechtsproblemen der Baukunst, die vor allem im Bauordnungsrecht diskutiert werden, aber auch auf den denkmalrechtlichen Zusammenhang übertragbar sind, siehe sehr

Einigkeit darüber besteht, daß allzu subjektive Wertungen von (konkreten) Rechtsanwendern eher nicht in die Rechtsordnung integriert werden sollen[161]. Eine neuere denkmalrechtliche Kommentierung erledigt das Problem mit dem Satz: „Trotz aller Bemühungen der Denkmalpflege um wissenschaftlich-rational nachvollziehbare Grundsätze, wären bei der Einräumung von Beurteilungsspielräumen die subjektiven Anschauungen und Überzeugungen der Denkmalfachleute für den praktischen Vollzug der Denkmalpflege letztentscheidend"[162]. Demzufolge liegt aus rechtspolitischen wie verfassungsrechtlichen Gründen ein administrativer Beurteilungsspielraum im Denkmalrecht eher fern[163], wenngleich damit keineswegs das Schöpferische des Anwendungsprozesses geleugnet oder im weiteren ausgeschlossen wird[164].

Die Rechtsprechung und die überwiegende Auffassung in der Literatur haben die einzelnen Tatbestandsmerkmale des Denkmalbegriffs konkretisiert und dabei die Denkmalfähigkeit vielleicht sogar tendenziell eher restriktiv interpretiert[165], so daß eine entsprechend gefestigte Judikatur zum Denkmalbegriff besteht, wodurch den rechtsstaatlichen Bestimmtheitsanforderungen zumindest ansatzweise Rechnung getragen wird. Dies ändert aber zuerst einmal nichts daran, daß die einzelnen Tatbestandsmerkmale der Denkmalfähigkeit von wissenschaftlicher Bedeutung über künstlerische, (heimat)geschichtliche bis hin zur städtebaulichen nahezu einer lükkenlosen Phänomenologie gleichkommen, die virtuell alles in sich aufnehmen kann; inwieweit dies als aufgabenmäßige Zuschreibung eines entsprechend weitreichenden

---

instruktiv *Andreas Voßkuhle*, Bauordnungsrechtliches Verunstaltungsverbot und Bau-Kunst, BayVBl. 1995, 613 ff. m.w.N.;

161 Dazu und zur Relativität dieser Aussage siehe nur *Erichsen*, (Anm. 149), DVBl. 1985, 22 f.. (25).

162 So *Heinz Sieche*, in: Strobl, u.a., (Anm. 137), Einl. Ziff. 1 = S. 2. Bemerkenswert in Zusammenhang mit den Zufälligkeiten der Beurteilung und deren Zeitgebundenheit das obiter dictum des VG Dessau, Urteil vom 1. November 2000 - Az. 1 A 85/99 DE - (unveröffentl.), Umdruck S. 11: „Über die Denkmaleigenschaft kann daher nicht gleichsam durch ‚Mehrheitsentscheid' im Kreis der Sachverständigen befunden werden". Das VG Dessau setzt sich damit von einer in der Literatur durchaus vertretenen Ansicht ab.

163 So auch *Moench/Otting*, (Anm. 147), NVwZ 2000, 146 ff. (147). Ein Beurteilungsspielraum ließe sich allenfalls dann begründen, wenn die entsprechenden Verwaltungsentscheidungen z. B. von unabhängigen, plural besetzten Sachverständigengremien getroffen würden, was sowohl die Denkmalschutzbehörden als auch die Denkmalfachbehörden aber unstreitig nicht sind.

164 Eine ebenso rechtstheoretisch wie rechtsdogmatisch fundierte Darstellung dieses interessanten Problem muß an dieser Stelle im weiteren unterbleiben.

165 Siehe den instruktiven Rechtsprechungsreport von *Moench/Otting*, (Anm. 147), NVwZ 2000, 146 ff.; weiterhin auch *Füßer*, (Anm. 6), 453 ff. (472 ff. m.w.N. zur sächsischen Praxis); vgl. auch die (wohl) unveröffentlichten Urteile des VG Dresden vom 5. Juni 1999 - Az. 3 K 530/98 -, Umdruck S. 8 ff. und vom 7. Oktober 1999 - Az. 3 K 2626/96 -, Umdruck S. 7 ff.

denkmalrechtlichen Prüfauftrages an die Verwaltung sinnvoll erscheint, dürfte dabei durchaus fragwürdig sein. Daß ein derart ‚totaler' Schutzauftrag aber nicht Ziel und Zweck des Denkmalrechts sein kann, wird deutlich in der Entscheidung des OVG Bautzen hervorgehoben, indem das Gericht betont, daß das Denkmalschutzgesetz „nicht als allgemeines Gesetz zum Schutz von Kunst, zum Schutz des Orts- oder Landschaftsbildes oder zur Förderung der Wissenschaften verstanden werden darf"[166]. Ebenso wird demzufolge eine psychologisierende Interpretation des Denkmalrechtsauftrags als „Psychotopschutz" eine eindeutige Absage zu erteilen sein[167].

Das Vorliegen der Denkmalfähigkeit setzt demnach eine präzise Prüfung der zuständigen Behörden voraus, die die entsprechenden, durch die pathologische Arbeit der Verwaltungsgerichte konkretisierten und präzisierten Tatbestandsmerkmale vor diesem Rechtshintergrund zu subsumieren hat[168]. Im Rahmen dieser Vorgaben haben die Denkmalbehörden durchaus den Spielraum, ggfs. von sich aus zu einer restriktiveren Anwendung und Handhabung des Denkmalbegriffs zu kommen, da die gesetzlichen Vorgaben sie nicht zu einem Handeln zwingen und die Tatbestandsmerkmale aus rechtsdogmatischen Gründen keineswegs in weitestgehender Weise ausgelegt werden müssen. Die Gefahr der Normenerosion[169] bzw. des Steuerungsverlustes bei allzu holistischer Gesetzesinterpretation wie -anwendung sollte gesehen werden und fordert insofern das Ethos sowie die Berufspflichten des Gesetzesinterpreten ein[170]. Eine Verpflichtung, die nicht durch Verweis auf übergreifende Sachstrukturen oder -gerechtigkeiten, Funktionsfähigkeitstopoi etc. pp. zu erledigen ist[171], sondern genuin personenfundiert ist[172].

---

166 OVG Bautzen, SächsVBl. 1998, 12 ff. (13).

167 Zum denkmalrechtlichen Psychotopschutz siehe aber VG München, BayVBl. 1974, 649 f.; entsprechend auch BVerwG, NVwZ 1991, 983 f. Kritisch *Gawehns*, (Anm. 140), 47 ff. m.w.N.; siehe auch *Hammer*, (Anm. 6), 385.

168 Allgemeine, essayhafte Abhandlungen subjektiver Wünsche u.ä.

169 Instruktiv zum Problem, welches auch die Herausforderung des Normwandels umfaßt, *Martin Morlok*, Begriff und Phänomen der Normenerosion im Bereich des öffentlichen Rechts, in: M. Frommel/V. Gessner (Hrsg.), Normerosion, Baden-Baden 1996, 115 ff.

170 Grundlegend zu diesem häufig außer acht gelassenen Problemkreis *Josef Isensee*, Vom Ethos des Interpreten: das subjektive Element der Normauslegung und seine Einbindung in den Verfassungsstaat, in: FS Günther Winkler (1997), 367 ff.

171 Vgl. zu näheren Rechtsgehalt dieser vor allem im Hinblick auf Art. 3 Abs. 1 GG bemühten Topoi *Lerke Osterloh*, in: Sachs (Hrsg.), Grundgesetz. Kommentar, 2. Aufl., München 1999, Art. 3 Rdn. 98 ff. m.w.N.

172 Zur Bedeutung auch der Persönlichkeit des Richters siehe *Rupp*, (Anm. 143), 212, 220 f.

bb) Die Denkmalwürdigkeit und die Genehmigungsfähigkeit von Veränderungen an Denkmälern - das öffentliche Erhaltungsinteresse als juristisches Problem

1. Andeuten einer rechtlich nicht unerheblichen Problemstellung

Da die Prüfung der Eigenschaft als Denkmal zweistufig verläuft, muß es sich bei der denkmalfähigen Sache zudem um ein Gut handeln, an dem ein öffentliches Erhaltungsinteresse besteht. Das öffentliche Interesse wird denkmalrechtlich darüber hinaus relevant, wenn es um die Genehmigungserteilung von Vorhaben an Denkmalen geht (z.B. § 12 Abs. 2 Satz 3 SächsDSchG; § 16 Abs. 3 Satz 1 HessDSchG[173]). In beiden Fällen bereitet die Anwendung der Kategorie ‚öffentliches Interesse' keine ganz unerheblichen Schwierigkeiten. Daß das ‚öffentliche Interesse' juristisch eine höchst sinnvariable Kategorie darstellt, hat die rechtswissenschaftliche Forschung seit Konstituierung der Bundesrepublik Deutschland schon des öfteren dargelegt[174]. Da sich zudem öffentliches und privates Interesse häufig in auffälliger Weise paaren können[175], stellt sich z.B. bei der Prüfung des öffentlichen Erhaltungsinteresses im denkmalrechtlichen Sinne die unabwendbare Frage, ob und inwieweit gegebenenfalls auch private Eigentümerinteressen berücksichtigungsfähig sind. Dies wird aber überwiegend abgelehnt[176], da das Denkmalrecht insofern zweistufig strukturiert sei und die Prüfung Denkmalwürdigkeit von Gesetzes wegen nicht als Globalabwägung sämtlicher Interessenskonstellationen vorgesehen sei. Zwingend erscheint diese rechtliche Praxis aber keineswegs. Während die Denkmalwürdigkeit nach überwiegender Auffassung das öffentliche Interesse denkmalmäßig focussiert und damit den Normbereich auf die näher bestimmte Problematik konditioniert[177], kommen die Eigentümerinteressen und andere öffentliche Belange unter Umständen erst bei der Prüfung der Genehmigungstatbestände (z.B. § 16 Abs. 3 HessDSchG, § 7 Abs. 2 MVDSchG) ins Spiel und führen ggfs. dann zu dem Ergebnis, daß zwar zunächst die Denkmaleigenschaft auf der ersten Stufe (z.B. § 2 Abs. 1 SächsDSchG) bejaht wird, aber auf der zweiten Stufe die Denkmalbelange hinter

---

173 Der Gesetzesterminologie „überwiegende Gründe des Allgemeinwohls" wird i.E. als synonym mit dem Begriff öffentliches Interesse aufgefaßt, vgl. nur *Uerpmann*, (Anm. 146), 313 ff.

174 Siehe dazu die Darstellung des Forschungsstandes anhand der Ansätze von G. Dürig, P. Häberle u.a. bei *Uerpmann*, (Anm. 146), 5 ff. m.w.N.

175 So die Feststellung von *Adolf Merkl*, Allgemeines Verwaltungsrechts, 1927, 80 ff.; vgl. auch *Uerpmann*, (Anm. 146), 132 ff. m.w.N.

176 Vgl. etwa *Strobl*, in: Ders. u.a., (Anm. 137), § 2 Rdn. 24. Zum Streitstand siehe nur *Moench/Otting*, (Anm. 147), NVwZ 2000, 146 ff. (150 f. m.w.N.),

177 Vgl. näher *Uerpmann*, (Anm. 146), 84 ff., 314.

anderen rechtlich relevanten Interessen zurücktreten können[178]. Uerpmann sieht in dieser Zweistufigkeit eine Rationalitätsförderung, die deutlich macht, daß jede Veränderung eines erhaltenswerten Objektes begründungsbedürftig ist[179]. Damit wird dann - soweit dies normativ verankert ist - eine Beweislastverteilungsregel mit relationalem Vorrang denkmalrechtlicher Belange geschaffen, da es sich um überwiegende öffentliche Interessen handeln muß, die die Gewichtigkeit der Denkmalbelange überwinden müssen (vgl. § 16 Abs. 3 HessDSchG). Dies soll zu einer gesetzesintendierten Rationalisierung und Differenzierung der Dogmatik vom öffentlichen Interesse führen. Daß dies gerade im Denkmalrecht nicht unerhebliche Probleme bereitet, wird an zwei ausgewählten Aspekten deutlich: Wie läßt sich - zum ersten - im einzelnen inhaltlich das öffentliche Erhaltungsinteresse beschreiben? Welche Bedeutung besitzt das öffentliche Interesse, wenn es nur ausnahmsweise - wie z.B. in § 12 Abs. 2 S. 3 SächsDSchG - thematisiert wird?

2. Öffentliches Erhaltungsinteresse - wessen Interesse?

Wie wird das öffentliche Erhaltungsinteresse inhaltlich umschrieben, wenn man seine denkmalrechtliche Akzentuierung und Konditionierung, die gleichsam einen Numerus clausus an ‚öffentlichen Schutzgründen' normieren, als gegeben voraussetzt? Als denkbare Bezugsmöglichkeiten für die Beantwortung der öffentlichen Schutzgrundakzeptanz kommen etwa in Betracht[180]: Ein Rückgriff auf die überwiegende Auffassung im Bewußtsein der Bevölkerung[181], die empirisch zu ermitteln wäre; die verobjektivierende Betrachtungsweise eines verständigen Durchschnittsbeobachters, wie sie z.B. beim bauordnungsrechtlichen Verunstaltungsverbots gang und gäbe ist[182]; oder auch die überwiegende Auffassung eines Kreises von Sachverständigen[183]. Soweit auf die allgemeine Überzeugung von der Denkmalwürdigkeit und der daraus resultierenden Erhaltungswürdigkeit abgestellt wird[184], ist dies keine Antwort auf die Frage, da lediglich das Ziel nochmals benannt wird, aber nicht der Weg zur Zielermittlung. Im Ergebnis scheinen viele Verwaltungsgerichte aber weder

---

178 Vgl. etwa *Strobl*, in: Ders. u.a., (Anm. 137), § 2 Rdn. 24 m.w.N.

179 *Uerpmann*, (Anm. 146), 314.

180 Näher dazu und zum Folgenden BVerwGE 11, 32 ff. (35). Ausführlich *Uerpmann*, (Anm. 146), 85 ff. m.w.N.; sowie *Gawehns*, (Anm. 140), 73 ff. m.w.N.

181 Dazu tendiert i.E. *Gawehns*, (Anm. 140), 80.

182 Vgl. BVerwGE 2, 172 ff. (175). Zu § 12 SächsBO siehe *Degenhart/Tegeler*, in: Degenhart (Hrsg.), Sächsische Bauordnung - Kommentar, Stand 2001, § 12 Rdn. 1 ff. m.w.N.

183 Relativierend dazu VG Dessau, (Anm. 162). A.A. *Moench/Otting*, (Anm. 147), NVwZ 2000, 146 ff. (149 f. m.w.N.).

184 *Strobl*, in: Ders. u.a., (Anm. 137), § 2 Rdn. 24 unter Hinweis auf OVG Berlin, NVwZ 1986, 239.

auf die durchschnittliche Einschätzung der Bürger noch die eines breiten Kreises von Sachverständigen abzustellen zu wollen. Sie bedienen sich möglicherweise des Sachverständigenbeweises oder der Stellungnahmen der Denkmalfachbehörden, die aber dabei ihre Kenntnisse nicht (immer) als Sachverständige in den Verwaltungsprozeß einführen[185], sondern als amtliche Auskunftspersonen, die obligatorisch bereits an den Entscheidungen der Denkmalschutzbehörden verfahrensmäßig beteiligt sind[186]. Die Bandbreite möglicher Lösungen sei hier nur angedeutet, um für die dahinter verborgene Problematik des so harmlos erscheinenden Interessengeflechts denkmalrechtlicher Schutzgründe zu sensibilisieren. Als kritische Anfrage an die aktuellen denkmalrechtlichen Regelungsstrukturen ließe sich folgende Anfrage formulieren: Kann das stadtbürgerliche Bewußtsein[187] und die damit verbundenen Einschätzung bestimmter Gebäude beispielsweise seitens der Gemeindebürger einfachhin unberücksichtigt bleiben? Müssen sich die einzelnen oder kumulativ vorliegenden denkmalrechtlichen Schutzgründe, die bekanntlich von Land zu Land variieren, nicht an das Bürgerbewußtsein rückkoppeln lassen? Oder indiziert ihr Vorliegen gleichsam schon zwangsläufig das ‚öffentliche Interesse'. Konsequente, reformerische Schlußfolgerungen könnten daraus beispielsweise sein: eine stärkere Prozeduralisierung des öffentlichen Erhaltungsinteresses und damit eine höher gewichtete Bürgerbeteiligung bei der Beurteilung[188].

Der Topos des öffentlichen Interesses taucht aber nicht nur bei der Prüfung des Erhaltungsinteressen und der Konstituierung der Denkmaleigenschaft auf, sondern auch bei der Genehmigungsfähigkeit von Eingriff in Kulturdenkmale (vgl. etwa § 10 Abs. 2 DSchG LSA[189]). Hier stellt sich die Crux des sinnvariablen Begriffs „öffentliches Interesse" dann nochmals in seiner ganzen Schärfe.

---

185 Zur Bedeutung der fachbehördlichen Stellungnahme siehe beispielsweise VG Dessau, LKV 2000, 268 f. (269).

186 OVG Bautzen, SächsVBl. 1998, 12 ff. (13); vgl. anderen Tendenzen in der Rspr. vgl. *Moench/Otting*, (Anm. 147) , NVwZ 2000, 146 ff. (151).

187 Dazu anregend *Helmuth Schulze-Fielitz*, Sozialplanung im Städtebaurecht, 1979, 182 ff. insbesondere zum Ortsbild als ‚Medium der Repräsentation und Identifikation' der Bürger mit ihrem Gemeinwesen.

188 Was dann natürlich wieder ein Ermittlungsproblem bedeutet und die Frage provoziert, ob dann etwa demoskopische Untersuchungen durchgeführt werden müßten. Dies ist vielleicht nicht erforderlich, wenn z.B. insgesamt zückhaltender die Denkmaleigenschaft angenommen würde. Die oben gestellte Frage ist durchaus polemisch zu verstehen und soll das Problem markieren!

189 Als hinreichender Grund für die Ausnahmeregelung wird die Arbeitsmarktsituation nicht anerkannt, vgl. etwa OVG LSA, Beschluß vom 14. Februar 2000 - Az. A 2 S 52/99 - (unveröffentl.), Umdruck S. 4.

Ob und inwieweit die denkmalrechtliche Zweistufigkeit hinsichtlich der Berücksichtigung und Bewertung des öffentlichen Interesses, so abgeschichtet sein muß, daß auf der ersten Stufe Eigentümerbelange letztlich unberücksichtigt bleibt und erst bei der Genehmigungsfähigkeit von Eingriffen in die denkmalrechtlich geschützte Substanz zum Tragen kommt, erscheint zwar durchaus plausibel, aber mit gleichem Recht auch als fragwürdig.

3. § 12 SächsDSchG - eine juristische Sünde?

Unklar erscheint nicht nur auf den ersten Blick der Regelungsgehalt des § 12 SächsDSchG zu sein[190]. Die sächsische Regelung wie auch die der anderen Bundesländer unterscheidet prinzipiell zwischen Veränderungen am Kulturdenkmal selbst und in seiner Umgebung. § 12 Abs. 1 SächsDSchG spricht nur allgemein von der Genehmigungsbedürftigkeit der Veränderungen am Denkmal selbst, enthält aber weiter keinerlei rechtliche Hinweise auf genehmigungsfähige Umstände o.ä. Systematisch wird dieser Tatbestand damit anders ausgestaltet als der Umgebungsschutz von Kulturdenkmalen nach § 12 Abs. 2 Satz 3 SächsDSchG, der hinsichtlich der Genehmigungsentscheidung rechtliche Maßstäbe bereit hält. Damit wird es - insbesondere durch § 12 Abs. 1 SächsDSchG - gesetzgebungstechnisch unterlassen, genauer zu bestimmen, wann und wie im Sächsischen Rechtskreis die Genehmigung einer Veränderung des Kulturdenkmals „an sich" zu erteilen oder zu versagen sind[191]. Dem sächsischen Denkmalrecht fehlt eine Regelung wie Art. 6 Abs. 2 BayDSchG, § 16 Abs. 3 HessDSchG oder § 9 Abs. 2 NWDSchG. § 12 Abs. 1 SächsDSchG entspricht in seiner rechtlichen Konstruktion, nicht in seinem Umfang § 8 Abs. 1 BaWüDSchG, der ebenfalls keine ausdrückliche Normierung darüber enthält, unter welchen inhaltlichen Voraussetzungen eine Genehmigung zu versagen oder zu erteilen ist[192]. Diese gesetzliche Regelungsweise könnte für sich genommen Zweifel an der Einhaltung des rechtsstaatlichen Bestimmtheitsgrundsatzes auslösen. Einem Zweifel der z.B. durch Hinweis auf den Umstand, daß eine detaillierte Regelung angesichts der Natur der Rechtsmaterie nicht möglich sei[193], nicht so recht überzeugend widerlegt wird. Daß eine Normierung nicht zwangsläufig ausgeschlossen ist, wird aus den Regelungen anderer Länder deutlich, die in einer höchst bemerkenswerten Weise sehr unterschiedlich nuancierte Regelungsweisen wählen.

---

[190] Instruktiv dazu *Füßer*, (Anm. 6), 453 ff.(478 ff. m.w.N. auch zur sächsischen Rechtsprechungspraxis).

[191] Zu Recht dazu *Füßer*, (Anm. 6), 453 ff. (479); siehe auch *Dieter Martin*, in: Ders. u.a., Sächsisches Denkmalschutzgesetz, Wiesbaden 1999, Ziff. 3.2.1. zu § 12 = S. 106.

[192] Näher dazu *Sieche*, in: Strobl u.a., (Anm. 137), § 8 Rdn. 5.

[193] So *Sieche*, (Anm. 192), ebda.

Während Art. 6 Abs. 2 BayDSchG eine Ermessensvorschrift normiert, der die Versagung aus gewichtigen Gründen des Denkmalschutzes zuläßt, soll[194] nach § 16 Abs. 3 Satz 1 HessDSchG die Genehmigung nur erteilt werden, wenn dem überwiegende Gründe des Allgemeinwohls nicht entgegenstehen; § 10 Abs. 3 Satz 1 NdsDSchG verweist pauschal auf den allgemeinen Gesetzeszweck[195]. In der baden-württembergischen Rechtspraxis führt dies dazu, daß eine Entscheidung über die Genehmigung oder Nichtgenehmigung nach pflichtgemäßen Ermessen erfolgt, wobei hier sowohl sämtliche öffentlichen Interessen und Belange sowie die der denkmalrechtlichen Erhaltung entgegenstehenden Eigentümerinteressen mit dem Ziel eines möglichst schonenden Ausgleich der konfligierenden Rechtsgüter abgewogen werden müssen, so daß sie letztlich zu einer verhältnismäßigen Entscheidung führen[196]. Eine Vorgehensweise die konsequenterweise auch im Regelungsbereich des sächsischen Denkmalrechts verfolgt werden müßte. Soweit beispielsweise das VG Leipzig bei der Maßstabskonkretisierung einerseits auf § 8 SächsDSchG und den allgemeinen Gesetzeszweck zurückgreift, so ist bereits das Rekurrieren auf § 8 SächsDSchG zweifelhaft[197]. Soweit in diesem Zusammenhang für das sächsische Denkmalrecht die Schlußfolgerung gezogen wird, daß private Belange nur in besonders gelagerten Einzelfällen berücksichtigungsfähig seien, widerspricht dies den herkömmlichen verwaltungsrechtlichen Grundsätzen. Die Pointe liegt vielmehr darin, daß das sächsische Denkmalrecht insofern die Belange des Denkmalrechts und der Denkmalpflege (mit Ausnahme der §§ 12 Abs. 2 Satz 3, 21 Abs. 1 Satz 1, 23 Abs. 1 Satz 1 SächsDSchG) eben nicht gewichtet und demnach im Sinne einer Präferenzordnung bewertet. Die denkmalrechtlichen Belange sind nicht qua Gesetz mit einer Vorrangrelation gegenüber anderen Belangen ausgestattet. Dies hat konsequenterweise zur Folge, daß sämtliche (!) rechtsrelevanten Belange in diesem Zusammen-

---

194 Eine Soll-Vorschrift unterscheidet sich von einer Ermessensvorschrift dadurch, daß die Behörde die entsprechende Entscheidung in der Regel zu treffen hat, in Ausnahmesituationen aber davon absehen kann; vgl. nur *Maurer*, (Anm. 148), § 7 Rdn. 11. Kompliziert werden die Sollvorschriften durch die neuere Entwicklung in der Rechtsprechung des Bundesverwaltungsgerichts dadurch, daß das Gericht von einem sog. intendierten Ermessen spricht. Grundlegend dazu *Martin Borowski*, Intendiertes Ermessen, DVBl. 2000, 149 ff.; ferner *Werner Hoppe*, Durch Soll-Vorschriften ‚intendierte' Ziele der Raumordnung und ihre Bezüge zu ‚indentiertem Ermessen', in: FS Maurer (2001), 625 ff.

195 Vgl. weiter mit je unterschiedlichen Regelungsansätzen § 15 Abs. 1 Satz 2 BbgDSchG; § 7 Abs. 2 und 3 MVDSchG, § 9 Abs. 2 NWDSchG, § 13 Abs. 1 Satz 2 RPf DSchPfG, § 12 Abs. 3 SaarlDSchG, § 10 Abs. 2 SachsAnDSchG, § 9 Abs. 2 Satz 1 und 2 S-H DSchG, § 13 Abs. 2 ThürDSchG.

196 Sieche, (Anm.192).

197 Dazu überzeugend *Füßer*, (Anm. 6), 453 ff.(479 mit Fn. 114 unter Bezugnahme auf das (unveröffentlichte) Urteil des VG Leipzig vom 30. Mai 1996 - Az. 4 K 146/95 -.

hang gleichgewichtig sind[198]. Dieses Ergebnis läßt sich zudem nicht durch einen Hinweis auf allgemeinen Gesetzeszweck entkräften, da das sächsische Denkmalrecht keine ausdrücklichen und hinreichend konkretisierten Ziel- und Zweckbestimmungen formuliert, wie sie aus dem Umweltrecht geläufig sind und dort in abwägungsrelevanter Weise die Verwaltungsentscheidung mitprogrammieren können[199]. Das SächsDSchG verharrt demnach - wie aber alle anderen Denkmalgesetze auch - in einer ordnungsrechtlichen (ursprünglich polizeirechtlichen) Regelungstradition, die unter Effizienz und Effektivitätsgesichtspunkten aktuell durchaus als fragwürdig angesehen werden kann. Soweit sächsische Denkmalbehörden demnach eine Entscheidung über die Genehmigung nach § 12 Abs. 1 SächsDSchG fällen, ohne die privaten Eigentümerinteressen hinreichend, d.h. mit dem Ziel eines schonenden Ausgleichs zwischen sämtlichen erheblichen Belangen des Einzelfalls zu erreichen, in die Abwägung einzustellen, ist diese behördliche Entscheidung ermessensfehlerhaft und demnach rechtswidrig. Entsprechendes gilt für den Fall, daß ohne substantiierte Darlegung von einem Vorrang denkmalrechtlicher Belange ausgegangen würde, soweit es sich nicht um den Fall des § 12 Abs. 2 Satz 3 SächsDSchG handelt, wobei auch in diesem Fall keineswegs a priori die Eigentümerinteressen unberücksichtigt bleiben dürfen. Ob all dem in der Anwendungspraxis hinreichend Rechnung getragen wird? Es mag sich um ein gesetzgebungstechnischen Versehen bzw. Unterlassen handeln, welches aber keineswegs einfachhin durch Verweis auf § 8 SächsDSchG korrigiert werden kann. Hier muß der Gesetzgeber schon seinem Regelungsauftrag nachkommen oder liegt in dieser problematischen Regelung des § 12 Abs. 1 SächsDSchG gar eine unbeabsichtigte List der Art, daß endlich Eigentümer- und Denkmalinteressen als gleichgewichtig qualifiziert werden?

cc) Als weiteres Rechtsproblem: Das ipso-iure-System im Denkmalrecht

Für die Qualifizierung eines Objekts als Denkmal sehen die Landesdenkmalgesetze zwei Verfahrensarten vor: entweder das ipso-iure-System[200] oder das konstitutive System[201], bei dem die Denkmaleigenschaft erst mit der Eintragung in die Denkmalliste und der Bekanntgabe gegenüber dem Eigentümer festgestellt. Soweit ein Bundesland eine nachrichtliche Eintragung in eine Denkmalliste vorsieht, so besitzt diese Eintragung lediglich deklaratorische Bedeutung (z.B. Art. 2 Abs. 1 Satz 1

---

198 A.A. offensichtlich *Martin*, in: Ders. u.a., (Anm. 191), Ziff. 3.2.2.2. zu § 12 = S. 107.

199 Exemplarisch dazu nur die naturschutzrechtliche Arbeit von *Berendt*, (Anm. 113).

200 Etwa § 2 Abs. 1 SächsDSchG.

201 Z.B. §§ 8 ff. BdgDSchG.

BayDSchG)[202]. Das ipso-iure-System, zudem etwa Bundesländer wie z. Hessen oder Berlin in den 1980er/1990er Jahren übergegangen sind, ist nach wie vor verfassungsrechtlich in höchstem Maße umstritten[203]. Es ist hier nicht der Ort, die Streitigkeiten vor dem Hintergrund des rechtsstaatlichen Bestimmtheitsgrundsatzes (Art. 20 Abs. 3, 28 Abs. 1 Satz 1 GG) zu beantworten. Mag die generalklauselartige Weite und Erstreckung des Denkmalbegriffs verfassungsrechtlich noch tolerabel und den Besonderheiten des Regelungsbereiches geschuldet sein, so führt das ipso-iure-System letztlich dazu, daß die Denkmaleigenschaft wie ein Damoklesschwert über einen weiten Kreis möglicher Betroffener schwebt. Für den potentiellen Adressaten denkmalrechtlicher Pflichten ist es in den Fällen vielleicht gar nicht ersichtlich, ob er dieser Pflichtenstellung unterfällt oder nicht. Ein Umstand der um so mißlicher ist, als mit einem Verstoß gegen denkmalrechtliche Bestimmungen ggfs. Sanktionen verbunden sind[204]. Von dem Bürger zu erwarten, daß er prophylaktisch bei der zuständigen Behörde Erkundigungen über seine Pflichtenstellung einholt und ihm dies als rechtliche Obliegenheit aufzubürden, dürfte in praxi nicht zu Unrecht als Zumutung empfunden werden.

c) Konkurrenz und Kollision des Denkmalrechts mit dem Bauplanungsrecht

aa) Problemaufriß

Das Denkmalrecht hat die bemerkenswerte kennzeichnende Tendenz, sich nicht ausschließlich nur auf konkrete schützenswerte Objekte zu beschränken, sondern in die räumliche Erstreckung auszugreifen (vgl. § 2 Abs. 2 und 3 SächsDSchG; § 2 Abs. 3 BbgDSchG). Nicht selten wird die Ausdehnung und Vergrößerung der Reichweite des Denkmalrechts als „mutig" und „sehr fortschrittlich" bezeichnet[205].

---

202 Dazu etwa *Martin*, (Anm. 135), BayVBl. 1999, 225 ff. (228) unter Hinweis auf eine Entscheidung des BayObLG EzD 2.2.2. Nr. 1; siehe auch *Moench/Otting*, (Anm.147), NVwZ 2000, 146 ff. (153 m.w.N.).

203 Überblick über die neueste Rspr. und Lit. bei *Moench/Otting*, (Anm. 147), NVwZ 2000, 146 ff. (153 m.w.N.). Siehe weiterhin *Rudolf Steinberg*, Verfassungsfragen des ipso-iure-systems im Hessischen Denkmalschutzgesetz, NVwZ 1992, 14 ff.; *Frank Niebaum/Jürgen Eschenbach*, Von der Angst, ein Denkmal zu besitzen: Der Widerstreit zwischen effektivem Denkmalschutz und effektiven Rechtsschutz bei der Unterschutzstellung von Denkmalen, DÖV 1994, 12 ff.

204 *Niebaum/Eschenbach*, (Anm. 203), DÖV 1994, 12 ff. (18).

205 Tendenziell i.d.S. etwa *Martin*, (Anm. 135), BayVBl. 1999, 225 ff. (227). Bemerkenswert die dortige Feststellung in zu der Denkmalregelung in Brandenburg: „Diese mutige Ausweitung des Denkmalbegriffs in Brandenburg verursacht ein gewisses Unbehagen, denkt man an den auch im Westen täglich wiederholten Vorwurf des Denkmalschutzes als Investitionsbremse".

Mit der virtuellen Allzuständigkeit des Staates[206] korrespondiert dann die vermeintlich kulturstaatlich veranlaßte potentielle ‚Totalität' des Denkmalrechts, die das Denkmalrecht letztlich als „juristisches Spiel ohne Grenzen"[207] erscheinen lassen könnte. Wenn nach § 2 Abs. 5 lit. e SächsDSchG - einer Bestimmung deren juristischer, tatbestandlicher Sinn eher im Mysteriösen liegt und sich nicht so recht erschließen will[208] - sogar Orte Kulturdenkmale sein können, wird von einem Befürworter derartiger Denkmalregelungen die Frage aufgeworfen, ob eine solche Regelung, wenn sie denn keine sächsische wäre, beispielsweise auch das Anliegen rechtfertigen könne, das Münchener Oktoberfest unter Denkmalschutz zu stellen[209]? Zwar ist die Einbeziehung der Umgebung eines Objektes als räumlicher Kontext verständlich und mag sicherlich in nicht wenigen Fällen sinnvoll sein[210], in rechtlicher Hinsicht ist dies jedoch keineswegs unproblematisch und wirft eine Reihe nicht ganz einfacher Abgrenzungsfragen zu benachbarten Rechtsmaterien auf, da nicht nur das bauordnungsrechtliche Verunstaltungsverbot bereits eine umgebungsbezogene Komponente aufweist (vgl. § 12 Abs. 2 SächsBO). Wenn denn denkmalrechtliche Bestimmungen in die städtebauliche und landschaftsgestaltende Sphäre räumlich und sachlich über konkrete Objekte hinausgreifen (§ 2 Abs. 1, Abs. 5 Ziff. b und c SächsDSchG) sowie ganze Gebiete durch die Qualifikation als Denkmalschutzgebiet (§ 21 SächsDSchG) ihrem Regelungsregime unterwerfen können, stellt sich die Frage, ob mit diesen Regelungsinstrumentarien nicht eventuell der Rubikon zur planungs- bzw. bodenrechtlichen Relevanz überschritten wird[211]. Wenn dann noch registriert wird, daß es im Bauplanungs- und Bauordnungsrecht ebenfalls Regelungsmaterien und -instrumentarien gibt, die ihrerseits denkmalrelevant sind bzw. sein könnten, wie beispielsweise die örtlichen Bauvorschriften, die Erhaltung objektübergreifender Strukturen durch den auf Strukturerhaltung ausgerichteten bauplanungsrechtlichen Ensembleschutz nach § 172 BauGB oder die ausdrückliche

---

206 Zu diesem mit der Staatsaufgabenproblematik verbundenen Topos siehe nur *Möllers*, (Anm. 76), 158 f., 318 mit Fn. 140 m.w.N.

207 In anderem Zusammenhang siehe dazu *Bodo Pieroth*, Kultur als juristisches Spiel ohne Grenzen, in: DER STAAT 22 (1983), 394 ff.

208 Ein Blick in die Kommentierung will auch nicht so recht weiterhelfen: *Martin*, in: Ders. u.a., (Anm. 191), Ziff. 6.5 zu § 2 (= S. 54).

209 So *Martin*, (Anm. 135), BayVBl. 1999, 225 ff. (227). Für den sächsischen Rechtskreis ließe sich als Pendant etwa der Dresdener Striezelmarkt anführen.

210 Zum Umgebungsschutz vgl. *Ernst-Rainer Hönes*, Der Schutz der Umgebung aus der Rechtsprechung zum Denkmalrecht, in: Denkmalschutz Informationen 25, Jg., 3/2001, 43 ff.; sowie *Rudolf Stich*, Bauvorhaben in der Umgebung von Baudenkmälern, BauR 2001, 575 ff.

211 Vgl. auch *Willy Spannowsky*, Planfeststellung und Denkmalschutz, ZfBR 2000, 239 ff. (241 m.w.N.)

Benennung des Denkmalschutzes und der Denkmalpflege sowie des Ortsbildschutzes als Planungsleitlinie (§ 1 Abs. 5 Satz 2 Nr. 4 und 5 BauGB), kommt es zu rechtlichen Überschneidungen und Konkurrenzen, die sich letztlich zu einer Systemanfrage nach Stellung und Funktion des Denkmalsrecht im Gefüge der Rechtsordnung verdichten können.

Neben diesen baurechtlichen Querschnittsregelungen strahlt die virtuell allumfassende Relevanz von Denkmalschutz und Denkmalpflege ihrerseits durch Normen wie § 1 Abs. 3 SächsDSchG in das gesamte Öffentliche Recht oder zumindest das Öffentliche Baurecht (z.B. Art. 3 Abs. 2 BayDSchG) aus, so daß es ein feingesponnenes Netz wechselseitiger Bezogenheiten und Verflechtungen gibt, ohne daß dies rechtsdogmatisch eine ebenso strukturierte wie systematisierte Netzförmigkeit zur Folge hätte. Mit Brohm läßt sich bereits nach diesen umreißenden Andeutungen konstatieren, daß es eine verwirrende Vielfalt an Regelungen und Zuständigkeiten gibt, so „daß wir heute eher zuviel als zuwenig Vorschriften und Instrumente für den Erhaltungsschutz zur Verfügung haben“[212].

In formeller Hinsicht können die zahlreichen Überschneidungen des Denkmalrechts mit anderen Rechtsmaterien zu problematischen Mehrfachzuständigkeiten bzw. Unsicherheiten des Organisationsrechtes führen, die dem rechtsstaatlichen Grundsatz der Rechtsklarheit zuwiderlaufen können[213]. Daneben können sich organisatorische Differenzen zur kommunalen Selbstverwaltungsgarantie (Art. 28 Abs. 2 GG) ergeben[214], die den einzelnen Gebietskörperschaften beispielsweise die kommunale Planungshoheit gewährleistet[215], die durch solche Regelungen wie z.B. § 21 Abs. 4 SächsDSchG und deren mögliche Umsetzung empfindlich tangiert wird.

In materieller Hinsicht ergeben sich die folgenden, schon angedeuteten Hauptüberschneidungsprobleme: Die Erstreckung des Denkmalrechts auf raumbedeutsame Materien des Besonderen Verwaltungsrechts wie das Bauplanungsrecht und das Naturschutzrecht des Bundes und der Länder oder die Konkurrenz mit dem Bauordnungsrecht läßt sich dabei nicht einfachhin mit der ansonsten probaten Regel „lex specialis derogat lex generalis“ lösen, da jede der genannten Rechtsmaterien, je nach

---

212 *Winfried Brohm*, Der Schutz erhaltenswerter Bausubstanz, DVBl. 1985, 593 ff. (598 m.w.N.).

213 Allgemein zu diesem Problem *Janbernd Oebbecke*, Mehrfachzuständigkeiten in der Verwaltung als Verfassungsproblem, in: FS Stree/Wessels (1993), 1119 ff. m.w.N.

214 Umfassend thematisiert von *Schmittat*, (Anm. 58).

215 Zum Schutz der gemeindlichen Planungshoheit jeweils mit Nachw. näher *Grotefels*, in: Hoppe/Diess., Öffentliches Baurecht, 1995, § 2 Rdn. 16 ff.; *Koch/Hendler*, Baurecht, Raumordnungs- und Landesplanungsrecht, 3. Aufl. 2001, § 12 Rdn. 12 ff.

situativem Blickwinkel den Spezialitätsaspekt für sich beanspruchen könnte und demzufolge diese Regel für die Entscheidung dieser Rechtsfrage keine hinreichende Trennschärfe mehr besitzt.

bb) Rechtsdogmatische Lösungsansätze

Um beispielsweise das bauplanerische Rechtsproblem zu lösen, ob und inwieweit ggfs. die Bauleitplanung potentielle Konflikte mit dem Denkmalrecht als vorausschauende und vorbeugende Planung bereits inhaltlich antizipiert und determiniert mit der Rechtsfolge, daß das Ergebnis möglicher denkmalrechtlicher Genehmigungsverfahren präjudiziert wird[216], sind eine Vielzahl von Lösungsansätzen entwikkelt worden[217]. Sie reichen von Prioritätsregeln (wurde zuerst die denkmalrechtliche oder die bauplanungsrechtliche Entscheidung getroffen?), über den Vorrang des Planungsrechtes[218] oder der Lösung dieser Problematik durch eine Abgrenzung vor dem Hintergrund kompetenzieller Zuweisung nach Art. 74 Abs. 1 Nr. 18 GG[219] bis

---

[216] Eine nähere Meinungsübersicht zum Problem bei *Petra Wriedt*, Die Rechtsnatur des Denkmalbereichs und seine Berücksichtigung im Bauplanungsrecht, 1997, 78 ff. m.w.N.; vgl. außerdem *Schmittat*, (Anm. 58.), 134 ff.

[217] Ein instruktiver Überblick über den Diskussionsstand findet sich bei *Strobl*, in: Ders. u.a., (Anm. 137), Einl. Ziff. 3 = S. 6 ff. m.w.N.; vgl. auch *Wolfgang Bülow*, Rechtsfragen flächen- und bodenbezogenen Denkmalschutzes, Münster 1986, 78 ff.

[218] Dezidiert *Richard Bartlsperger*, Denkmalschutz zwischen staatlicher Fachverwaltung und städtebaulicher Planifizierung, DVBl. 1981, 284 ff. Bartlsperger vertritt dezidiert die Auffassung, daß soweit Denkmalschutz und Denkmalpflege in die bodenrechtliche Relevanz gelangen, die entsprechenden Landesrechtlichen Regelungen durch die Rechtsbestimmungen des BauGB nach Art. 30 GG verdrängt werden (ebda., 295 f.) Kritisch gewürdigt von *Schmittat*, (Anm. 58), 142 ff.

[219] Z.B. vertreten von *Wilfried Erbguth*, Rechtliche Abgrenzungsfragen bei der Stadterhaltung - dargestellt am Beispiel des (Bau-)Denkmalschutzes und der städtebaulichen Planung, DVBl. 1985, 1352 ff.; krit. dazu *Schmittat*, (Anm. 58), 148 ff. Zu der Definition des Gesetzgebungszuständigkeit des Bundes nach Art. 74 Abs. 1 Nr. 18 GG hat sich das BVerfG in einem - damals verfahrensrechtlich noch möglichen Gutachten für die Bundesregierung - befaßt: BVerfGE 3, 407. Nach dieser des öfteren in der Rechtsprechung des BVerfG bestätigten Entscheidung kommt dem Bund für die Materie Baurecht keine Gesamtzuständigkeit zu (BVerfGE 4, 407 (415). Das Baupolizeirecht (Bauordnungsrecht) ist Ländersache. Das Bodenrecht i.S. Art. 74 Abs. 1 Nr. 18 GG ist dann betroffen, wenn der Gesetzgeber das Recht der städtebaulichen Planung normiert und damit eine bodenrechtliche Materie regelt, die als Gesetzesgegenstand unmittelbar Fragen von Grund und Boden rechtlich ordnet und damit die Rechtsbeziehungen des Menschen zu diesem Regelungsgegenstand zu normieren sucht (BVerfGE 4, 407 (423 ff.). Kritisch analysiert wird dieses Baurechtsgutachten des BVerfG von *Gerrit Manssen*, Stadtgestaltung durch örtliche Bauvorschriften, Berlin 1990, 51 ff. m.w.N. Aus der neuesten Rechtsprechung: „Den Gemeinden ist es daher verwehrt, im Gewande des Städtebaurechts Denkmalschutz zu betreiben“ (BVerwG, BauR 2001, 1692 ff. [1693]).

hin zu einem denkmalschutzrechtlichen (Letzt-)Entscheidungsvorbehalt bzw. dem Vorrang des Denkmalschutzrechtes vor dem Bauplanungsrecht[220]. Diese Lösungsansätze sind sämtlich im Hinblick auf die Zulässigkeit des Abbruchs eines denkmalgeschützten Gebäudes, wenn dies bauplanungsrechtlich zulässig wäre, entwickelt worden. Sie stellen sich auch bei der Konkurrenz der Denkmalbereichsatzung und städtebaulicher Erhaltungssatzung (172 ff. BauGB)[221].

Für die Problemlösung wird dabei entweder auf eine eher strikt am positiven Recht orientierte Betrachtungsweise abgestellt oder zusätzlich auf übergreifende Gesichtspunkte und Topoi zurückgegriffen.

Die Konkurrenz der Rechtsmaterien wird im erstgenannten Fall vor allem mittels rechtsdogmatischer Überlegungen gesucht, die rechtsfolgenorientiert die Reichweite beispielsweise bauplanungsrechtlicher Festsetzungen nach § 9, 29 f. BauGB ermitteln[222]. Nach § 29 Abs. 2 BauGB (§ 29 Satz 4 BauGB a.F.) bleiben bei der planungsrechtlichen Prüfung der Zulässigkeit eines Vorhabens die Vorschriften des Bauordnungsrechts und andere öffentlich-rechtliche Vorschriften unberührt. Mithin ersetzen Festsetzungen im Bauplanungsrecht keineswegs die denkmalschutzrechtliche Erlaubnis. Die wechsel- und kehrseitige Beziehung zwischen Bau- und Denkmalrecht schließe es aus, daß die Denkmalbehörde bei der Erlaubnisentscheidung gleichsam frei und ungebunden ist. Bei einer derartigen Entscheidung habe sie die planungsrechtliche Konzeption der Gemeinde ebenfalls zu respektieren und ihre denkmalrechtliche Entscheidung an das planerische Abwägungsergebnis zurückzubinden[223]. Dies könne sogar dazu führen, daß die Denkmalschutzbehörde grundsätzlich eine denkmalwidrige Bauleitplanung anzuerkennen hat und ihr bei einer versagenden Entscheidung eine Argumentationslast obliegt, die die Höherwertigkeit der Denkmalbelange gegenüber der im Bauplan getroffenen Entscheidung nachweisen muß[224]. Diese Auffassung ist aber keineswegs unbestritten; so vertritt insbesondere Schmittat die Meinung, daß eine derartige formelle und materielle Rückkopplung des Denkmalrechts an das Planungsrecht den gesetzlichen Regelungen nicht entnommen werden könne und der Denkmalbehörde zwar die Entscheidung nicht

---

220 I.d.S. *Schmittat,* (Anm. 58), 155 ff.

221 Umfassend *Mathias Dierkes,* Gemeindliche Satzungen als Instrumente der Stadterhaltung und -gestaltung, Berlin 1991.

222 Insbesondere *Schmittat,* (Anm. 58), 144 ff; mit etwas anderer Akzentuierung *Wriedt,* (Anm. 216), 86 ff.

223 So *Wriedt,* (Anm. 216), 88 ff. m.w.N. Demgegenüber a.A. *Schmittat,* (Anm. 58), 167 ff.

224 I.d.S. das Urteil des VGH Mannheim, NVwZ 1990, 586 f.

völlig frei gestellt werde, sie aber über einen wesentlich größeren Gestaltungsspielraum verfüge als im Fall der Rückbindung an die planerische Entscheidung der Gemeinde[225]. Das Verhältnis zwischen Bauleitplanung und Denkmalschutzrecht sei demzufolge mit dem Verhältnis zwischen privilegierter Fachplanung und Bauleitplanung vergleichbar (vgl. § 38 BauGB)[226]. Aber auch diese Lösungsmöglichkeit operiert letztlich mit einer Argumentation die gesetzlich nicht zwingend angeordnet ist.

Es verwundert demzufolge nicht, daß zur Lösung der Rechtsprobleme auf außerhalb des einschlägigen positiven Rechts stehende Prinzipien oder Rechtsgrundsätze zurückgegriffen wird. Grundsätzlich wird man allen Ansichten zuzubilligen haben, daß man sich um eine Harmonisierung der Rechtsmaterien Denkmalrecht und Bauplanungsrecht bemüht[227]. Um dieses Ziel rechtsdogmatisch plausibel begründen zu können, bedient man sich sog. Zwischenformeln wie z.B. Harmonisierung, Systemgerechtigkeit, Funktionsfähigkeit des Denkmalschutzes und der Denkmalpflege u.ä.m., die als Argumentationstopoi mittlerer Reichweite einerseits hinreichende Distanz zu den Rechtsmaterien besitzen und andererseits doch nicht so weit davon entfernt sind, daß sie keine Mittlerdienste mehr leisten könnten[228]. Lüers, dessen Beitrag pars pro toto hier herangezogen sei, führt aus, daß die städtische Gesamtplanung „nicht die Funktionsfähigkeit des staatlichen Denkmalschutzes als Spezialkompetenz aufheben oder wesentlich beeinträchtigen“ darf[229]. Die neuere Rechtsprechung des Bundesverfassungsgerichts mit ihrem - bedenklichen - Konzept von der Widerspruchsfreiheit der Rechtsordnung könnte zudem noch die Harmonisierungsaufgabe bestätigen[230].

---

225 *Schmittat*, (Anm. 58), 168 f.

226 *Schmittat*, (Anm. 58), 169; ähnlich zu der Verhältnisbestimmung *Brohm*, (Anm. 212), DVBl. 1985, 593 ff. (599).

227 Vgl. *Hartwig Lüers*, Die Bedeutung der Ortsbildgestaltung, Ortsbilderhaltung und Denkmalschutz bei der Ansiedlung von Gewerbe- und Industriebetrieben, WiVerw 1995, 259 ff. (259 m.w.N.); siehe auch *Bernhard Stüer*, Denkmalschutz vor Bauleitplanung?, BauR 1989, 251 ff. (253 f.).

228 Dazu grundlegend *Peter Lerche*, „Systemverschiebung“ und verwandte verfassungsgerichtliche Argumentationsformen, in: FS Zeidler, Bd. I (1987), 557 ff. Die Ausführungen von Lerche sind auch für verwaltungsrechtliche Zusammenhänge hilfreich und klärend.

229 *Lüers*, (Anm. 227), WiVerw 1995, 259 ff. (263); dort auch das folgende Zitat: „Die Gemeinde muß bei der Bauleitplanung im Grundsatz verhindern, daß Vorhaben planungsrechtlich zulässig aber denkmalschutzrechtlich unzulässig werden“.

230 BVerfGE 98, 83 und BVerfGE 98, 106. Zu Recht kritisch dazu *Christoph Brüning*, Widerspruchsfreiheit der Rechtsordnung - Ein Topos mit verfassungsrechtlichen Konsequenzen?, NVwZ 2002, 33 ff. m.w.N.; ebenso *Brohm*, in: FS Maurer, (Anm. 100), 1079 ff. (1084).

Diese Harmonisierungsaufgabe gestaltet sich angesichts der teilweise wortwörtlichen Koinzidenz argumentativer Bezugsgrößen zwischen Bauplanungs- und Denkmalrecht als durchaus schwierig. So wird bei der Begründung des planungsrechtlichen Belangs städtebaulicher Schutz erhaltenswerter Ortsteile, Straßen und Plätze (§ 1 Abs. 5 S. 2 Ziff. 5 BauGB) auch auf die städtebauliche, geschichtliche und künstlerische Bedeutung abgestellt[231] und damit eine Kategorie bemüht, die aus denkmalrechtlichen Zusammenhängen bekannt ist, genauso wie seit der Baurechtsnovelle 1987 die Belange des Denkmalschutzes und der Denkmalpflege ausdrücklich als Planungsleitlinien normiert sind, selbst wenn damit den Gemeinden keine eigenen denkmalschutzrechtlichen Regelungskonzeptionen zugebilligt werden sollten[232]. Hierbei hat die städtebauliche Planung sogar die Belange zu berücksichtigen, die denkmalrechtlich ggfs. noch gar nicht erfaßt sind; aus städtebaulichen Gründen bezieht sie sich auf die Erhaltenswürdigkeit von Ensembles, Straßen und Plätzen[233]. Gebunden und bezogen ist all dies an die städtebauliche Bedeutung, die demnach als ein funktionales Abgrenzungskriterium fungieren kann. Der funktionellen Bedeutung von Rechtssätzen wird heute großes Gewicht zugemessen[234]. Dies hat zur Folge, daß Rechtnormen weniger substanzhaft betrachtet werden als vielmehr dynamisch-funktional und demzufolge in ihrer Wirkweise und ihrem Zweck. Für den Zusammenhang, das Wechselspiel und Spannungsverhältnis von Bauplanungsrecht und Denkmalrecht bedeutet dies, daß deren Regelungsfunktionen unterschiedlich strukturiert sein müssen. Unproblematisch ist dies in der Perspektive Einzelobjekt, da das Bauplanungsrecht in seiner räumlich weit übergreifenden Planungsfunktion mit einem objektbezogenen und -orientierten Denkmalrecht eo ipso eher nicht konfligiert[235]. Unter dem Label „städtebaulicher Denkmalschutz" unternehmen Rechtsprechung und Literatur vor der grundgesetzlichen Kompetenzordnung (Art. 74 Abs. 1 Ziff. 18 GG) eine funktionelle Zuordnung und Abgrenzung beispielsweise der Planungsleitlinien § 1 Abs. 5 Satz 2 Ziff. 4 und 5 BauGB[236]. Als funktionales Abgrenzungskriterium wird dabei die unterschiedliche Zielrichtung von Denkmalrecht und dem Städtebaurecht als Bodenrecht hervorgehoben, indem dar-

---

[231] Vgl. *Lüers*, (Anm.227), WiVerw 1995, 259 ff. (261 f.);

[232] BVerwG, BauR 2001, 1692 ff. (1693 f.).

[233] Vgl. *Krautzberger*, in: Battis u.a. (Hrsg.), BauGB-Kommentar, 7. Aufl,1999, § 1 Rdn. 62.

[234] Instruktiv in diesem Zusammenhang mit rechtstheoretischer Blickrichtung *Werner Krawietz*, Das positive Recht und seine Funktion, Berlin 1967, 39 ff. m.w.N.

[235] Dies gilt aber nur für das Bauplanungsrecht, für das Bauordnungsrecht könnte sich anderes ergeben, da dieses wiederum durch Objektbezug gekennzeichnet ist.

[236] Vgl. BVerfG, DVBl. 1987, 465; ebenso BVerwGE 78, 23. Siehe auch *Söfker*, in: Ernst/Zinkahn/Bielenberg, BauGB-Kommentar, § 1 Rdn. 134.

auf abgestellt wird, daß es dem Denkmalrecht primär um den Erhaltungsschutz der Bausubstanz aus historischen Gründen geht, während das bodenrechtlich relevante Erhaltungsanliegen den größeren Zusammenhang der aktuellen Stadtstruktur und ihrer stadträumlichen Funktion für das gegenwärtige Zusammenleben der Menschen in der örtlichen Gemeinschaft in den Blick nimmt[237]. „Der die Bauleitplanung kennzeichnende gesamträumliche Koordinierungsansatz und die bauplanungsrechtliche Zulässigkeitsbeurteilung unterscheiden sich also von den dem vorhabenbezogenen konservierenden Schutzkonzept des Denkmalschutzes durch den primär räumlich-funktionell, auf die Bodennutzung ausgerichteten Steuerungsansatz"[238]. Diese funktionale Betrachtungsweise ist bei der verfassungsrechtlichen Prüfung der Bundesgesetzgebungskompetenz für § 172 BauGB angewandt und bestätigt worden[239].

Diese plausible funktionale Konturierung wird aber unterminiert, sobald sich der Denkmalschutz vom konkreten Objektschutz löst und sein Schutzkonzept durch die Erstreckung auf Ortssilhouetten, Ortsbilder etc. verräumlicht. Das Denkmalrecht gerät dadurch in die Nähe bodenrechtlicher Relevanz und damit in die Gefahr, daß die als zukunftsweisend gefeierte Erweiterung dysfunktional wird, zumal die potentielle denkmalrechtliche Allzuständigkeit nicht ganz frei von der weiteren (Selbst-)Gefährdung sein dürfte, aus ihr eine Alleinzuständigkeit zu folgern. Es kommt dabei aber nicht nur zu einer Objektsidentität der unterschiedlichen Rechtsmaterien Bauplanungsrecht und Denkmalrecht, die sich ggfs. durch eine funktional-differenzierte Betrachtungsweise auflösen ließe, sondern auch zu einer Koinzidenz der argumentativen Bezugsgrößen.

Es zeigt sich demzufolge, daß das moderne Städtebaurecht mit dem Schutz beispielsweise der Ortsbildes als „Medium der Repräsentation und Identifikation" der Bürger mit ihrem Gemeinwesen[240] und damit des Schutzes der „Optik", der Fassade eines Orts- oder Stadtbildes durchaus darauf angelegt ist, städteplanerischen Vandalismus oder Bilderstürmerei genauso zu verhindern wie mangelnde Sensibilität gegenüber Belangen von Denkmalschutz und Denkmalpflege, da diese Aspekte gerade

---

237 BVerwGE 72, 23 ff.; vgl. auch *Lüers*, (Anm. 227) WiVerw 1995, 259 ff. (262).

238 So die zusammenfassende Kennzeichnung von *Spannowsky*, (Anm. 211), ZfBR 2000, 239 ff. (241).

239 Vgl. *Dierkes*, (Anm. 221), 57 ff. m.w.N. Siehe zudem *Wriedt*, (Anm. 216), 98: „Der Denkmalschutz bezweckt die Bewahrung der überkommenen Bausubstanz um ihrer selbst willen als Dokument unserer Geschichte. Dagegen ist die Stadterhaltung ausgerichtet auf den Fortbestand der historischen Bauten als Mittel zur Bewahrung der Stadtgestalt wegen deren stadtphysiognomischer Qualität".

240 *Schulze-Fielitz*, (Anm.187), 182 ff. m.w.N.

in das städtebauliche Normprogramm als Gesamtplanung integriert und damit deren rechtsverbindliche Beachtung angeordnet werden. Das bauplanungsrechtliche Programm trägt mit seinen Planungsleitlinien demnach durchaus zur Kompensation eines „änderungsbedingten kulturellen Vertrautheitsschwundes“[241] bei und ist demzufolge unter dem Signum bodenrechtlicher Relevanz in der Lage, Aspekte eines „Psychotopschutzes“ bauplanungsrechtlich zu vermitteln.

Während das Städtebaurecht „verdenkmalrechtlicht“, indem es denkmalrechtliche Belange und Aspekte internalisiert, wird das Landesdenkmalrecht immer „städtebaurechtlicher“, da bereits die denkmalrechtlichen Kategorien explizit einen städtebaulichen Bezug und damit auch städtebauliche Ziele in ihr Normprogramm übernommen haben. Städtebaurecht und Denkmalrecht sind demzufolge derart miteinander verwoben und verzahnt, daß sie letztlich nicht mehr isoliert voneinander betrachtet werden können[242]. Kompetenzielle Alleinzuständigkeiten oder Alleinzuständigkeiten sind dabei jedoch auszuschließen; sie widersprächen nicht zuletzt dem Schutz der gemeindlichen Planungshoheit, zumal auch die Fachplanung die gemeindliche Planung nicht übermäßig einschränken oder präformieren darf[243]. Öffentliches Baurecht ist denkmalaffin, das Denkmalrecht besitzt eine weitreichende Affinität zum Baurecht. Die Rechtsprobleme zeigen sich in besonderem Maße in der nicht selten sehr großzügigen, gleichsam flächendeckenden Praxis, Denkmalschutzgebiete (z.B. nach § 21 SächsDSchG[244]) auszuweisen. Damit soll nicht das Rechtsinstitut diskreditiert, sondern vielmehr die Rechtsproblematik verdeutlicht werden[245]. Sie führt letztlich zu der Frage, ob nicht in rechtlich zweifelhafter Weise

---

241 Zu dem Aspekt der Berücksichtigung auch irrationaler Faktoren in der Stadtplanung siehe etwa *Hermann Lübbe*, Der Fortschritt und das Museum, in: Ders., Die Aufdringlichkeit der Geschichte, 1989, 13 ff. (28 f.). Lübbe weist unter Bezug auf die Thesen des Architekten B. Hubers darauf hin, daß, wenn z.B. pro Jahr 2 bis 3 % einer städtischen oder gemeindlichen Baustruktur verändert werden, die Bewohner die für das Lebensgefühl elementare Anmutungsqualität der Vertrautheit verlieren können. Da die vertrauten Städte zu fremden werden, wenn die Elemente der Wiedererkennbarkeit und der Identität verschwinden, kommt es zu einer gewissen Musealisierung der Städte und Ortsbilder.

242 *Werner Hoppe*, Rechtliche Aspekte beim Bauen in vorgeprägter Umgebung, in: GS Friedrich Klein (1977), 190 ff. (194).

243 Dazu näher *Winfried Brohm*, Öffentlichen Baurecht, 2. Aufl., München 1999, § 12 Rdn. 26 m.w.N.

244 Vgl. dazu die Hinweise konkret für Dresden in: Denkmalschutz Informationen, 24 Jg., 1/2000, 97 ff.

245 Eine Mustergültige Denkmalbereichssatzung sowie eine ebenso ansprechend-werbende wie informativ aufklärende Dokumentation gibt es für den Münsteraner Prinzipalmarkt; Denkmalbereichssatzung Prinzipalmarkt Münster, Münster 1998. Umfassend zum Rechtsinstitut *Tobias Leidinger*, Ensembleschutz durch Denkmalbereichsatzungen der Kommunen: Darstellung, Analyse und Bewertung eines Instruments des Denkmalschutzrechts unter besonderer Berücksichtigung der Rechtslage in Nordrhein-

die Erforderlichkeitsregel nach § 1 Abs. 3 BauGB verstoßen wird. Eine Denkmalschutzgebietsausweisung gerät - bei allem Verständnis in Einzelfällen - somit in die bedenkliche Rolle, die Bauleitplanung mit ihrem Gesamtplanungsfunktion entweder unterkomplex zu substituieren oder „auf die lange Bank zu schieben". Zudem werden damit die verfahrensmäßig sehr viel differenzierteren Regeln für die Aufstellung eines Bauleitplan (mit Bürgerbeteiligung § 3 BauGB; Beteiligung der Träger öffentlicher Belange § 4 BauGB usw.) unterlaufen.

cc) Zwischenfazit: Zwischen unauflösbarer Ratlosigkeit und prozeduraler Befreiung

Der Konstanzer Verwaltungsrechtler Winfried Brohm hat das bau- und denkmalrechtliche Spannungsfeld eindrucksvoll umschrieben[246]. Zwar kann an dieser Stelle die Rechtsproblematik nicht in all ihren Facetten (§ 34 BauGB mit seinem Ortsbildschutz[247] bleibt ebenso ausgeklammert wie die einzelnen Aspekte nach §§ 172 ff. BauGB) ausgelotet oder gar gelöst werden, jedoch können problemorientiert folgende Aspekte festgehalten werden:

Die „polygonalen Interessengeflechte"[248] im bauplanungs- und denkmalrechtlichen Einwirkungsbereich insbesondere in der hier betrachteten räumlichen Erstreckung lassen sich nicht einfachhin lösen. Sie lassen sich aber bis zu einem gewissen Maße prozeduralisieren. Ob damit die coincedentia oppositorum gelungen ist, bleibt ebenso diskussionswürdig wie -bedürftig. In einem ersten Schritt gilt es aber festzuhalten, daß das Baurecht in nicht unerheblicher Weise dem Denkmalschutz und der Denkmalpflege Rechnung zu tragen sucht, die auf diesem Wege planifiziert werden (können). Eine Nichtberücksichtigung dieser Belange bei der Aufstellung eines Bebauungsplans kann zu dessen Fehlerhaftigkeit führen. Hierbei besitzt die stärker planungsrechtliche Akzentuierung des städtebaulichen Denkmalschutzes eine aufgabentheoretische Pointe, die nicht ganz bedeutungslos sein dürfte, selbst wenn

---

Westfalen, Berlin 1991; *ders.*, Ensembleschutz als Instrument des Denkmalrechts und sein Verhältnis zu anderen Instrumenten der Stadterhaltung und -gestaltung, in: BauR 1994, 1 ff.

246 *Brohm*, (Anm. 212), DVBl. 1985, 593 ff. (insbes. 599 f.).

247 Dazu BVerwG, ZfBR 2001, 58 f.; dazu und zu anderen Fragen in diesem Zusammenhang *Gerhard Boeddinghaus*, Probleme mit der Gestaltung des Ortsbilds nach den bundesrechtlichen und landesrechtlichen Vorschriften, BauR 2001, 1675 ff. Siehe auch *Gerrit Manssen*, Ortsbildschutz im unbeplanten Innenbereich, NWVBL 1992, 381 ff.

248 Begriff bei *Hill*, (Anm. 110), 353 f.

man die Funktion des Denkmalschutzes vorrangig in der Erhaltung sehen sollte[249]: Da die Normstruktur planungsrechtlicher Gesetze final programmiert ist und sich demnach von dem Konditionalschema z.B. gefahrenabwehrrechtlicher Normen grundlegend unterscheidet[250], ist der planmäßig zu realisierende städtebauliche Denkmalschutz mehr als bloß vorgefundener Schutz erhaltenswerter (Denkmal-)Substanz. Er ist in seiner räumlichen - makroskopischen - Erstreckung vielmehr als erst herzustellendes bzw. zu erreichendes Ziel ebenso Aufgegebenes wie öffentliche, d.h. gemeinsam zu erfüllende Aufgabe. Das moderne Städtebaurecht ist in der Lage, dabei Vergangenheit mit Zukunft sowohl zu kommunizieren als auch zu vermitteln. Zwar kann der städtebauliche Denkmalschutz keinen absoluten apriorischen Vorrang beanspruchen, da hinsichtlich der bodenrelevanten Nutzung eines Gemeindegebietes „polygonale Interessengeflechte" (Hermann Hill) zum Ausgleich gebracht werden müssen. Die bauplanerische Bewältigung von Interessengeflechten hat integrative Wirkung auch für das Denkmalrecht. Jede isolationistische Wissensdezentralisierung, bei der „jedes Subsystem den output anderer Subsysteme als Randbedingung empfindet" und es demzufolge zu einer Unterproduktion von Alternativen kommt[251], ist prozedural zu überwinden. Gerade die Planungsleitlinie nach § 1 Abs. 5 Satz 2 Ziff. 5 BauGB zielt darauf ab, die Denkmalbehörden als Träger öffentlicher Belange stärker in den Planungsprozeß zu integrieren und apriorisch solche Mißstände zu vermeiden[252].

Die Kreation des nach § 10 Abs. 1 BauGB als kommunale Satzung zu beschließenden Bebauungsplans, dessen Regelungen nicht abstrakt generell getroffen werden, sondern „konkret individuell und damit sozusagen in Angesicht der konkreten Sachlage"[253], erfolgt in einem prozeßhaften, zielgerichteten Zusammenwirken von Verwaltungsträgern und Öffentlichkeit. Eine andere als die prozedurale Vorgehensweise würde der finalen Programmierungsstruktur der bauplanungsrechtlichen Normen

---

249 Ob Denkmalschutz seinem Wesen nach wirklich lediglich auf Erhaltung, so *Marcus Schladebach*, Denkmalschutz im Bauplanungsrecht, BauR 2000, 314 ff. (318), und nicht auch Elemente aktiver Gestaltung umfaßt, dürfte durchaus anzweifelbar sein.

250 *Hoppe*, in: Ders./Grotefels, (Anm. 215), § 5 Rdn. 6 m.w.N.

251 So die treffende Problemumschreibung bei *Heiko Faber*, Das Organisationsrecht der Planung, unveröff. Konstanzer Habilitationsschrift 1973, 77.

252 Zur Bedeutung und Praxis des § 4 BauGB siehe neben den einschlägigen Kommentaren und Lehrbüchern insbesondere *Thorsten Siegel*, Die Verfahrensbeteiligung von Behörden und anderen Trägern öffentlicher Belange, Berlin 2001; *Jan Ziekow/Thorsten Siegel*, Gesetzliche Regelungen der Verfahrenskooperation von Behörden und anderen Trägern öffentlicher Belange, 2001 (Speyerer Forschungsberichte 221).

253 BVerwGE 50, 114 (119).

auch gar nicht gerecht werden können. Die im Bauplanungsrecht zu berücksichtigende polygonale Interessenstruktur widersetzt sich dabei einem denkmalrechtlichen Vorrangig- oder Ausschließlichkeitsdenken, da es um die bestmögliche Realisierung vielfältiger, durchaus gegenläufiger Interessen geht. Wenn den denkmalrechtlichen Belangen demnach kein apriorischer bauplanungsrechtlicher Vorrang zukommt[254], so bedeutet dies keineswegs, daß die Denkmalbelange innerhalb der Abwägung nach § 1 Abs. 6 BauGB, die nach einem durch die Wissenschaft und Rechtsprechung entwickelten feinaustarierten Programm zwischen „planerischer Gestaltungsfreiheit und rechtsstaatlichem Abwägungsgebot"[255] zu erfolgen hat[256], per se zurückzutreten hätten. Die Abwägungsdogmatik und ihre praktische Beachtung sind durchaus in der Lage, eine hinreichende Beachtung von Denkmalschutz und Denkmalpflege, soweit es um ihre bodenrechtliche Relevanz geht, zu sichern und die Rechtsprechung hat bisher schon in beachtlichem Umfang gezeigt, daß Denkmalinteressen andere Belange durchaus überwiegen können[257].

Damit wird zwar nicht zwangsläufig einer weitreichenden Kommunalisierung von Denkmalschutz und Denkmalpflege das Wort geredet[258], aber ein Kooperationsmodell avisiert, dessen Funktion daran liegen könnte, im Bauplanungsrecht Denkmalbelange in Kooperation mit den Denkmalbehörden und anderen Beteiligten vor dem Forum der Öffentlichkeit prozeßhaft vorzustrukturieren und gleichsam makroskopisch, in ihrer städtebaulichen Bedeutung, vorzuprägen. Denkmalpflege und Denkmalschutz werden demzufolge nicht in ein kompetentielles Entweder-oder-Muster gepreßt, sondern in ein bipolares Gefüge des Und, das sich notwendigerwei-

---

[254] Für einen relativen Vorrang plädierend *Schladebach*, (Anm. 249), BauR 2000, 314 ff. (319 f. m.w.N.).Wie hier *Schmittat*, (Anm. 58) 133.

[255] So die treffende Kapitelüberschrift bei *Koch/Hendler*, (Anm. 215), § 17 Rdn. 1 ff.

[256] Prägend zur Abwägungskontrolle und Abwägungsfehlerlehre die sog. Flachglasentscheidung BVerwGE 45, 309; dazu *Helmuth Schulze-Fielitz*, Das Flachglas-Urteil des Bundesverwaltungsgerichts - BVerwGE 45, 309: Zur Entwicklung der Diskussion um das planungsrechtliche Abwägungsgebot, JURA 1992, 201 ff.; weiterhin jeweils mit Nachw. *Hoppe*, in: ders/Grotefels, (Anm. 215), § 7 Rdn. 1 ff.; *Brohm*, (Anm. 243), § 13 Rdn. 1 ff.; *Stefan Muckel*, Öffentliches Baurecht, 3. Aufl. 2002, 41 ff.

[257] Vgl. nur die Nachweise bei *Moench/Otting*, (Anm. 147), NVwZ 2000, 515 ff. (523 f.). Selbst eine Qualifikation denkmalrechtlicher Belange beispielsweise als Optimierungsgebote oder zu präferierende Belange im Bauplanungsrecht müßte keinesfalls immer zu optimalen Lösungen für das Denkmalrecht führen; vgl. zur entscheidungstheoretischen Problematik *Würtenberger*, (Anm. 103), VVDStRL 58 (1999), 139 ff. (154 ff. m.w.N.). Zum Denkmalschutz und zur Denkmalpflege im Bauplanungsrecht in diesem Zusammenhang siehe nur *Wriedt*, (Anm. 216), 65 ff. m.w.N.

[258] Zu den Vor- und Nachteilen einer solchen Kommunalisierung siehe *Brohm*, (Anm. 212), DVBl. 1985, 593 ff. (599). Die Stärkung der kommunalen Kompetenzen ist aber immer wieder Diskussionsgegenstand, siehe dazu die schon etwas ältere Schilderung bei *Kummer*, (Anm. 15), 102 ff. m.w.N.

se durch Rücksichtnahme auszuzeichnen und zu bewähren hat. Daß die städtebauliche Planung vor diesem Hintergrund und mit dieser Einschränkung ein ideale Kooperationsarena darstellt, die zudem den „kulturellen Trägerpluralismus" (Peter Häberle) anerkennt und fördert[259], dürfte nicht zuletzt dem von Peter Häberle pionierhaft thematisierten Verfassungsauftrag städtischer Kulturpolitik entsprechen[260]. Die Wechselbezüglichkeit und Kehrseitigkeit städtebaulichen Denkmalschutzes ließe sich mit dem von Winfried Brohm herausgearbeiteten „Gebot kompetentieller Rücksichtnahme" als konfliktstrukturierendes Regulativ durchaus lösen[261]. Die Spannungslage zwischen Denkmalrecht und Bauplanungsrecht wird dabei - mangels eindeutiger gesetzlicher Vorrangregeln - aufgehoben. Es gilt angesichts der fließenden Übergänge und der nicht immer schneidigen Qualität des Funktionsarguments eine Lösung zu finden, die keine der Kompetenzen vollends zurückdrängt, sondern vielmehr eine konkordante Zuordnung zu formen sucht. Angestrebt wird damit ein gestuftes, wechselseitiges Konkretisierungsverhältnis zwischen den beiden Rechtsmaterien. Die Gemeinde hat die von den Denkmalbehörden vorgetragenen Denkmalbelange zu berücksichtigen und die Denkmalbehörde später die planerische Konzeption der Gemeinde, was ihr um so leichter fallen dürfte, als sie bereits an der Planausarbeitung als Träger öffentlicher Belange (§ 4 BauGB) mitwirken konnte.

d) *Irritation oder Bedeutungszuwachs des Denkmalrechts zur ‚Superrechtsmaterie' durch Deregulierung des Bauordnungsrechts?*

Die weitreichende Erstreckung des Denkmalrechts und seine ‚Reserve- bzw. Auffangfunktion' angesichts zunehmender Deregulierung im Bauordnungsrecht läßt es als Superrechtsmaterie erscheinen, die sich zu potentiell allzuständiger Wirkmächtigkeit aufschwingen könnte[262], während in materiellrechtlicher Nachbarschaft zum

---

[259] Zu dieser Kategorie grundlegend *Peter Häberle*, Das Kulturverfassungsrecht der Bundesrepublik Deutschland, in: Aus Politik und Zeitgeschichte, B 28/85 vom 13.Juli 1985, 11 ff. (25 ff. m.w.N.).

[260] *Peter Häberle*, Kulturpolitik in der Stadt - ein Verfassungsauftrag, Heidelberg u.a. 1979.

[261] *Brohm*, (Anm. 212), DVBl. 1985, 593 ff. (599): „Die Lösung derartiger Kompetenzkollisionen hat nach allgemeinen Grundsätzen zur erfolgen. Wie anderweitig bereits dargelegt, bietet sich hier der kompetenzrechtliche Grundsatz der Rücksichtnahme an. Die Gesamtplanung der Gemeinde darf nur soweit Regelungen treffen, als zur Erreichung der städtebaulichen Ziele notwendig ist. Selbst in diesem Rahmen darf sie nicht die Funktionsfähigkeit des staatlichen Denkmalschutzes als Spezialkompetenz aufheben oder wesentlich beeinträchtigen". Näher ausgeführt, *ders.*, (Anm. 243), § 9 Rdn. 16 f., § 12 Rdn. 21 ff. Nicht zu verwechseln ist dieser Grundsatz aber mit dem baurechtlichen Gebot der Rücksichtnahme, dazu näher *Hoppe*, in: ders./Grotefels, (Anm. 215), § 7 Rdn. 153 ff. m.w.N.

[262] Vgl. in diesem Zusammenhang etwa mit im einzelnen unterschiedlichen Akzentuierungen § 1 Abs. 3 RPf DSchPfG; § 1 Abs. 3 SA DSchG oder § 1 Abs. 3 SächsDSchG

Denkmalrecht allenthalben ein verfahrensrechtlicher Abbau präventiver Kontrollen erfolgt. So kam es im Bauordnungsrecht der Länder in den letzten Jahren zu weitreichenden Verfahrensänderungen, die allenthalben der Beschleunigung, Deregulierung und Privatisierung dienen sollten[263]. Hervorhebenswert sind in diesem Zusammenhang bemerkenswerte Aufgaben- und Verantwortungsverlagerungen, die beispielsweise im sog. vereinfachten Baugenehmigungsverfahren (§ 62 a SächsBauO) zu einer reduzierten Prüfung der Bauvorlagen seitens der Baubehörde führen und die Prüfung bestimmter technischer Aspekte auf außerhalb der Bauaufsichtsverwaltung stehende Sachverständige übertragen[264]. Noch stärker wird die Eigenverantwortlichkeit des Bauherrn in der anderen Verfahrensart (Anzeigeverfahren, § 63 SächsBauO) hervorgehoben. Mit dem nahezu umfassenden Verzicht auf die Überprüfung sicherheitsrelevanter Anforderungen an bauliche Vorhaben wird der wesentliche Teil des Bauordnungsrechts als technisches Recht aus der behördlichen Verantwortlichkeit in den privaten Verantwortungs- und Risikobereich verlagert. Das reduzierte behördliche Prüfprogramm führt aber keineswegs spiegelbildlich zu einer Reduktion der bauordnungsrechtlichen Pflichten, denen der Bauherr unterfällt. Die damit verbundenen Verantwortungs- und Risikoverlagerungen sind in der Literatur vielfach kritisch analysiert worden. So werden die Privatisierungstendenzen in den verschiedenen Varianten des Baugenehmigungsverfahren keineswegs ungeteilt begrüßt und als Fortschritt qualifiziert[265]. Die verfahrensrechtlichen Änderungen haben zudem schon zu den ersten gesetzgebungstechnischen Koordinationsproblemen geführt, da die bauordnungsrechtliche Frist nach § 67 Abs. 7 SächsBauO nicht mit der denkmalrechtlichen (§ 13 Abs. 4 Satz 2 SächsDSchG) harmonisiert worden ist[266]. Im vereinfachten Baugenehmigungsverfahren könnte nach wie vor eine verwaltungsinterne Zustimmung der Denkmalschutzbe-

[263] Umfassend, wenngleich schon in Teilen nicht mehr auf dem letzten Stand, *Thomas Gnatzy*, Verfahrensliberalisierung im Bauordnungsrecht der Länder: Dogmengeschichtliche Entwicklung und Neuausrichtung bauaufsichtsrechtlicher Präventivverfahren in Korrelation zu der Risikoverteilung zwischen Staat und privaten Rechtssubjekten, Berlin 1999. Siehe auch *Koch/Hendler*, (Anm. 215), § 24 Rdn 2 ff., 46 f.: Dort wird hinsichtlich der Deregulierungstendenzen in kritischer Intention von einer geradezu „rauschartigen Begeisterung" gesprochen.

[264] Vgl. z.B. § 62 a Abs. 2 SächsBauO.

[265] Vgl. die Darstellung der Probleme bei *Gnatzy*, (Anm. 263), 309 ff. m.w.N. Ferner *Susanne Dahlke-Piel*, Die neue Sächsische Bauordnung und die Rechtsprechung des Sächsischen Oberverwaltungsgerichts zum Bauordnungsrecht, SächsVBl. 1999, 121 ff. (124); schließlich *Koch/Hendler*, (Anm. 215), § 24 Rdn. 47 m.w.N. und *Muckel*, (Anm. 256), 124 f.

[266] Näher dazu *Hansjochen Dürr/Susanne Dahlke-Piel*, Baurecht, 2. Aufl. Baden-Baden 2001, Rdn. 219; ausführlich *Dahlke-Piel*, In: Degenhart (Hrsg.), Sächsische Bauordnung. Kommentar, § 70 Rdn. 42 ff. m.w.N.

hörde zu dem Vorhaben erforderlich sein (vgl. § 12 Abs. 3 SächsDSchG). Anderes gilt von vornherein im Anzeigenverfahren, bei dem eine ausdrückliche Genehmigung seitens der Denkmalbehörde zu dem avisierten baulichen Vorhaben erteilt werden muß (vgl. § 12 Abs. 1 SächsDSchG), um es realisieren zu können. Im ersten Fall ergibt sich dann das Rechtsproblem, ob die Baugenehmigung erst erteilt werden darf, wenn sämtliche fachgesetzlichen Zustimmungen, Genehmigungen u.ä. feststehen (sog. Schlußpunkttheorie) oder wenn das Vorhaben den Vorschriften entspricht, die die Bauaufsichtsbehörde zu prüfen hat, so daß die im vereinfachten Verfahren erteilte Baugenehmigung bereits dann erteilt werden kann, wenn die denkmalrechtliche Zustimmung noch nicht erteilt worden ist (sog. Separationsmodell)[267]. Indem sich § 70 Abs.1 Satz 1 SächsBauO für das Separationsmodell entschieden hat, kann es - auch pragmatisch gesehen - zu der nicht ganz unwesentlichen Nuancierung kommen, daß die Denkmalschutzbehörde nicht die verwaltungsinterne Zustimmung oder Ablehnung eines Vorhabens ausspricht, sondern letztlich im vereinfachten Baugenehmigungsverfahren wie im Anzeigeverfahren an die Stelle der internen Zustimmung die Genehmigung tritt und es demzufolge angesichts der präventiven Kontrollreduktion auf die Erforderlichkeit einer gesonderten denkmalrechtlichen Entscheidung hinausläuft. Im Endeffekt hat die Bauaufsichtsbehörde nach § 67 Abs. 3 SächsBauO nur noch auf das Erfordernis einer solchen denkmalrechtlichen Entscheidung nach § 12 SächsDSchG hinzuweisen.

Schließlich kommt es auch zwischen dem Bauordnungsrecht und dem Denkmalrecht zu Anforderungskollisionen oder -überschneidungen. Anders als beim Verhältnis zwischen Bauplanungsrecht und Denkmalrecht läßt sich dies erst einmal nicht vor dem Hintergrund gesetzgebungskompetentieller Zuweisungen auflösen oder funktional differenzieren. Beide ordnungsrechtlichen Materien sind sowohl Landesrecht als auch durch eine genuine Objektbezogenheit definiert. Wenn beispielsweise § 83 Abs. 1 Ziff. 2 SächsBauO der Gemeinde die satzungsmäßige Befugnis einräumt, besondere Anforderungen an bauliche Anlagen zum Schutz von Bauten, Straßen, Plätzen oder Ortsteilen von geschichtlicher oder städtebaulicher Bedeutung sowie von Kultur- und Naturdenkmalen aufzustellen und damit im Wege örtlicher Bauvorschriften positive Gestaltungspflege zu betreiben, wird zum einem deutlich, daß hier wiederum potentiell in einen bodenrelevanten Bereich vor-

---

267 Zur Entwicklung der Rechtslage in Sachsen näher *Dürr/Dahlke-Piel*, (Anm. 266), Rdn. 214 a f. m.w.N.; für Nordrhein-Westfalen *Muckel*, (Anm. 256), 123 f.; zur Rspr. des BVerwGE 99, 351 siehe *Koch/Hendler*, (Anm. 215) § 24 Rdn. 26

gedrungen wird, der an und für sich dem Bauplanungsrecht vorbehalten ist[268], und zum anderen ergeben sich wiederum weitreichende Berührungspunkte mit dem Denkmalrecht, die die Abgrenzungsfrage wiederum und vielleicht sogar in noch schärferer Weise als beim Verhältnis von Bauplanungsrecht zum Denkmalrecht aufwerfen. Zwar wird auch in diesem Zusammenhang funktional argumentiert und ausgeführt, daß sich örtliche Bauvorschriften nach den Landesbauordnungen und Erhaltungsatzungen nach § 172 BauGB hinsichtlich Schutzumfang und Schutzzweck von den Denkmalbereichsatzungen unterschieden[269], jedoch ist dies eher im Hinblick auf § 172 BauGB einsichtig als hinsichtlich der bauordnungsrechtlichen Gestaltungssatzungen und anderer örtlicher Bauvorschriften (vgl. § 74 BaWüLBO; § 83 SächsBauO), so daß die Abgrenzung zwischen Bauordnungsrecht und Denkmalrecht nach wie vor ein prekäres, letztlich noch nicht hinreichend gelöstes ist.

e) Denkmalrecht und Naturschutzrecht

Der weitreichende Denkmalbegriff kollidiert des weiteren bisweilen mit dem Naturschutzrecht, da ökologische Belange den Denkmalbelangen beispielsweise widerstreiten können, wenn eine „verwilderte" , historische Parkanlage in der ursprünglichen Konzeption wiederhergestellt werden soll. In diesen Fällen werden denkmalschutzrechtliche Bestimmungen als leges speciales qualifiziert, die die naturschutzrechtlichen Regelungen verdrängen[270]. Bemerkenswerterweise sehen Naturschutzgesetze Rechtsbestimmungen über die Naturdenkmale vor (z.B. § 28 BNatSchG[271]). Das VG Dessau hat das Dessau-Wörlitzer Gartenreich in seiner Gesamtheit nicht als Kulturdenkmal nach § 2 Abs. 2 Nr. DSchG LSA anerkannt und auch aus dem UNESCO-Übereinkommen zum Schutz des Kultur- und Naturerbes der Welt nichts Gegenteiliges ableiten können; demzufolge wird ein denkmalrechtlicher Schutz landschaftsplanersicher Konzepte oder von Sichtbeziehungen für sich genommen nicht dem Landesdenkmalrecht entnommen[272]. Wie verhält es sich, wenn

---

268 Zum Problem anhand von Gartenstadtsatzungen siehe *Thomas Schönfeld/Ulrich Numberger*, Örtliche Bausatzungen durch die Hintertür?, BayVBl. 2000, 678 ff.

269 So *Ulrich Majocco*, in: Strobl u.a., (Anm. 137), § 19 Rdn. 16 zur Rechtslage in Baden-Württemberg.

270 Vgl. Moench/Otting, (Anm. 147), NVwZ 2000, 515 ff. (524 m.w.N.). Zum Problemkreis näher *Michael Kummer*, Bietet die Eingriffsregelung nach dem Naturschutzrecht Hilfen für die Denkmalpflege?, NuR 1986, 12 ff.

271 Novelle der bundesrechtlichen Bestimmungen durch das BNatSchGNeuregG vom 25. März 2002, BGBl. I, 1193. Der vorhergehende Entwurf näher analysiert von *Ernst-Rainer Hönes*, Zum Entwurf eines neuen Bundesnaturschutzgesetzes, in: Denkmalschutz Information, 25. Jg., 1/2001, 65 ff.

272 VG Dessau, NuR 2002, 108 ff. (109 f.).

beispielsweise eine denkmalgeschützte Brückenkonstruktion und die sich in einem als Nationalpark geschützten Gebiet (vgl. § 24 BNatSchG) befindet, mit dem Naturschutzrecht in Kollision gerät, weil aus verkehrstechnischen Gründen ein Brückenneubau erforderlich ist[273]? Vielfältige bis jetzt scheinbar noch nicht hinreichend ausdiskutierte Fragestellungen, die hier ebenfalls nur als Problem festgehalten werden sollen.

f) Zwischenfazit: Rechtsdogmatische Fragwürdigkeiten des Denkmalrechts als Anstoß zur Neuformatierung?

Das vorstehend in vielerlei Hinsicht bloß Angedeutete läßt die Frage aufkommen, ob sich das Denkmalrecht, nachdem nunmehr die neueren denkmalrechtlichen Bestimmungen in den östlichen Bundesländern ihr Dezennium begehen, nicht einer prinzipiellen Reflexion unterziehen sollen, die Reformen und Gesetzesänderungen nicht apriorisch ausschließt. Dies sollte konsequenterweise dazu führen, daß über die Formulierung der gesetzlichen Aufgabenbestimmungen nachgedacht wird, zumal die in den Landesgesetzen häufig anzutreffenden holistischen Aufgabenumschreibungen das Denkmalrecht nicht vielleicht doch überfordern. Es stellt sich ebenso nachdrücklich wie nachhaltig die Frage, ob demzufolge entweder eine Aufgabenpräzision erforderlich ist oder sogar eine Aufgabenreduktion in Betracht gezogen werden sollte. Gerade die verschiedensten Materien des Umweltrechts bieten hier im Positiven wie im Negativen einiges Anschauungsmaterial. Solche demnach dann noch zu formulierende gesetzliche Ziel- und Zweckbestimmungen - entweder aufgabenpräzisierend oder -reduzierend - wären als gesetzgeberische Selbstvergewisserung über Aufgaben und Handlungsmaximen (Leitbild) der Verwaltungspraxis aufzufassen und könnten diese entsprechend steuern. Sie wären aber auch in weitaus stärkerem Maße Auslegungsmaximen bei der Interpretation des Gesetzes. Es kann hier offen bleiben, ob sie als Optimierungsgebote zu fassen sind, da deren Steuerungsqualität nicht unbestritten ist. In diesem Zusammenhang wäre dann auch zu thematisieren, welche Stellung das Denkmalrecht hinsichtlich anderer, benachbarter oder verwandter Rechtsmaterien besitzen soll und wie die Regelungsweise ggfs. deutlicher koordiniert werden kann. Hierbei stellt sich die Frage, ob der bauplanungsrechtliche und bauordnungsrechtliche Umgebungsschutz angesichts größerer Sensibilität für die Denkmalbelange als in den 1960er/1970er Jahren nicht mittlerweile als ausreichend angesehen werden kann, so daß man wieder zu einer stärkeren Objektbezogenheit im Denkmalrecht zurückkehren könnte und in den anderen

---

273 Dieses Beispiel verdanke ich Herrn Dipl.-Ing. W. Stoll (Dresden).

Bereichen auf mitwirkende Kooperation im Vorfeld abstellt, gleichsam unter dem Motto: Städtebaulicher, umgebungsbezogener Denkmalschutz und Denkmalpflege durch Verfahren. Schließlich ist in diesem Zusammenhang über das Verhältnis zwischen den Denkmalschutzgesetzen und den denkmalpflegerischen bzw. -schützenden Grundsätzen nachzudenken[274]. Denkbar wäre auch eine stärkere Verweisung auf den gesetzlichen Bestimmungen vorausliegende fachwissenschaftliche Erkenntnisse, wie sie beispielsweise Art. 11 Abs. 1 BayBauO („anerkannte Regeln der Baukunst"[275]) oder vielen anderen Gesetzen zugrunde liegen, wenn sie auf den Stand der Technik/Regeln der Technik[276] (§ 3 Abs. 3 SächsBauO; § 3 Abs. 6 BImSchG), den Stand der wissenschaftlichen Erkenntnisse (z.B. § 3 Abs. 1 Ziff. 1 BaltPflG) verweisen. Diese Verweisungstechnik ist als gleichermaßen stabilisierende wie flexibilisierende Gesetzgebungstechnik verständlich, nur setzt sie natürlich einen gewissen fachwissenschaftlich konsentierten Standard voraus, der sich im einzelnen als tragfähig erwiesen haben und erweisen muß. Schon jetzt ist in denkmalrechtlichen Belangen nicht selten unsicher, welche (nicht selten fiktiv konstruierte) Personengruppe als Beurteilungsmaßstab herangezogen werden muß. Wird in bauordnungsrechtlichen Fragen auf die durchschnittlich verständige Laienperspektive abgestellt, ist es im Denkmalrecht nicht selten die Gruppe Sachkundiger[277]. Auf den ersten Blick will dies vielleicht einleuchten, ist letztlich aber rechtlich durchaus zweifelhaft. Bemerkenswerterweise werden in sozialrechtlichen Ordnungszusammenhängen mittlerweile Qualitätsstandards durch die verschiedenen Akteure ausgehandelt und dann vereinbart (z.B. § 80 Abs. 1 SGB XI). Es wäre vielleicht erwägenswert, mit Blick auf denkmalrechtliche Reformen solche Akteurskonstellationen zusammenzuführen und in diesem Zusammenhang genauere Leitsätze, Prinzipien, Qualitätsstandards von Denkmalschutz und Denkmalpflege zu generieren.

---

[274] I.d.S. wohl auch *Martin*, (Anm. 135), BayVBl. 1999, 223 ff. (231). Soweit er die Denkmalschutzgesetze als „reines Verfahrensrecht" qualifiziert, dürfte es sich um eine juristisch sehr fragwürdige Feststellung handeln, wenngleich man erahnen kann, was er damit meint.

[275] Zu diesem eigenständigen Tatbestandsmerkmal neben dem Verunstaltungsverbot siehe die Leitentscheidung BayVGH, BayVBl. 2000, 690 ff. Der BayVGH unterläßt aber eine genauere Umschreibung darüber, wie diese Regeln zu ermitteln sind. Vgl. *Boeddinghaus*, (Anm. 247), BauR 2001, 1675 ff. (1677). Daß die Anforderungen aber nicht ganz gering sein dürften, wird deutlich an der Bestimmung der allgemein anerkannten regeln der Technik i.S. beispielsweise des § 3 Abs. 3 SächsBauO: Das sind nämlich nur diejenigen Regeln, die in der Theorie als unanfechtbar und richtig angesehen und gelehrt werden, in der Bauwirtschaft und in den Fachkreisen bekannt sind und von der großen Mehrzahl der fachkundigen Personen als notwendig und richtig angesehen werden, so *Brohm*, (Anm. 243), § 5 Rdn. 9 m.w.N.

[276] Grundlegend *Peter Marburger*, Die Regeln der Technik im Recht, Köln u.a. 1979.

De lege ferenda dürfte es dringend angezeigt und dies soll als Hauptforderung formuliert sein, erstens den Denkmalmaßstab zu verfeinern und zweitens die denkmalrechtlichen Pflichten vor diesem Hintergrund zu differenzieren[278]. Zwar finden sich in einigen Bundesländern bereits solche Klassifikationsbemühungen (vgl. z.B. § 12 BaWüDSchG) doch dürfte hier konsequenteres und mutigeres Nachdenken erforderlich sein. Solche Typisierungsbestrebungen mit entsprechender Pflichtendifferenzierung dürften für die Eigentümer denkmalpflichtiger Objekte und die Denkmalbehörden ein Gewinn sein. Die typisierende Verwaltung[279] ist keineswegs unüblich und bieten sich gerade in solchen Sachverhaltskonstellationen an, die Ermittlungsschwierigkeiten bereiten. Die Typisierung in unterschiedliche Denkmal-Kategorien oder Denkmalklassen als zu entwickelndes Differenzierungsschema könnte sogar dazu führen, daß insgesamt verfassungsrechtlich sehr zweifelhafte ipso-iure-System auf ein erträgliches Maß abzufedern, da die unendliche Mannigfaltigkeit potentieller Denkmalobjekte hinsichtlich „Denkmalverdächtigkeit" und der daraus resultierenden Pflichtenlage transparenter wird und der unerträgliche Zustand an Rechtsunsicherheit kanalisiert und gemildert würde. Darüber hinaus würde eine nach Schutzbedürftigkeit differenzierende und typisierende Denkmalklassifizierung ihren eigenen Gerechtigkeitswert besitzen[280]. Sie wäre sowohl hinsichtlich der unterschiedlichen Wertigkeit der einzelnen Denkmalobjekte sachgerecht, als auch hinsichtlich der Pflichtentiefe derjenigen, die ein entsprechendes Objekt besitzen. Eine solche Typisierung würde zudem nicht zuletzt unter dem Gesichtspunkt der verwaltungsökonomischen Betrachtungsweise Ressourcen schaffen, die es den Denkmalbehörden ggfs. stärker ermöglichen, ihre Aufgaben zu akzentuieren und demzufolge Prioritäten zu setzen.

Kurzum: Denkmalschutz und Denkmalpflege sollen nicht in eine Depression gestürzt werden, jedoch können kritische Anfragen durchaus kleinere Krisen auslösen, die es aufgabenmäßig zu bewältigen gilt. Hier dürfte hinsichtlich Aufgabenum-

---

277 Daß dies aber auch von Obergericht zu Obergericht variieren kann, läßt sich anhand der Rechtsprechungsbeispiele bei *Boeddinghaus*, (Anm. 247), BauR 2001, 1675 ff. (1677 f.), ablesen.

278 Einen Pflichtenkatalog hält de lege ferenda für erforderlich *Martin*, (Anm. 135), BayVBl. 1999, 223 ff. (233).

279 Grundlegend dazu *Josef Isensee*, Die typisierende Verwaltung: Gesetzesvollzug im Massenverfahren am Beispiel der typisierenden Betrachtungsweise des Steuerrechts, Berlin 1976; *ders.*, Verwaltungsraison gegen Verwaltungsrecht: Antinomien der Massenverwaltung in der typisierenden Betrachtungsweise des Steuerrechts, StuW 1973, 199 ff.

280 I.d.S. etwa *Wilfried Berg*, Die verwaltungsrechtliche Entscheidung bei ungewissem Sachverhalt, Berlin 1980, 309.

schreibung und des Denkmalbegriffs sowie seine Auswirkungen auf die Umgebung nachhaltiger Anlaß zum Nachdenken gegeben sein. Verfassungs- wie verwaltungsrechtlich ist es jedenfalls nicht mit allzu pauschalen Lösungsworten wie Kulturstaatlichkeit, kulturelle Daseinsvorsorge[281] u.ä.m. getan. Vielmehr sind diese, ja für sich genommen nicht falschen oder ablehnenswerte Gesichtspunkte, in rechtlicher Hinsicht durch Schaffung gesetzlicher Bestimmungen oder Interpretationsarbeit am Normenmaterial einzulösen.

2. *Zweite Leitfrage: Wer soll Träger bzw. wer sollen die Akteure denkmalrechtlicher Aufgaben und Befugnisse sein?*

a) *Vorgreifende Annahme: rechtstatsächliche Untersuchungen als dringendes Desiderat*

Der denkmalrechtlichen Legalstruktur tritt die Realstruktur an die Seite. Hier dürfte es ein ebenso lohnendes wie dringend angezeigtes Desiderat sein, am Denkmalrecht exemplarisch rechtstatsächliche Untersuchungen durchzuführen, die im einzelnen das Verhältnis und die Verschränktheit zwischen den gesetzlichen Vorgaben und ihrer praktische Umsetzung analysieren[282]. Solche rechtstatsächlichen Forschungen könnten die Strukturierung des Politikfeldes Denkmalschutz und Denkmalpflege in den unterschiedlichsten Konstellationen und mit den verschiedensten Akteurszusammensetzungen eruieren, aus denen sich dann die aus der Rechtspraxis gewonnene Erkenntnisse zu rechtsdogmatischen generieren lassen bzw. dogmatische Befunde empirisch nachweisbar ergänzen können. Zwar werden die denkmalrechtlichen Problemstellungen nach wie vor insbesondere rechtswissenschaftlich, d.h. im Wege von Normauslegung und Norminterpretation, zu bewältigen sein, jedoch lassen sich annähernd umfassende und wirklich aussagekräftige Erkenntnisse nur dann gewinnen, wenn neben der vorrangig rechtsdogmatisch, rechtssatzorientierten Arbeit auch die Anwendungspraxis der Normen seitens der zuständigen Institutionen in den Blick gerät. Dies ist um so lohnender, als man dann nicht mehr allein von den mehr oder minder unterschiedlichsten Erfahrungen, Einschätzungen und Vermutungen einzelner Personen abhängig ist, sondern über auf einer breiteren Basis ermitteltes Material verfügte. Dieses gewonnene Material könnte dann Fundament für die wei-

---

281 Die Daseinsvorsorge wird etwa bemüht von *August Gebeßler*, Zum Denkmalthema in der „Alten Stadt“, in: Die Alte Stadt 26 (1999), 193 ff. (204). Der Verweis auf Daseinsvorsorge versagt im rechtlichen Kontext völlig, grundlegend hinsichtlich seiner normativen Bedeutung analysiert bei *Pielow*, (Anm. 65)

282 Zum Forschungsdesign siehe grundlegend *Andreas Voßkuhle*, Verwaltungsdogmatik und Rechtstatsachenforschung, in: VerwArch 84 (1994), 567 ff.

tere, um eine Perspektive angereicherte denkmalrechtliche Reformdiskussion sein. Gerade die Diskussion um das Gutachten von Hoffmann-Axthelm hat erkennen lassen, wie emotional unkontrolliert teilweise diskutiert wird. Der unmittelbare Zu- und Rückgriff gerade auf Befindlichkeiten und Selbstverständnisse zeigt, wie wenig empirisch gesichertes Material und (rechts-)soziologisch elaborierte Erkenntnisse vorhanden sind, so daß die Diskussion von individueller Rede und Gegenrede lebt, bei der jeder bloß seine persönlichen Erfahrungen mit mehr oder weniger großem Verbindlichkeitsanspruch einbringt. Die über das Rechtliche hinausgreifende Bedeutung des Denkmalrechts müßte solche Untersuchungen auch interdisziplinär als durchaus lohnenswert und anregend erscheinen lassen. Ein Beitrag zur Versachlichung würde allemal davon ausgehen.

b) *Die Analyse von Akteurskonstellationen als ein Forschungsansatz - mit rechtspolitischer Relevanz*

Wenn die zweite Leitfrage, in eher rechtspolitischer Ausrichtung und damit mit Blick auf denkbare und vielleicht sinnvolle Rechtsänderungen formuliert, die tatsächlichen und gewünschten Akteurskonstellationen als Rechtsproblem aufwirft, wird damit auf das heuristisch ebenso informative wie steuerungstheoretisch bedeutsame Forschungsdesign des akteurzentrierten Institutionalismus zurückgegriffen[283]. Die Heuristik des akteurszentrierten Institutionalismus liegt aber nicht nur darin, daß er keine abgeschlossenen Erklärungsmodelle liefern will, sondern auch darin, daß gerade dieser Ansatz sowohl das Handeln der einzelnen - individuellen oder korporativen - Akteure als auch die institutionellen Regeln analysiert und damit die umgebende wie umgreifende Struktur mit dem Handeln der Akteure und ihren Handlungspräferenzen in Beziehung zu setzen vermag. Dieser wissenschaftliche Ansatz dürfte sich im Rahmen der neueren verwaltungsrechtswissenschaftlichen Diskussionen auch insofern als besonders aufschlußreich erweisen, da sich damit die einzelnen Phänomene zwischen „absichtsvoller Steuerung und ungeplanter Dynamik"[284] analysieren lassen, wobei eben nicht bloß die Gesetzgebungsperspektive und

---

[283] Grundlegend *Renate Mayntz/Fritz W. Scharpf*, Der Ansatz des akteurszentrierten Institutionalismus, in: Dies. (Hrsg.), Gesellschaftliche Selbstregelung und politische Steuerung, 1995, 39 ff. Ferner *Fritz W. Scharpf*, Interaktionsformen: Akteurzentrierter Institutionalismus in der Politikforschung, 2000; sowie *Uwe Schimank*, Handeln und Strukturen: Einführung in die akteurtheoretische Soziologie, 2000.

[284] *Reinhard Zintl*, ‚Akteurszentrierter Institutionalismus' - eine Bilanz, in: Soziologische Revue 21 (1998), 297 ff. (298).

die herkömmliche Steuerung durch „Befehl und Gehorsam" in den Blick gerät, sondern auch andere politische oder unbewußte Steuerungsmechanismen[285].

Zwar betrifft das Rechtsverhältnis als verdichtete Beziehung von Rechtssubjekten[286] vor allem die Denkmalbehörden und den Eigentümer, jedoch ist dies nicht die einzige Aufstellung von Beteiligten im Sektor von Denkmalschutz und Denkmalpflege, wenngleich die Behörden nach wie vor besondere und herausgehobene Akteure sind. Der Eigentümer eines denkmalgeschützten Objekts ist sicherlich der Hauptbetroffene und Unterworfene, dessen Pflichtigkeit so gerne mit übergreifenden Kollektivkategorien begründet wird. Die Denkmalbehörden treten dem Eigentümer aber nicht als monolithischer Block entgegen, sondern als gleichsam bipolare Behördenstruktur, die sich binnenperspektivisch in Denkmalschutz- und Denkmalfachbehörden ausdifferenziert.

Die unterschiedlichen Akteurskonstellationen ließen sich fortführen und würden dann die politischen Gemeinden (genauer: die Bürger einer Kommune als Gesamtheit bzw. kommunale Öffentlichkeit und die Gemeinde als kommunale Selbstverwaltungskörperschaft), andere sich u.U. erst spontan bildende gesellschaftliche Gruppen (Bürgerinitiativen, Eigentümervereinigungen u.ä.) genauso im Blick zu nehmen haben wie berufliche Organisationen (der Denkmalschützer und -pfleger) oder solche Institutionen wie das Nationalkomitee für Denkmalschutz und die Deutsche Stiftung Denkmalschutz. Darüber hinaus könnte auch ein Zusammenwirken beispielsweise zwischen Denkmalbehörden und bestimmten Restauratoren in den Untersuchungsfocus integriert werden[287]. Welche Bedeutung die unterschiedli-

---

285 Nicht selten wird der akteurszentrierte Institutionalismus mit systemtheoretischen Ansätzen konfrontiert und die Systemtheorie als fruchtbarer erachtet. Dazu, daß insbesondere von R. Mayntz und F. Scharpf entwickelte Ansatz (!) aber durchaus auch die systemische Perspektive berücksichtigt vgl. nur *Zintl*, (Anm. 284). Ob und inwieweit der handlungstheoretische, akteursbezogene Steuerungsansatz einer systemtheoretischen Analyse, die Steuerungsmängel als Internum des Rechtssystems thematisiert unterlegen ist, oder ob sich beide Betrachtungsweisen ggfs. sogar ergänzen, kann an dieser Stelle nicht diskutiert werden. Näher dazu, mit systemtheoretischer Präferenz vor allem Martin Schulte, Paradigmenwechsel in der umweltpolitischen Planung, in: FS Werner Hoppe (2000), 153 ff. (156 ff. m.w.N.); ders., Eine Theorie der Gesellschaft und ihre „Feinde", in: RECHTSTHEORIE 32 (2001), 451 ff. (454) je m.w.N. Zu ebenfalls beobachtbaren Annäherungsprozessen etwa *Helmut Nolte*, Annäherungen zwischen Handlungstheorien und Systemtheorien: Ein Review über einige Integrationstrends, in: Zeitschrift für Soziologie 28 (1999), 93 ff. m.w.N.

286 So *Hill*, (Anm. 110), 272 f.

287 Dieser auf den ersten Blick vielleicht ungewöhnlich erscheinende Aspekt ist aber letztlich gar nicht so fernliegend, wenn man mittels rechtstatsächlicher, empirischer Untersuchungen herausfinden könnte, ob und inwieweit beispielsweise die Beauftragung eines bestimmten Restaurationsbetriebes, Architekten o.ä.

chen Akteure bei der Entwicklung denkmalrechtlicher Standards haben könnten, ist ebenfalls bereits dargetan worden. Diese Andeutungen möglicher, aber noch erweiterbarer Akteurskonstellationen zeigen, daß sich auch das Denkmalrecht in einem ebenso komplexen wie komplizierten Strukturfeld befindet. Ein solcher, letztlich komplexitätssteigernder Analyseansatz führt nicht zwangsläufig zu einer Relativierung des denkmalrechtlichen Sektors in seinen Handlungsvollzügen, sondern würde vielmehr das Relationsgefüge hinsichtlich der unterschiedlichsten Interessen, Regelungsstrukturen u.v.m. aufschlüsseln. Damit ließen sich u.U. basale Erkenntnisse darüber gewinnen, ob und inwieweit nicht bestimmte Aufgaben im denkmalrechtlichen Kontext beispielsweise an behördenexterne Akteure übertragbar sind, weil bestimmte Berufsgruppen bereits über eine entsprechende Sachkunde verfügen, zumal solche Vorgehensweisen in anderen Rechtsgebieten schon längst gang und gäbe sind.

c) *Rechtspolitisches Zwischenfazit: Vom aufgabenmonopolisierten denkmalrechtlichen Verwaltungsstaat zum pluralen Regulierungsstaat?*

Rechtspolitisch drängt sich angestoßen durch die verschiedensten Entwicklungen im Öffentlichen Baurecht und anderen verwaltungsrechtlichen Sektoren unabweisbar die Frage auf, ob Denkmalschutz und Denkmalpflege bei staatlichen Akteuren gleichsam monopolisiert werden soll oder ob sich nicht auch im denkmalrechtlichen Sektor ein „Entstaatlichungs"- bzw. Privatisierungspotential ergibt. Die Annahme, Schutz und Pflege von Denkmälern seien vorrangig als staatliche Aufgabe zu qualifizieren[288], ist zum einen vor dem Hintergrund der Aufgaben- und Privatisierungsdiskussion zu relativieren und enthält mit dem Wörtchen „vorrangig" bereits eine gewisse Selbstrelativierung. Soweit beispielsweise Art. 11 Abs. 5 BayDSchG in diesem Zusammenhang von Staatsaufgaben spricht, erfolgt damit eher eine Abgrenzung zu gemeindlichen Selbstverwaltungsangelegenheiten und wird demzufolge keineswegs eine Entscheidung über die Art und Weise der Wahrnehmung dieser Staatsaufgabe getroffen[289].

---

das denkmalrechtliche Verfahren beeinflußt. Daß ein Zusammenhang nicht auszuschließen ist, wird in verschiedensten Zusammenhängen „hinter vorgehaltener Hand" immer wieder suggeriert. Wenn empirische Untersuchungen das Gegenteil bewiesen, wäre dies ja durchaus ein beruhigendes Ergebnis.

288 Vgl. Sieche, in: Strobl u.a., (Anm. 137), § 1 Rdn. 10.

289 Zu den Gründen, Denkmalschutz nicht als Selbstverwaltungsangelegenheit zu qualifizieren, siehe nur *Brohm*, (Anm. 212), DVBl. 1985, 593 ff. (599 m.w.N.). Bemerkenswert in diesem Zusammenhang, daß Art. 83 Abs. 1 BayVerf die Erhaltung ortsgeschichtlicher Denkmäler und Bauten als zum eigenen Wir-

Wenn die aktuelle Privatisierungsdiskussion zeigt, daß selbst in so traditionellen Rechtsbereichen wie dem allgemeinen Polizeirecht neue Aufgaben- und Organisationsformen zumindest nicht ausgeschlossen werden sollen und vielfältige Veränderungen gerade im „Sicherheitsgewerbe" beobachtbar sind, so muß auch das Denkmalrecht nicht apriorisch von dieser Anfrage ausgenommen werden. Im Rahmen der verwaltungsrechtswissenschaftlichen Reformdiskussionen und -analysen wird konstatiert, daß sich allenthalben ein Wandel vom Verwaltungsstaat zum Regulierungsstaat feststellen lasse. Staatliche Aufgaben stehen demzufolge unter Revisionsvorbehalt und werden vielfach neu umschrieben oder - mit Blick auf Änderungsmöglichkeiten und Revisionsbedarf - zumindest überdacht. Zu Recht wird in diesem Zusammenhang darauf hingewiesen, daß beispielsweise die Privatisierungslandschaft keineswegs mit der ebenso verbreiteten, wie letztlich unfruchtbaren Entgegensetzung von staatlicher und privater Aufgabenerfüllung erfassen lasse[290]. Das Überdenken von Aufgabenattributionen ist keine schwarz-weiß gezeichnete Karte der Entweder-Oder-Konstellationen. Das Phänomen Privatisierung ist zu vielschichtig und differenziert in seinen unterschiedlichsten Erscheinungsweisen[291], um einfach und einseitig sowohl in befürwortender als auch in ablehnender Weise diskutiert zu werden. Aufgabenverlagerungen oder die Schaffung neuer Verantwortungszurechnungen müssen keine Nullsummenspiele sein und sind es in der Regel auch nicht. Schon 1970 hat der Bonner Verwaltungsrechtler Ossenbühl darauf verweisen, daß „der Staat auch mit Privaten kooperieren, d.h. gemeinsam, verantwortungs- und entscheidungsteilend verwalten" könne und damit den heute so gängigen Terminus der Verantwortungsteilung antizipiert[292]. Kooperation mit Privaten kann einerseits wichtige Ressourcen erschließen helfen, die ansonsten ungenutzt blieben, und andererseits der Verwaltung Freiraum und Kapazitäten verschaffen, um andere Aufgabenaspekte stärker zu akzentuieren. Dies führt keineswegs zu einem totalen Kompetenz- und Steuerungsverlust der zuständigen Verwaltungsträger. Vielmehr

---

kungskreis der Gemeinden zugehörend qualifiziert und Art. 141 Abs. 2 BayVerf Denkmalschutz und Denkmalpflege gleichsam als eine kondominiale Aufgabe von Staat, Kommunen und anderen Körperschaften des öffentlichen Rechts normiert. Zu den grundsätzlichen Aspekten gemeindlicher Aufgaben siehe nur *Gerd Schmidt-Eichstaedt*, Die Rechtsqualität der Kommunalaufgaben, in: G. Püttner (Hrsg.), Handbuch der kommunalen Wissenschaft und Praxis, Bd. 3, 2. Aufl., Berlin u.a. 1983, 9 ff.

290 So dezidiert *Gunnar Folke Schuppert*, Privatisierung und Regulierung - Vorüberlegung zu einer Theorie der Regulierung im kooperativen Verwaltungsstaat, Discussion Paper Nr. 8/April 1996 (Europäisches Zentrum für Staatswissenschaft und Staatspraxis), 6.

291 Umfassend dazu *Kämmerer*, (Anm. 17).

292 *Fritz Ossenbühl*, Die Erfüllung von Verwaltungsaufgaben durch Private, in: VVDStRL 29 (1971), 137 ff. (149).

nehmen diese nunmehr eine funktionell andere Stellung ein. Den Denkmalbehörden obläge allemal eine Art Garantenstellung[293], eine staatliche Oberaufsicht[294], deren rechtliche Konturierung und Organisation, wenn man rechtspolitisch diesen Weg denn gehen wollte, im einzelnen näher zu diskutieren wäre. Wenn eine solche Agendenauslagerung bzw. -verlagerung erfolgt, ist es aber klar, daß dies nicht dazu führen darf, mit der einen Hand das an Aufgabenwahrnehmung und Verantwortung zu geben, was im Aufsichtswege dann wieder genommen wird. Vielmehr geht es verwaltungsrechtlich darum, „die Spannungen zwischen der Verselbständigung und der qua gesetzlicher Steuerung und Staatsaufsicht zu besorgenden Einbindung als echte Spannungen auszuhalten und bereichsspezifisch auszubalancieren"[295]. Wie in den bereits angedeuteten bauordnungsrechtlichen Zusammenhängen ließe sich auch in denkmalrechtlichen Zusammenhängen, die heute noch als - allem Anschein nach - unanfechtbar ausschließlich den Verwaltungsbehörden vorbehaltene staatliche Aufgaben in Sachen Denkmalschutz und Denkmalpflege qualifiziert werden, eine Delegation eines näher zu umschreibenden Aufgabenkreises an Private (Sachverständige, Architekten u.a.) vorstellen und somit durchaus ein neues bzw. neu akzentuierendes denkmalrechtliches Ordnungsmuster rechtspolitisch (!) denken. Es käme zu Verantwortungsteilungen und zu Verantwortungskooperationen, die staatlicherseits eine stärkere Betonung seiner Bewirkungsfunktion nach sich zögen und Verantwortungskooperationen generierten, die - wie schon vielfach im Umweltrecht - auch im Denkmalrecht an die Stelle statisch-effektiver Detailregelungen dynamisch-effiziente Zielvorgaben setzten, um private Eigenverantwortung nicht nur als denkmalrechtliche Pflichtigkeit zu verstehen, sondern als (Steuerungs-) Reservoir zu nutzen und zu aktivieren. Hysterische Abwehrreaktionen sind demzufolge fehl am Platze, wenn es darum geht die Äquifunktionalität verschiedenster Ordnungsformen zu bewerten und denkmalrechtliche Standards zu ermitteln. Gerade letzteres muß nicht hierarchisch-autoritativ erfolgen, sondern bietet Platz für bewußt kooperative Aushandlungsprozesse. Die Generierung denkmalrechtlicher Standards ist Komplexitätsmanagement und bietet somit - nicht zuletzt im Hinblick auf Akzeptanzerhöhung - Chancen der Prozeduralisierung, die in koordinierend-kooperativer Vorgehensweise zu vollziehen wäre. Divergierende Interessen müssen schließlich durch den Gesetzgeber und die rechtsanwendende Verwaltung zum Ausgleich gebracht

---

[293] Dazu auch *Friedrich Schoch*, Privatisierung von Verwaltungsaufgaben, DVBl. 1994, 962 ff.

[294] *Schuppert*, (Anm. 290), 15 f.

[295] So die präzise Umschreibung von *Horst Dreier*, Hierarchische Verwaltung im demokratischen Staat: Genese, aktuelle Bedeutung und funktionelle Grenzen eines Bauprinzips des Exekutive, Tübingen 1991, 290.

werden, die von Verfassungs wegen bereits durch die normative Bipolarität des Art. 14 Abs. 1 und 2 GG mitbedacht ist. Wie überhaupt in der grundgesetzlichen Ordnung wird das verfassungsrechtliche zweipolige Verteilungsprinzip nicht relationslos, d.h. nach einer Seite hin unbegrenzt umgesetzt. Vielmehr sind divergierende Rechtspositionen nach beiden Seiten hin, d.h. - optimierend - zum Ausgleich zu bringen, so daß keine Rechtsseite unverhältnismäßig hinter der anderen zurücktreten muß[296]. Daß die denkmalrechtliche Interessenlage nicht allein durch Verweis auf die Kulturstaatlichkeit von jeglicher Begründung enthebt, ist schon dargetan worden. Die bisher bipolare Akteurskonstellation zwischen Eigentümer und Denkmalbehörden läßt sich weiter differenzierend auffächern. Dies ist dabei keineswegs dem Umstand geschuldet, die denkmalrechtlichen Behörden zu „entmachten", sondern dient der Abbildung multipolarer Interessenkonflikte, die es im Denkmalrecht nicht nur angesichts gewisser Mängel rechtsdogmatisch abzuarbeiten gilt, sondern die auch verfahrensrechtlich ausdifferenziert werden sollten. Daß dies keineswegs de lege ferenda erfolgen muß, sondern daß dieses Differenzierungspotential bereits im bestehenden Recht angelegt ist, wird an den Abgrenzungsproblemen des Denkmalrechts zu anderen denkmalaffinen Rechtsgebieten deutlich, wobei dem Bauplanungsrecht angesichts der gemeindlichen Planungshoheit besondere Bedeutung zukommt. Eine Stärkung der Kommunen im Bereich Denkmalrecht, wie sie sich ggfs. bereits aus den bauplanungsrechtlichen Zusammenhängen ergeben könnte, hätte den nicht gering zu schätzenden Öffentlichkeitsaspekt, daß die Gemeinde als kommunale Selbstverwaltungskörperschaft „vor Ort" unter öffentlicher Mitwirkungsmöglichkeit über ihr äußeres Erscheinungsbild selbst befinden könnte und die Denkmalbehörden, die ja bereits in diesen Prozeß aktiv-mitgestaltend eingebunden sind, in kompetentieller Rücksichtnahme den gemeindlichen Meinungsbildungsprozeß bei ihren Entscheidungen dann mit zu berücksichtigen hätten. Hier würde dann nicht ein fachbehördliches Königtum in Ansatz gebracht, sondern eine kooperatives Zusammenwirken, das die öffentliche Bürgerentscheidung, das kommunale Selbstverständnis, kurzum den bürgerschaftlichen Gestaltungswillen in den einzelobjektübergreifenden Dimensionen mit einbezieht. Denkmalrechtliche Belange könnten auf diesem Wege publifiziert werden. „Die Öffentlichkeit" von Denkmalschutz und Denkmalpflege würden von vornherein stärker akzentuiert werden; daß öffentliche Interesse in raumgreifenden denkmalrelevanten Bereichen müßte als öffentliches Interesse kommuniziert und verhandelt werden. Akteure des Denkmalrechts wären

---

296 Vgl. die klassische Umschreibung praktischer Konkordanz bei *Konrad Hesse*, Grundzüge des Verfassungsrechts der Bundesrepublik Deutschland, 20. Aufl., Heidelberg 1995, Rdn. 72 ff. m.w.N.

in derartigen übergreifenden, strukturgestaltenden Entscheidungen einer Gemeinde dann die Bürger auch - u.a. - selbst. Eine Akteursoption, die jedenfalls einen gewissen „demokratischen" Charme besitzt und keineswegs als denkmalrechtlicher Vandalismus diskreditiert werden müßte[297], sondern gerade geeignet wäre, funktional differenziert Multiperspektivität und Multipolarität in dem sensiblen Kulturbereich von Denkmalschutz und Denkmalpflege zum Ausdruck zu bringen. Schließlich würde damit hinreichend offensichtlich, daß die Anwendung denkmalrechtlicher Vorschriften kein bloßer Gesetzesvollzug sind, sondern in gewissem Sinne eine rechtsschöpferische Entscheidung, die metajuristische Aspekte, wie z.B. den Wandel denkmalpflegerischer oder -schützender Ansichten, durchaus in das Normprogramm zu integrieren weiß, ohne den juristischen Kontext und dessen Eigengesetzlichkeit wiederum zu vernachlässigen, da Normativität Faktizität nicht vollends weichen darf[298]. Je mehr erkennbar ist, daß entsprechende Normen sich vom Bilde des „reinen Gesetzesvollzuges" entfernen, desto größere Bedeutung erlangt die „konzentrierende" Verfahrensbeteiligung von Betroffenen und auch der nicht zu unterschätzende Aspekt des Interpretationsethos[299].

Nebenbei sei rechtsdogmatisch vermerkt, daß die überwölbenden und grundlegenden rechtswissenschaftlicher Reformdiskussionen nicht (!) zwangsläufig zu weitreichenden Umbauten der gesetzlichen Vorgaben führen müssen. Bereits die bestehende Rechtsordnung vermag teilweise in kreativer Weise neue Akzente aufzunehmen und ist in dieser Hinsicht schon jetzt - zumindest ansatzweise und grundsätzlich - offen für Innovationen und Neujustierungen. Exemplarisch läßt sich dies - ungeachtet davon, daß es im Denkmalrecht an verschiedensten Stellen gesetzgeberischen Nachbesserungsbedarf gibt - an dem ebenso wechselbezüglichen wie

---

297 Näher liegt sogar die Vermutung, daß eine öffentlich ermittelte planungsrechtliche Denkmalkonzeption eine Stärkung der Denkmäler bedeuten würde: Innovative, avantgardistische Architektur hätte es bei öffentlicher Diskussion angesichts gewisser strukturkonservativer Grundhaltungen vielleicht sogar schwerer.

298 *Winfried Brohm*, Die Dogmatik des Verwaltungsrechts, in: VVDStRL 30 (1972), 245 ff. (251). Aus diesem Grunde ist die von *Metschies* (Anm.139), 219 ff. [243]) vorgetragene Ansicht, daß der Wandel der Denk- und Handlungsformen sich unabhängig von juristischen Definitionen vollziehe, zu vereinfachend. Sie erkennt nicht in hinreichendem Maße, daß die Rechtsanwendung nicht so von „der Wirklichkeit" losgelöst bzw. getrennt ist. Die methodischen Fragen der Rechtsanwendung sind wesentlich komplexer, siehe etwa *René A. Rhinow*, Rechtsetzung und Methodik: Rechtstheoretische Untersuchungen zum gegenseitigen Verhältnis von Rechtssetzung und Rechtsanwendung, Basel 1979.

299 Zum ersten *Brohm*, (Anm. 296), VVDStRL 30 (1972), 245 ff. (279). Zum zweiten siehe oben bei und nach Anm. 170.

konzentrierend wirkenden Zusammenspiel von Bauplanungsrecht und denkmalrechtlichen Belangen ablesen.

Die Qualität des Denkmalrechts als wirkliche öffentliche Aufgabe ist, wie angedeutet, dogmatisch verankert und könnte bereits aktuell aus ihrer zu staatszentrierten Einseitigkeit befreit werden, zumal ein Ergebnis der aktuellen verwaltungsrechtlichen Reformdiskussionen ist, daß die Gemeinwohlsicherung heute zu einer komplexen Aufgabe in einem netzförmigen Gefüge von Akteuren, Handlungsmaßstäben und Handlungsinstrumenten geworden ist[300]. Ein Befund der sich auf das Denkmalrecht übertragen läßt und - wie die Diskussion um die pointierte Stellungnahme der Thesen von Hoffmann-Axthelm gezeigt hat - dringend auch als Aufgabendiskussion herangetragen werden muß. Gemeinwohlorientierung ist kein staatliches Monopol, sondern öffentliche Aufgabe.

Daß der rechtsschöpferische Charakter der Anwendung gesetzlicher Normen und die Option, dieses Amt zurückhaltend, gleichsam in asketischer Weise zu üben, dabei bewußter gemacht werden müßte, ist sicherlich ein denkbares Ergebnis und zeigt, wie beispielsweise auch Winfried Brohm betont, daß die Gefahr denkmalrechtlicher Übertreibungen schon jetzt durch restriktivere Anwendungspraxis kompensiert werden könnte[301].

3. *Andeutende Bemerkungen zu einer „reForm" des Denkmalrechts: Wie kann ggfs. eine aufgabenadäquate Organisation des Denkmalrechts aussehen? Was sind ihre denkbaren Ordnungs- und Handlungsmuster?*

Wenn Heinrich Wefing gegen Hoffmann-Axthelm einwendet, daß dieser sich den behördlichen Denkmalpfleger lediglich als „Zwitter aus preußischem Unteroffizier und elitärem Intellektuellen" vorstellen könne[302], so dürfte dies ein Eindruck sein, den andere Beobachter der denkmalrechtlichen Praxis aber durchaus teilen und der entsprechend kommuniziert wird. Ob und inwieweit dies im einzelnen stichhaltig ist, kann und braucht an dieser Stelle nicht beantwortet zu werden. Jenseits aller internen bzw. öffentlich geführten Diskussionen über den Denkmalschutz und die Denkmalpflege ist dieser Bereich als Bestandteil staatlicher Verwaltung den allge-

---

300 *Schmidt*, (Anm. 97), 89 ff. (90). Zur Gemeinwohlorientierung privater und staatlicher Organisationen siehe näher *Stephan Kirste*, Die Realisierung von Gemeinwohl durch verselbständigte Verwaltungseinheiten, in: W. Brugger u.a. (Hrsg.), Gemeinwohl in Deutschland, Europa und der Welt, Baden-Baden 2002, 327 ff. (insbes. 367 ff. m.w.N.).

301 *Brohm*, (Anm. 212), DVBl. 1985, 593 ff. (599 f.).

302 In diesem Band.

meinen Reformdiskussionen und -überlegungen genauso ausgesetzt, wie beispielsweise andere Verwaltungssektoren. Es ist jedenfalls kein einleuchtender Grund ersichtlich, den Sektor Denkmalschutz und Denkmalpflege hiervon apriorisch auszunehmen. Auch dieser Bereich muß sich genauso wie alle anderen Verwaltungssektoren der knapper werdenden Haushaltslage stellen und ist somit in die komplexe Fragestellung nach Aufgabenbewältigung und Ressourcenverteilung eingebunden. Anfragen wie Entwicklungschancen von Denkmalschutz und Denkmalpflege sind aber nicht allein der finanziellen Situation geschuldet, sondern sind vielmehr wohl auch Ausdruck einer bis jetzt lediglich subkutan geführten Kulturdebatte. Letztlich ließe sich die ganze Privatisierungsdebatte in sämtlichen Politikbereichen als eine Debatte kennzeichnen, der es ein wenig auch um eine neue Kultur der Selbständigkeit und Verantwortlichkeit geht. Stichworte wie Zivil- oder Bürgergesellschaft[303], der Staat als „Bürger AG" usf. sind Bezeichnungen, die diese Umorientierungsphase ebenso kennzeichnen wie markieren. Die Konfrontation des Denkmalrechts mit diesen kulturellen, politischen wie rechtlichen Herausforderungen ist Ausdruck eines um- und übergreifenden Diskussionszusammenhangs.

Die aktuellen Herausforderungen des Denkmalrechts dürften vor dem Hintergrund der vielfältigen Reformdiskussionen darin liegen, den Bereich zwischen hierarchischer Verwaltung und gesellschaftlicher Selbstorganisation neu auszuloten und vorrangig interne Verwaltungsvorgänge neu zu organisieren. Zutreffenderweise hat G. F. Schuppert die öffentliche Verwaltung als eine Organisation im Wandel klassifiziert, die zunehmend Pluralisierungsprozessen ausgesetzt ist und sich demzufolge in einem Stadium der Rollendifferenzierung befindet[304]. Die Öffnung der Verwaltung

---

[303] Vgl. etwa *Birger P. Priddat*, Zivilgesellschaft als Parallelprozeß: Demokratisierung der Wissensgesellschaft und Professionalisierung des Staates, in: Ders., (Anm. 96), 197 ff.; *Streeck*, (Anm. 75), Mitbestimmung 6/2000, 28 ff. Im übrigen sind die tagesaktuell und grundsätzlichen Ausführungen zu diesem Konzept Legion, man braucht nur die Politik- und Feuilletonseiten der überregionalen Presse aufzuschlagen.

[304] *Schuppert*, Verwaltungswissenschaft (Anm. 17), 831 ff. Zur Diskussion, die sich keineswegs auf eine nationalstaatliche Perspektive verengen läßt, sondern gleichermaßen internationale, ja globale Perspektiven und Tendenzen mit einbezieht, etwa *Hermann Hill*, Verwaltung im Umbruch, 1997 (Speyerer Arbeitshefte 109); *ders./Hermann Klages*, Good Governance und Qualitätsmanagement: Europäische und internationale Entwicklungen, 2000 (Speyerer Arbeitsheft, 132); vgl. weiter *König*, (Anm. 13); zudem *ders.*, Zur Manageralisierung und Ökonomisierung der öffentlichen Verwaltung, 2000 (Speyerer Forschungsberichte, 209). Wegweisende Funktion hat die in Gütersloh ansässige Bertelsmann Stiftung mit folgenden (ausgewählten) Forschungsberichten und Projekten unternommen: Frieder Naschold/Marga Pröhl (Hrsg.), Produktivität öffentlicher Dienstleistungen, 2 Bde., 1994/95; Bertelsmann Stiftung/Saarländisches Ministerium des Innern (Hrsg.), Kommunales Management in der Praxis (5 Bände), 1996 ff.

für betriebswirtschaftliche Denkweisen indiziert diesen Prozeß genauso wie die an die Verwaltung in zunehmenden Maße herangetragene Rollenerwartung, Dienstleister zu sein[305]. Eingebettet sind diese Erwartungshandlungen, die es als Herausforderungen zu betrachten gilt, in übergreifende Diskussionszusammenhänge wie die Forderung nach einer neuen Staats- und Verwaltungskultur[306]. Die Rede vom „aktivierenden Staat" ist ein kennzeichnender Aspekt dieser Diskussion. Ohne diese übergeordneten Diskussionsstränge hier im weiteren verfolgen zu wollen, ist doch festzuhalten, daß sich Problemverständnisse ebenso nachhaltig wie grundlegend gewandelt haben und neue und drängende Herausforderungsdimensionen festgestellt worden sind[307].

Sofern es im vorhergehenden Abschnitt um Frage ging, wer sind die Akteure und wer soll(te) Akteur in denkmalrechtlichen Regelungszusammenhängen sein, soll es im nachfolgenden darum gehen, wie und mit welchen Handlungsformen den neu zu diskutierenden denkmalrechtlichen Aufgabenstellungen und Verantwortlichkeiten nachgegangen werden soll. Um diese Frage andeutungsweise problematisieren zu können und damit dem Thema nach eine aufgabenadäquaten Organisation zumindest ein paar verwaltungswissenschaftliche Fingerzeige zu geben bzw. Anfragen an die überkommene Behördenstruktur zu formulieren, ist zum einen die verwaltungsinterne Organisation zu problematisieren, zum anderen lassen sich anschließend Interaktionsformen der Verwaltung mit außerhalb der Verwaltung stehenden Betrof-

---

Aufschlußreich die soziologische Untersuchung der Reformdiskussion bei *Hendrik Vollmer*, Ansprüche und Wirklichkeiten des Verwaltens im Reformdiskurs der neunziger Jahre: Die diskursive Ordnung von Reformkommunikation, in: ZfS 31 (2002), 44 ff.

305 Wie an „den" Staat überhaupt, zu solchen Diskussionen grundlegend *Andreas Voßkuhle*, Der „Dienstleistungsstaat". Über Nutzen und Gefahren von Staatsbildern, in: DER STAAT 40 (2001), 495 ff. m.w.N.

306 Vgl. nur den Abschlußbericht und den Materialband des Sachverständigenrats „Schlanker Staat" aus dem Jahre 1998. Aus der verwaltungswissenschaftlichen Diskussion siehe nur *Hermann Hill*, Neue Organisationsformen in der Staats- und Kommunalverwaltung, in: Ders., Verwaltung im Umbruch (Anm. 304), 1 ff. (5 ff. m.w.N.).

307 Viele Verwaltungsträger sind in eine Leitbilddiskussion eingetreten und haben demzufolge auf die geänderten Verwaltungserwartungen und -anforderungen reagiert; exemplarisch Landschaftsverband Westfalen-Lippe (Hrsg.), Fit für das 3. Jahrtausend: Die innere Modernisierung im LWL, 2001.Zu den Anforderungen und der Komplexität einer entsprechenden Leitbilddiskussion *Gilbert J.B. Probst*, So haben wir ein Leitbild eingeführt, in: io Managament Zeitschrift 58 (1989), 36 ff.

fenen oder anderen Akteuren vor dem Hintergrund der bestehender oder neu zu generierender Handlungsformen thematisieren[308].

Dies kann aber allenfalls kursorisch erfolgen, da sämtliche nachfolgenden Aspekte sich schon deshalb einer abschließend beurteilenden Verortung entziehen, da nach der hier vertretenen ebenso rechtsdogmatisch begründeten wie rechtspolitischen postulierten holistischen Auffassung die praktizierte Denkmalpflege und der praktizierte Denkmalschutz bereits angesichts der gesetzlichen Aufgabenumschreibungen dringend zu überdenken und ggfs. neu zu umschreiben ist. Die Aufgabenbestimmungen sind demnach der Kulminationspunkt, iudex omnium für sämtliche anderen Rechtsfragen und organisatorischen Fragestellungen, da sich nur vor diesem Datum dann beispielsweise die aufgabenadäquate Organisation in Form bringen läßt. Wenn man möchte, kann dies als Modernisierungsaufgabe des Denkmalrechts und seiner Organisation aufgefaßt werden, wobei sich das Modernisierungsziel nur im Wege einer kooperativen Entwicklungsstrategie erreichen lassen dürfte[309].

a) Behördeninternes

Ohne an dieser Stelle ein organisatorisches Gegenmodell zur bisherigen Organisation der Denkmalbehördenstruktur entwerfen zu wollen, so dürfte sich diese jedoch in zweierlei Hinsicht Anfragen stellen: Zum einen, worin besteht die Funktion der binnenpluralistischen Differenzierung in Denkmalschutz- und Denkmalfachbehörde? Sollte diese beibehalten werden? Zum anderen, welches Entwicklungspotential steckt in den innerbehördlichen Handlungsabläufen?

Die Unterscheidung zwischen Denkmalschutzbehörden und Denkmalfachbehörden ist dabei keineswegs unumstritten und wird aktuell durch die Veränderungen z.B. verfahrensrechtlicher Mitwirkungsbefugnisse ebenso leise wie unterschwellig unter-

---

308 Hinter dieser differenzierenden Betrachtung lugt die traditionelle Unterscheidung zwischen Innen- und Außenrecht hervor, zu dieser Dichotomie Grundlegendes und Relativierendes bei *Rupp*, (Anm. 143), 19 ff. u.ö. zudem *Walter Krebs*, Verwaltungsorganisation, in: Isensee/Kirchhof (Hrsg.), Handbuch des Staatsrechts der Bundesrepublik Deutschland, Bd. III (1988), § 69 Rdn. 26 ff.

309 Aus diesem Grunde sind die nachfolgenden Ausführungen lediglich als Merkstellen und Anfragen zu verstehen. Hierbei dürfte aber klar sein, daß eine Entscheidung gegen Veränderung, zwar durchaus denkbar, aber keineswegs erfolgversprechend sein dürfte. Die Sentenz, „wenn wir wollen daß alles bleibt wie es ist, dann ist nötig, daß alles sich verändert", aus Tomasi di Lampedusas Roman ‚Der Leopard' (TB-Ausgabe, 11. Aufl. 1996, 33), könnte sich auch im Denkmalrecht bewahrheiten und demzufolge mehr sein als ein Gestus zur Reformierung.

miniert[310], so daß nicht nur durch bauordnungsrechtliche Novellierungen das Gefüge ändert, sondern es auch schon denkmalrechtsintern zu Umbauprozessen kommt[311].

Die behördliche „Aufsplitterung", die zwar ungewöhnlich anmuten kann, aber auch in anderen Rechtsgebieten anzutreffen ist, wird in dem ebenso sensiblen wie von Befindlichkeiten geprägten Denkmalrechtssektor problematisch, wenn es um Aufgaben, Entscheidungskompetenzen und deren praktische Umsetzung geht. Über Einwände und Vorbehalte gegen die denkmalrechtliche Behördenstruktur und -praxis kann hinsichtlich ihrer Beweggründe nur spekuliert werden. Die nicht selten zu hörende Kritik vom „Königtum der Fachbehörden" kann hier offen bleiben. Bei der gesetzlichen Aufgabenattribution bestehen zwischen den einzelnen Bundesländern nicht unerhebliche Unterschiede: Während die meisten Ländern in Form einer Regelbeispieltechnik die Aufgaben der Denkmalfachbehörden näher umreißen und damit sowohl deren Zuständigkeitskreis normativ festlegen als auch eine institutionelle Abschichtung zu den Denkmalschutzbehörden vornehmen, ist in einigen wenigen Bundesländern eine institutionelle Melange anzutreffen, da beide Behördenarten in denkmalrechtlichen Belangen potentiell allzuständig sind. Ob und inwieweit dieser Legalbefund sich auf das behördliche Selbstverständnis und die Praxis auswirkt, wäre für sich genommen schon eine - wie angedeutet - *rechtstatsächlich* interessante Fragestellung, die zudem die Sach- und Funktionsgerechtigkeit dieser behördlichen Differenzierung in den Blick nehmen könnte. *Rechtsdogmatisch* ist der Verzicht auf eine hinreichend genaue Aufgabenumschreibung bedenklich, da dies zu Befugnisproblemen und Zuständigkeitsvermengungen führen kann. Organisationsrechtlich ist eine Aufgaben- und Befugnisstruktur angezeigt, die der rechtsstaatlichen

---

310 Zum Schicksal der Fachbehörde als aktuell bedeutsame Fragestellung siehe nur *Ernst-Rainer Hönes*, Zwei Jahrzehnte Denkmalschutzgesetz- und -pflegegesetz Rheinland-Pfalz: Versuch einer Bilanz, in: Der Landkreis 1998, 306 ff. (ebenfalls abgedruckt in: Denkmalschutz Informationen 22. Jg. 3/1998, 77 ff. [insbes. 81]). Vgl. weiter *Martin*, (Anm. 135), BayVBl. 1999, 225 ff. (233 f.).

311 Siehe zu der in diesem Zusammenhang bedeutsamen Änderung des § 3 Abs. 3 BaWüDSchG näher *Heinz Sieche*, Devolutiveffekt, Dissensverfahren und Denkmalschutz: Gründe und Auswirkungen eines Gesetzsänderung, in: Denkmalpflege in Baden-Württemberg 30. Jg., 2/2001, 58 f. (auch abgedruckt in Denkmalschutz Informationen, 25. Jg., 3/2001, 58 ff.). Sowie *Strobl*, in: Ders. u.a., (Anm. 137), § 3 Rdn. 17 f. m.w.N. Zu dem bereits 1994 geänderten Art. 12 BayDSchG siehe *Martin*, (Anm. 135), BayVBl. 1999, 225 ff. (233 f.) unter der Überschrift: „Auf dem Weg zur Demontage?". Zu speziellen Berliner Änderungen siehe die bemerkenswerterweise öffentlich ausgetragene Meinungsverschiedenheiten zwischen zwei Juristinnen des Landesdenkmalamts Berlin: *Wiltrud Franzmeyer-Werbe*, Schwächung des Denkmalschutzes durch Verwaltungsreform, LKV 1999, 300 ff.; *Karin Schmidt*, Gesetz zur Reform der Berliner Verwaltung (2. VerwRefG) und Zuständigkeiten von Denkmalbehörden, LKV 2000, 64.

Forderung nach Rechts- und Zuständigkeitsklarheit Rechnung trägt. Mit zweiseitigen virtuellen Allzuständigkeiten wird dem Grundsatz der Zuständigkeitsklarheit und der behördlichen Transparenz jedenfalls nicht hinreichend Rechnung getragen.

Eine Beibehaltung der Differenzierung in Denkmalschutz- und Denkmalfachbehörden ist demzufolge vor allem eine Frage gesetzlich hinreichend bestimmter Aufgabenstellungen und Kompetenzzuschreibungen.

Damit sind aber keineswegs sämtliche Probleme gelöst. Gesetzliche Vorgaben sind nicht bloß nur noch zu exekutierende Handlungsanweisungen. Rechtsanwendung ist vielmehr, wie schon des öfteren betont, rechtsschöpferischer Vorgang. Es wäre ein Mißverständnis, wenn sich Denkmalbehörden lediglich als Mund des Gesetzes auffaßten bzw. sich hinter einer solchen Haltung versteckten. Die tagtägliche Subsumtion unter die durchgängig unbestimmten Rechtsbegriffe verlangt eine Konkretisierungsleistung der Rechtsanwender, die ein Königtum der Fachbehörden genauso ausschließt wie eine Farbenblindheit gegenüber wissenschaftlichen Erkenntnissen und Ansichten. Nur sind die nichtgesetzlichen Beurteilungskategorien, die dadurch aber nicht schlechterdings zu ungesetzlichen werden, keineswegs gegen Anfragen und Wandlungen imprägniert. Der Denkmalsektor ist wie andere kulturelle Sachbereiche auch durch Sensibilitäten und eine besondere Offenheit für Befindlichkeiten gekennzeichnet. Während ein einzelner Künstler sich auf seine durch Art. 5 Abs. 3 GG gewährleiste Kunstfreiheit berufen kann, ist den Denkmalschutz- und Denkmalpflegebehörden als Verwaltungseinheiten entsprechendes versagt; sie haben sich vielmehr nach dem rechtsstaatlichen Verteilungsprinzip in besonderem Maße für ihre Ansichten und Entscheidungen zu rechtfertigen. Der bloße Entlastungsbeweis auf die Kulturstaatlichkeit ist dabei per se untauglich und muß selbst als ultima ratio von vornherein ausscheiden. Was sind überhaupt die Maßstäbe für die denkmalrechtliche Beurteilung und wie werden sie gewonnen? Selbst wenn man die bisherige Rechtsprechung zum Denkmalbegriff als elaboriert und gesichert annimmt, bleibt immer noch ein nicht unbeträchtlicher Rest an rational nicht ganz auflösbaren Entscheidungselementen in konkreten Fällen übrig. Umwelt- oder baurechtliche Normen verweisen nicht selten auf den wissenschaftlichen Diskussionsstand bzw. allgemein anerkannte Regeln der Technik[312].

Organisatorisch gewendet: Wie in anderen Sachbereichen so muß auch im Kulturbereich kulturelle Sicherheit wie kulturelles Risiko organisiert werden. Diese Organisationsaufgabe muß sich der Komplexität eines Sachbereichs öffnen und mana-

---

312 § 3 Abs. 3 SächsBauO.

gen[313]. Sie muß sich dabei als ‚irritierbar' und letzten Endes als lernfähig erweisen. Dies kann einerseits zur Folge haben, sich aktuellen Bestrebungen zu widersetzen, andererseits aber auch eine Umorientierung erfordern. Dies kann durch plural besetzte, kollegiale Entscheidungsgremien genauso erfolgen wie durch andere Organisationsstrukturen, die Maßstäbe und Standards konsensual zu finden suchen. Schließlich mag man zu einer immer stärkeren ökonomisierenden Betrachtungsweise interner Verwaltungsabläufe und nach außen gerichteter Handlungen letzten Endes stehen wie man will, eine ebenso heuristische wie pädagogische Wirkweise einer Produktdefinition - sowohl was Verwaltungsinterna als auch das Handeln der Verwaltung nach außen anbelangt - kann eigentlich nicht geleugnet werden[314], auch und gerade dort wo sie an ihre Grenzen stößt oder mit liebgewonnener Routine kollidiert[315]. Das Produktkonzept im sog. Neuen Steuerungsmodell leidet vielleicht daran, daß es im Verwaltungskontext nicht vollends mit Marktmechanismen zu korrespondieren scheint und zu einseitig Leistungsfähigkeitsaspekte betont. Die Chance liegt u.U. eher darin, die Elemente im Produktbegriff zu aktivieren, die sowohl die Entscheidungslegitimation als auch die sachgerechte Aufgabenerfüllung betreffen. Wenn modernes Verwaltungshandeln den Auftrag zur Selbstregulierung hat, dann könnte man Verwaltungsprodukte als Reflexionskategorie auffassen, die sich vielleicht nicht sofort finanziell als Sparpotential auswirken, die es aber ermöglichen, Lernschleifen und Handlungsrückkopplungen gleichermaßen so zu organisieren, daß Produkte verbessert, Aufgaben selektiert und Prioritäten (Schwerpunkte) gesetzt werden. Einem Produktdefinitionsprozeß ist demzufolge eine quantitative und qualitative Aspekte umfassende Aufgabenkritik inhärent. Er kulminiert letztlich in dem Schlüsselbegriff der Reformdiskussion, der die Effizienz und Effektivität des Verwaltungshandelns einfordert.

Zu Recht stellt D. Martin den Aspekt der Denkmalbehörden als Serviceagenturen heraus und spricht demzufolge einen Umstand an, der die Herausbildung einer neu-

---

313 Aufschlußreich dazu in generalisierender Sichtweise *Hermann Hill*, Komplexität und Komplexitätsmanagement im öffentlichen Sektor, in: Ders., Verwaltung im Umbruch (Anm. 304), 157 ff.

314 Zur Produktorganisation vgl. statt vieler *Hill*, (Anm. 306), 1 ff. (15 ff. m.w.N.); bemerkenswert Bertelsmann Stiftung/Saarländisches Ministerium des Innern (Hrsg.), Kommunales Management in der Praxis, Band 3: Definition und Beschreibung von Produkten, 1999.

315 Eine sehr bemerkenswerte Darstellung der im Text lediglich oberflächlich angedeuteten Organisationsaspekte findet sich in der folgenden soziologischen Analyse: *Dirk Baecker*, Durch diesen schönen Fehler mit sich selbst bekannt gemacht: Das Experiment der Organisation, in: Hijikata/Nassehi (Hrsg.), Riskante Strategie: Beiträge zur Soziologie, 1997, 249 ff. m.w.N. Vgl. auch die anregenden Beiträge von *Dirk Baecker*, in: Ders., Organisation als System: Aufsätze, 1999.

en Verwaltungskultur anregt[316], um dem Anliegen von Denkmalschutz und Denkmalpflege in veränderten gesellschaftlichen Konstellationen gerecht werden zu können. Hieran zeigt sich schließlich, daß die Verwaltungsmodernisierungsdebatte nicht nur „harte" Aspekte umfaßt, sondern zu einem nicht geringen Anteil durch eher „weiche" Faktoren mitbestimmt wird[317].

b) Interaktion zwischen den Denkmalbehörden und anderen Akteuren

Um das nach wie vor zentrale staatliche Steuerungsmittel „Gesetz" anwendbar zu machen und rechtliche Zustände zu stabilisieren oder zu akzeptablen Ergebnissen zu führen, gilt es den Staat als komplexes Organisationsgefüge zu begreifen und damit von der überkommenen Fixierung auf das Idealbild monolithischer staatlicher Souveränität Abschied zu nehmen[318]. Staatliches Verwalten stellt keine Standardmaßnahme dar, sondern ist vielfach eine „eigenständige Kreation, deren rationaler und intuitiv richtiger Gehalt über die Qualität der staatlichen Sozialgestalt entscheidet"[319]. Neben das Überdenken und ggfs. das Reformieren behördeninterner Verwaltungsvorgänge tritt zudem die Interaktion mit außerhalb der Verwaltung stehenden Betroffenen und anderen relevanten Akteuren. Das Rechtsverhältnis zwischen den Denkmalbehörden und den Denkmalpflichtigen kann dabei durch den Einsatz traditioneller Instrumente des Verwaltungshandelns wie Befehl, Zwang und Sanktion geprägt sein oder nach anderen Kooperationsformen suchen[320]. Da die denkmalrechtlichen Bestimmungen der Länder die Kooperation mit den Eigentümern bereits textlich besonders akzentuieren, soll dem Kooperationsgeschehen und dessen Aspekten ein weiterer kursorischer Blick gelten.

---

316 *Martin*, (Anm. 135), BayVBl. 1999, 225 ff. (233). Dies wird von Martin als ein Aspekt unter der Überschrift „de lege ferenda" thematisiert. Dies dürfte es aber gerade nicht sein, da die rechtlichen Handlungsformen durchaus schon jetzt flexibel genug sind. Es handelt sich m.E. gerade um einen metajuristischen Aspekt, der eher im Psychologischen liegt - was von Martin letztlich ebenso gesehen wird -, denn es einfachhin nur zu ergreifen gilt.

317 Näher dazu die instruktiven gesammelten Beiträge von *Helmut Klages*, Verwaltungsmodernisierung: „harte" und „weiche" Aspekte, 3. Aufl. Speyer 1999 (Speyerer Forschungsberichte, 172); ders., Verwaltungsmodernisierung: „harte" und „weiche" Aspekte II, 2. Aufl. Speyer 1998 (Speyerer Forschungsberichte, 181).

318 *H. Dreier*, (Anm. 295), 32.

319 So *Arno Scherzberg*, Innovative Verwaltung im erfolgreichen Rechtsstaat, in: Ehlers/Krebs (Hrsg.), Grundfragen des Verwaltungsrechts und des Kommunalrechts, Berlin u.a. 2000, 21 ff.(39 f.).

320 Zu dem Label „kooperatives Recht" siehe nur *Helmuth Schulze-Fielitz*, Kooperatives Recht im Spannungsfeld von Rechtsstaatsprinzip und Verfahrensökonomie, DVBl. 1994, 657 ff. m.w.N.

aa) Kooperation mittels Verfahren und Vertrag

Die verwaltungsrechtliche Reformdiskussion wird durch das Kooperationserfordernis zwischen staatlichen und gesellschaftlichen Akteuren nachhaltig geprägt. Es wird gar - besonders in umweltlichen Regelungszusammenhängen - ein allgemeines Kooperationsprinzip aufgestellt[321]. Kooperation vollzieht sich in verwaltungsrechtlichen Handlungsformen insbesondere in der Form des Vertrages oder sog. schlichten (informalen) Verwaltungshandelns[322]. Mit dem verwaltungsrechtlichen Vertrag nach §§ 54 ff. VwVfG ist in der verwaltungsverfahrensrechtlichen Ordnung eine paradigmatische Handlungsform des kooperierenden Staates vorgesehen und angelegt. Spezialgesetzlich wird diese Handlungsform neuerdings näher etwa ausgeprägt durch den städtebaulichen Vertrag (§ 11 BauGB). Selbst von kritischen Stimmen wird am verwaltungsrechtlichen Vertrag allgemein die Vielfalt der zulässigen Gestaltungsformen eingeräumt, die dem Staat eine besondere Zielgenauigkeit seines Handelns ermöglichen[323]. Mag die Feststellung eines allgemeinen Kooperationsprinzips im Umweltrecht durchaus anzweifelbar sein, so gilt angesichts der normativen Vorgaben im Denkmalrecht vielleicht eher das Gegenteil. Die Handlungsform Vertrag besitzt in diesen Zusammenhängen für alle Seiten einen besonderen Reiz, zumal die Denkmalbehörden angesichts der bauordnungsrechtlichen Änderungen mittlerweile eine andere Stellung zugefallen ist. Aktivierende Zusammenarbeit - wie sie wahrscheinlich oder hoffentlich schon vielfach der Fall ist - hinsichtlich der Vertragsaushandlung, des Vertragsschlusses und der Vertragsfolgenmanagements besitzt das Potential zum Erfolgsfaktor im Denkmalrecht. Bereits ohne die oben eingeforderten denkmalrechtlichen Änderungen besitzen die einschlägigen Bestimmungen des Denkmalrechts und des Allgemeinen Verwaltungsrechts flexible Handlungsermächtigungen für die Verwaltung und stellen dabei ein Optionenermessen bereit, das es nur zu ergreifen und auszuformen gilt. Eine bereits praktizierte oder neu einzufüh-

---

[321] „Kooperation ist schlechthin der Karrierebegriff der Reformdebatte" so, mit kritischer Grundtendenz *Koch*, (Anm. 122), NuR 2001, 2001, 541 ff. (541).

[322] Zu letzterem grundlegend *Martin Schulte*, Schlichtes Verwaltungshandeln: Verfassungs- und verwaltungsrechtsdogmatische Strukturüberlegungen am Beispiel des Umweltrechts, Tübingen 1995.

[323] Vgl. i.d.S. zum städtebaulichen Vertrag *Koch*, (Anm. 112), NuR 2001, 541 ff. (542), der in dem bauplanungsrechtlichen Zusammenhang des § 11 BauGB die Erweiterung der „Festsetzungsmöglichkeiten" über den Rahmen des § 9 BauGB hinaus hervorhebt. Näher zu § 11 BauGB *Winfried Brohm*, Städtebauliche Verträge zwischen Privat- und Öffentlichem Recht - zugleich ein Beitrag zu den ‚Einheimischen-Modellen', JZ 2000, 321 ff.; *Wolfgang Kahl*, Das Kooperationsprinzip im Städtebaurecht, DÖV 2000, 793 ff. Speziell zum Zusammenspiel von öffentlich-rechtlichem Vertrag und Zivilrecht grundlegend *Heinrich de Wall*, Die Anwendbarkeit privatrechtlicher Vorschriften im Verwaltungsrecht, 1999.

rende denkmalrechtliche Verhandlungs- und Vereinbarungskultur würde den prozeduralen und partizipativen Anforderungen oder Verhaltenserwartungen heutiger Staatlichkeit in besonderer Weise gerecht und könnte ein Beitrag zur Akzeptanz leisten. Nicht zuletzt könnten die prozedurale Neuorientierung und damit die Abkehr vom „traditionellen inquisitorischen zum adversatorischen Verwaltungsverfahren“[324] das Finden optimaler, interessenausgleichender Entscheidungen befördern. Dieser prozedurale Ansatz findet sich sogar bei allen Handlungsformen der Verwaltung, also unabhängig davon, ob am Ende der Erlaß eines Verwaltungsakts oder ein Vertragsschluß stehen soll, Anwendung und bedeutet, daß bei Dissens eben nicht einfach eine Verfügung erlassen, sondern eine ausgleichende Konfliktschlichtung gesucht wird. Verwaltungstätigkeit sollte häufiger Kooperation, Verwaltung mit dem Bürger als Subjekt, eher Aushandeln denn hoheitlich-übergeordnete Verfügung sein[325]. Daß aber auch der denkmalpflichtige Eigentümer sich in diesem Zusammenhang nicht einfach „auf das hohe Roß setzen kann“, dürfte klar sein, da das vertragliche Geschehen ein Ermittlungs- und Aushandlungsgeschehen ist, das die besonderen Umstände des Einzelfalls mit dem gesetzlich vorgegebenen Pflichtenrahmen zu koordinieren und zu konkretisieren hat. „Die Grundidee des Verwaltungsvertrages ist die rationale staatliche Entscheidung, die durch Konsens mit dem Vertragspartner Rechtsetzung im Einzelfall bewirkt“[326]. Die Denkmalbehörden können eben nicht nach Belieben, sondern nur in Realisation ihrer Aufgabenwahrnehmung und d.h. in rechtlich gebundener Weise entsprechende Verträge schließen. Schon de lege lata könnte diese Verfahrensweise aber weitreichend praktiziert werden. Indem in stärkerem Maße als bisher das vertragliche Instrument genützt würde und demnach denkmalrechtliche Zielvereinbarungen geschlossen würden, dürfte sich dies durchaus ebenso pflichtenpräzisierend wie akzeptanzfördernd auswirken. Ihren „Bewirkungsauftrag“ (Schmidt-Aßmann) würden die Behörden nicht adäquat nachkommen, wenn sie bei dem ihnen rechtlich zugebilligten Spielraum sowie das ihnen dabei gesetzlich eingeräumte Optionsermessen nicht ausschöpften. Zwischen dem Verwaltungsakt (§ 35 VwVfG) und dem Verwaltungsvertrag nach §§ 54 ff. VwVfG bestehen durchaus Gemeinsamkeiten, vor allem wenn bereits die behördliche Entscheidungsfindung - zur Vorbereitung des Erlasses eines Verwaltungsakts -

---

324 *Würtenberger*, (Anm. 103), VVDStRL 58, 139 ff. (166).

325 *Würtenberger*, (Anm. 103), VVDStRL 58, 139 ff. (169).

326 So treffend *Walter Krebs*, Grundfragen des öffentlich-rechtlichen Vertrages, in: Ehlers/Krebs (Hrsg.), (Anm. 319), 41 ff. (54). Zur Bedeutung öffentlich-rechtlicher Verträge im Gefüge heutigen Verwaltungshandelns siehe *ders.*, Verträge und Absprachen zwischen der Verwaltung und Privaten, in: VVDStRL 52 (1993), 248 ff.

als weitreichender, die Akteure einbeziehender Informationsverarbeitungsprozeß aufgefaßt wird[327]. Insgesamt läßt sich festhalten, daß den Denkmalbehörden de lege lata ein verwaltungsrechtliches Handlungsformenarsenal zur Verfügung steht, das situationsadäquat, einzelfallgerecht ergriffen werden kann und hinsichtlich seines Flexibilitätsrahmens erkannt werden sollte.

Die stärkere Akzentuierung der begleitenden und unterstützenden Handlungsform der Denkmalbehörden dürfte psychologisch gesehen für eine stärkere Wahrnehmung der vertraglichen Handlungsform sprechen, zumal es hier um ein hochsensibles Feld von Eigentum und Pflichten des Eigentümers geht, das im Aushandeln besser zu bewältigen ist als im bloß hoheitlichen Entscheiden[328]. Kooperationsbereite Eigentümer denkmalgeschützter Objekte könnten demzufolge „belohnt" werden, während Kooperationsunwillige immer noch mit dem schneidigen Schwert einer einseitigen Verwaltungsentscheidung bedacht werden könnten. Wobei auch der schneidige Verwaltungsakt flexibel und verhältnismäßigkeitswahrend einsetzbar ist, da er beispielsweise mit Nebenbestimmungen (§ 36 VwVfG) verbunden werden kann, die besonderen Umständen des Einzelfalls nochmals Rechnung tragen können.

bb) Neue Handlungsformen?

Die Verwaltungsbehörden bedienen sich bei der Ausübung ihrer Aufgaben eines bunten Straußes überkommener Handlungsformen[329], von denen der Verwaltungsakt sicherlich die verbreitetste Form ist, dem sich aber der Vertrag, der Plan, die Verwaltungsvorschriften und Satzungen ebenso hinzugesellen. Zu den Handlungsformen wird auch das schlichte Hoheitshandeln gezählt, das vielfach unter die dogmatische Auffangkategorie Realakte subsumiert wird. Dies sind diejenigen Akte, die weniger auf die Erzielung eines Rechtserfolges denn auf einen tatsächlichen Erfolg hin ausgerichtet sind[330]. Informelle Absprachen im Vorfeld der Erteilung einer Genehmigung gehören genauso hierzu, wie auch andere Formen des Zusammenwir-

---

[327] Näher dazu *Schulze-Fielitz*, (Anm. 320), DVBl. 1994, 657 ff. (662 f. m.w.N.).

[328] Wobei es immer auf die behördliche Vorgehensweise ankommt, da auch der Erlaß eines Verwaltungsakts den Betroffenen nicht bedrücken muß, wenn ihm im Vorfeld hinreichende Beteiligungsmöglichkeiten gegeben wurden und seine Interessen in der endgültigen Entscheidung auch hinreichende Berücksichtigung gefunden haben.

[329] Vgl. statt vieler den Überblick bei *Fritz Ossenbühl*, Die Handlungsformen der Verwaltung, JuS 1979, 681 ff.

[330] *Maurer*, (Anm. 148), § 15 Rdn. 1.

kens zwischen Staat und Bürger, die sich der traditionellen Typologie des Verwaltungshandelns nicht zuordnen lassen. Solchen informellen Formen wie tatsächliches Handeln und Verhandeln, Informieren eigen ist die mangelnde rechtliche Verbindlichkeit. Sollte sich in denkmalrechtlichen Bezügen ggfs. das Phänomen unterstützender Beratung und ähnlicher Phänomene als Verwaltungsprodukt in stärkerem Maße herausbilden[331], müßte natürlich auch deren verwaltungsrechtliche Einordnung im einzelnen anhand konkreten Handelns ermittelt werden. In diesem Zusammenhang könnte dann die dogmatische Kategorie des Rechtsverhältnisses genauer zu generierende Strukturierungs- und Ordnungsleistungen erbringen[332].

Die verwaltungsrechtliche Diskussion ist in jüngerer Zeit um die neue Handlungsform „Konzept" bereichert worden[333]. Sie stellen einerseits eine Vorstufe zu den herkömmlichen Handlungsformen der Verwaltung dar, da sie noch der Umsetzung in entsprechende Formen bedürfen, gehen andererseits aber über die Vorgaben lediglich unverbindlicher Leitlinien hinaus und sollen demnach das spätere förmliche Verwaltungshandeln vorstrukturieren[334]. Solche Konzepte sind insbesondere in einzelfallübergreifenden Zusammenhängen sinnvoll und vielleicht auch gefordert, da die Lenkungsaufgabe in Zeiten der „Verwaltung des Mangels"[335] Folge-, Fern- und Drittwirkung allen Verwaltungshandelns ins Bewußtsein heben sollte[336]. Diese hier lediglich andeutbare Handlungsform Konzept könnte sich auch für den Denkmalverwaltungssektor fruchtbar machen lassen und spiegelte dann letztlich die allenthalben aufscheinende Aufgabendiskussion wider.

Wenn man mit Walter Krebs die dogmatische und praktische Leistung der Handlungsformenlehre vor allem darin erblickt, daß sie das komplexe Verwaltungsgeschehen radikal auf ein Minimum an Rechtsformen reduziert[337], so dürfte die Gene-

---

331 Einmal mehr ein Punkt, der näherer rechtstatsächlicher Untersuchung bedürfte, um eine genauere rechtsdogmatische Fragestellung formulieren zu können.

332 Siehe etwa *Schulte*, (Anm. 322), 203 ff. Welche Folgerungen sich hieraus konkret für das Denkmalrecht ergeben, kann an dieser Stelle auch nur als Fragestellung markiert werden. Zur Rechtsverhältnislehre im Verwaltungsrecht allgemein *Bauer*, (Anm. 91).

333 *Andreas Müller*, Konzeptbezogenes Verwaltungshandeln, Baden-Baden 1992; ferner die Darstellung bei *Josef Aulehner*, Polizeiliche Gefahren- und Informationsvorsorge, Berlin 1998, 525 ff. m.w.N.

334 Näher *Aulehner*, (Anm. 333), 526 m.w.N.

335 *Wilfried Berg*, Die Verwaltung des Mangels: Verfassungsrechtliche Determinanten für Zuteilungskriterien bei knappen Ressourcen, in: DER STAAT 15 (1976), 1 ff.

336 Vgl. *Schmidt-Aßmann*, (Anm. 81), Tz. 3/83.

337 *Walter Krebs*, Neue Bauformen des Organisationsrechts und ihre Einbeziehung in das Allgemeine Verwaltungsrecht, in: Schmidt-Aßmann/Hoffmann-Riem (Hrsg.), Verwaltungsrecht als Steuerungsressource, Baden-Baden 1997, 339 ff. (345).

rierung neuer Handlungsformen für das Denkmalrecht zwar nicht a priori ausgeschlossen und somit diskutabel sein, zwingend ist dies aber nicht, da das herkömmliche Instrumentarium - wie verschiedentlich angedeutet - hinsichtlich seiner Flexibilitätsreserven und Innovationskapazitäten noch nicht vollends ausgeschöpft sein dürfte.

cc) Aufgabendelegation - Verantwortungsteilung

Die aktuellen Reformdiskussionen kreisen zudem um den Gesichtspunkt der Verantwortungsteilung und damit der stärkeren Inanspruchnahme nichtstaatlicher Akteure.

Daß die Verankerung des Denkmalschutzschutzes schon heute nicht ausschließlich bei staatlichen Behörden liegen muß, läßt sich am § 18 SächsDSchG exemplarisch wie paradigmatisch ablesen. Unter bestimmten Voraussetzungen werden nach dieser Bestimmung, die sich ebenfalls in anderen landesrechtlichen Denkmalschutzregelungen findet, Kirchen sogar zu einem eigenen Denkmalrecht ermächtigt.

Durchaus denkbar und vielleicht sogar durch die bauordnungsrechtlichen Novellierungen nahegelegt, könnten - de lege ferenda - näher zu bestimmende denkmalrechtliche Aufgaben auf den Sachverstand Privater übertragen werden. Dies setzt natürlich dann organisationsrechtliche Umstrukturierungen voraus, da die Sachverständigkeit der betreffenden Akteure gesichert werden muß. Daran zeigt sich auch, daß sich bei Delegation bestimmter Aufgaben an neue Akteure, die staatlichen Stellen sich zwar aus ihrem überkommenen, konkreten Aufgabenfeld faktisch (!) zurückziehen, es aber nicht gänzlich verlassen, da der Sachbereich natürlich weiterhin rechtlich umhegt und überwacht werden muß und demzufolge keineswegs dem freien Spiel der Kräfte überlassen wird. Für diese dann neue Steuerungsaufgabe muß ein verändertes, insbesondere auf Kontrolle hin angelegtes Instrumentarium generiert werden. Dies könnte beispielsweise folgendermaßen geschehen: Bei der Einbeziehung privater Sachverständiger in denkmalrechtlichen Aspekte müßte zum einen deren Sachverstand durch entsprechende Schulung bzw. Ausbildung gesichert sein[338]. Zum anderen könnte die Zulassung des privaten Sachverstands durch Zertifizierungs- oder Akkreditierungsmodelle vollzogen werden, die die sachgerechte

---

[338] Vgl. *Martin*, (Anm. 135), BayVBl. 1999, 225 ff. (234) unter Hinweis auf dem von ihm organisierten Aufbaustudiengang Denkmalpflege an der Universität Bamberg.

Wahrnehmung der denkmalrechtlichen Belange sicherstellen würden[339]. Die Schaffung unterschiedlicher denkmalrechtlicher Schutzstufen und der daraus resultierenden differenzierten Pflichtenlage wäre eine denkbare Voraussetzung für dieses aufgaben- und verantwortungsteilende Modell.

c) Ökonomisierung des denkmalrechtlichen Maßstabs?

Die zunehmend ökonomisierende Betrachtungsweise rechtlicher Konstellationen und Institutionen ist letztlich auch dem Umstand geschuldet, daß wirtschaftliche Orientierungen und Interessen einen zwar relativen (!), aber auch nachhaltigen Bedeutungsgewinn zu verzeichnen haben[340]. Die Diskussion über bereichsspezifische Möglichkeiten und Grenzen einer ökonomisierenden Betrachtungsweise steht dabei in jeglicher Hinsicht erst am Anfang. Gerade in kulturellen Zusammenhängen zeigen sich starke Vorbehalte gegenüber einer (allzu) ökonomischen Betrachtungsweise, die sich nicht apriorisch oder leichterdings von der Hand weisen lassen. Daß aber auch denkmalrechtliche Regelungsfragen nicht völlig gegen ökonomische Argumentationen imprägniert sein müssen, haben Ernst Mohr und Johannes Schmidt anhand der schweizerischen Denkmalpflege bewiesen, indem sie beispielsweise die Denkmalfrage nicht nur für Marktwert und nichtmarktfähigen Nutzwert geöffnet haben, sondern noch näher zwischen Existenz-, Options-, Vermächtnis- und Prestigewert differenzieren[341]. Ihr Ziel ist es eine „Quadriga" für den Denkmalschutz zu aktivieren, indem sie die traditionelle Bewertung durch Experten, um die Dimension öffentlicher (= demokratischer) sowie ökonomischer Bewertung ergänzen und schließlich als wichtigste Stütze des Denkmalschutzes den Eigentümer in seiner Eigentümerrolle stärker herausheben. Hieran läßt sich ablesen, daß gerade die für überkommene Betrachtungsweisen ‚verqueren' ökonomischen Ansätze zumindest eine Perspektivenerweiterung bedeuten und einen wichtigen Schritt darstellen, die

---

339 Für einen anderen Bereich ist dies grundsätzlich untersucht bei *Hans Christian Röhl*, Akkreditierung und Zertifizierung im Produktsicherheitsrecht: Zur Entwicklung einer neuen Europäischen Verwaltungsstruktur, Berlin u.a. 2000. Die Pointe in der sich zunehmend europäisierenden Rechtsordnung liegt darin, daß die EU-Ebene sogar der Aufgabenwahrnehmung seitens der Mitgliedsstaaten letztlich mißtraut und sie lieber gesellschaftlichen, privaten Akteuren überantwortet.

340 Instruktiv dazu *Jens-Peter Schneider*, (Anm. 95); siehe weiterhin *Christoph Gröpl*, Ökonomisierung von Verwaltung und Verwaltungsrecht, in: VerwArch 93 (2002), 459 ff. m.w.N.

341 *Ernst Mohr/Johannes Schmidt*, Die Bataillone des Kulturschutzes in der Ära des New Public Management: Anmerkungen am Beispiel der schweizerischen Denkmalpflege, in: Die alte Stadt 25 (1998), 229 ff. (insbes. 238 f.).

Komplexität von Denkmalschutz und Denkmalpflege differenzierter analysieren zu können.

D. Ausblick: Denkmalrechtliche Änderungspotentiale und Zukunftsperspektiven als gleichermaßen Aufgegebenes wie öffentliche Aufgabe

Das vorliegend vielfach nur kursorisch Andeutbare sollte zumindest zeigen, daß es durchaus in der Rechtsmaterie Denkmalrecht angezeigt ist, Einsicht in veränderte Regelungsnotwendigkeiten und -möglichkeiten zu nehmen. Eine starre Entscheidung gegen jegliche Veränderung und Reformzumutung kann sich keineswegs durch Verweis auf die angeblich vorgegebene Verfassungslage exculpieren. Veränderungsresistentes Bastionsverhalten könnte sich als gefährlich und schädlich erweisen. Anderseits ist frank und frei einzuräumen, daß sicherlich - glücklicherweise ! - in praxi nicht alles schief läuft und die gesellschaftliche Akzeptanz von Denkmalpflege und Denkmalschutz, jedenfalls solange man nicht selbst in einem denkmalgeschützten Objekt wohnt, als ziemlich hoch einzuschätzen ist. Das Nachdenken über Veränderungsoptionen und -notwendigkeiten führt keineswegs zwangsläufig zu einer „Aufgabe" des Denkmalrechts in dem Sinne, daß es als Rechtsmaterie gänzlich verschwinden sollte.

Bereits angesichts der bestehenden Rechtslage (de lege lata) räumt die Rechtsordnung ein reichhaltiges Arsenal unterschiedlich gestufter und schattierter Handlungsmöglichkeiten und Gestaltungsspielräume ein, daß die Denkmalbehörden ermutigt werden sollen, alternative Handlungsformen stärker zu nutzen, aber auch in stärkerem Maße als bisher die Möglichkeit einbeziehen können und müssen, nicht nur ihren Aktionsradius beständig zu erweitern, sondern vielleicht auch einmal eine restriktivere Gesetzesanwendung ins Kalkül ziehen sollten und sich somit in Selbstbeschränkung üben könnten. Darüber hinaus - dem hat ein Hauptaugenmerk zu gelten - müßte zudem das Schöpferische des Rechtsanwendungsvorgangs sowie die Herausforderung und Aufgabe des Interpretationsethos mehr ins Bewußtsein dringen, wobei stärker beachtet werden könnte, daß Rechtsverwirklichung gerade im Denkmalrecht ein arbeitsteiliger und sozialgestaltender Vorgang sein kann und sollte.

Neben den bereits de lege lata bereitgestellten Handlungsoptionen existiert de lege ferenda ein gewisser, verschiedentlich angedeuteter rechtlicher Änderungsbedarf. Solche - erwünschten - Änderungen könnten die Herausbildung realer stabiler Kooperationsdesigns im Denkmalrecht erleichtern, beschleunigen oder unterstützen;

über sie sollte rechtspolitisch nachgedacht werden. Das denkmalrechtliche Kooperationspotential könnte durch die Herausbildung einer differenzierten denkmalrechtlichen Grammatik und Aufgabenstruktur optimiert werden. Dies bedeutet, daß vermehrt über alternative, gestufte Regulierungstypen ebenso nachgedacht werden muß wie über die Herausbildung von differenzierten denkmalrechtlichen Verantwortungsstufen u.ä.m.[342]. Pars pro toto: Die Hierarchisierung von Denkmalpflichtigkeiten durch unterschiedliche Schutzkategorien würde das behördliche Handeln einerseits in durchaus sachgerechter Weise flexibilisieren und andererseits Freiraum für andere, neue Aufgaben bzw. Handlungsfelder verschaffen, ohne daß das Anliegen von Denkmalschutz und Denkmalpflege als öffentlicher Aufgabe in irgendeiner Weise vernachlässigt oder aufgegeben würde. Ganz im Gegenteil könnte diese Aufgaben- und Pflichtendifferenzierung sogar akzeptanzerhöhend wirken und letztlich die Umsetzung der Aufgabe effektivieren.

Daran anschließt sich die Suche nach neuen institutionellen Designs zur Umsetzung des Denkmalschutzes und der Denkmalpflege. Gerade die aktuell immer wieder im Rahmen der Föderalismusdiskussion herausgestellte Komponente des Wettbewerbs der Länder untereinander könnte hier ein kulturverfassungs- und kulturverwaltungsrechtliches Stimulans sein[343], ggfs. auch einmal neue Organisations- oder Handlungsformen auszuprobieren[344]. Von Verfassungs wegen ist dies keineswegs untersagt[345]. Dies könnte auch dazu führen, neue Anreizstrukturen zu schaffen, um

---

342 Siehe zu diesen Optionen in der verwaltungswissenschaftlichen Diskussion nur *Schuppert*, Verwaltungswissenschaft (Anm. 17), 348 f., 400 ff. u.ä. m.w.N.

343 Positiva wie Negativa anhand von Zuständigkeitsregelungen und Förderstrukturen exemplarisch austarierend *Jörg Haspel*, Entflechten oder Vernetzen? Zum Denkmalengagement der öffentlichen Hände in Deutschland, in: Jahrbuch für Kulturpolitik 2001 (Anm. 31), 215 ff. Haspel plädiert letztlich für Kooperationen und die Fortführung „konzertierter Aktionen".

344 Zum deskriptiven Begriff des Wettbewerbsföderalismus und seiner verfassungsrechtlichen Bedeutung siehe grundlegend *Hartmut Bauer*, Zustand und Perspektive des deutschen Föderalismus aus der Sicht der Wissenschaft in: M. Kloepfer (Hrsg.), Umweltföderalismus: Föderalismus in Deutschland - Motor oder Bremse für den Umweltschutz, Berlin 2002, 31 ff. m.w.N.. In diesem Zusammenhang könnte, wenn denn die Unterscheidung zwischen Denkmalschutz- und Denkmalfachbehörden aufrecht erhalten werden sollte, auch darüber nachgedacht werden, ob die Denkmalfachbehörden als Landesbehörden bundesländerübergreifend kooperieren sollten, ggfs. sogar zusammengelegt werden könnten.

345 Momentan ist das Denkmalrecht darüber hinaus keinerlei unmittelbar relevantem Einfluß des Europarechts ausgesetzt, im Gegensatz zu vielen anderen Rechtsmaterien. So die Feststellung von *Rolf R. Vondung*, Baurecht, Natur- und Landschaftsrecht, denkmalschutzrecht, Flurbereinigungsrecht und Vermessungsrecht, Kap. 15, Rdn. 212 f., in: Bergmann/Kenntner (Hrsg.), Deutsches Verwaltungsrecht unter europäischem Einfluß: Handbuch für Justiz, Anwaltschaft und Verwaltung, Stuttgart u.a. 2002.Zu den feinen „Nadelstichen" des Europarechts ins Baurecht siehe aber *Hartmut Bauer/Marcus Pleyer*, Euro-

denkmalrechtliche Belange zu realisieren, die letztlich die überkommenen hoheitlichen Verwaltungsformen in ein - zugebener Maßen noch zu entwickelndes - „Verwaltungskooperationsrecht" transformieren[346].

Das Leitbild des „aktivierenden Staates"[347], die Auffassung von Denkmalschutz und Denkmalpflege als öffentliche und nicht bloß staatliche Aufgabe, die in einem differenzierten, aufeinanderbezogenen und austarierten Ordnungsgefüge in unterschiedlichen öffentlichen Kooperationenarenen erfolgt, ohne daß das Denkmalrecht sich zur Supra-Rechtsmaterie aufschwingt, muß keineswegs Utopie bleiben. Die Reformfrage - dies hat sich an der einen oder anderen Stelle bereits gezeigt - läßt sich dabei nicht ausschließlich, in einem gleichsam ideologisch überhöhenden Sinne als reines Entstaatlichungsgeschehen auffassen, wenngleich sie mit Privatisierungstendenzen und vergleichbaren Bestrebungen durchaus in Beziehung steht. Es zeigt sich dabei aber auch, daß die breit angelegten verwaltungsrechtlichen Reformdiskussionen, sich durchaus in denkmalrechtlichen Zusammenhängen spiegeln (können) und das Denkmalrecht letztlich auch nicht unberührt lassen müssen.

Um die widerstreitenden Interessen in denkmalrechtlicher Hinsicht zu einem konkordanten Ausgleich zu führen, dürfte eine „Kreativität für Optionen" (Rainer Wahl) wünschenswert sein. Die Verwaltungs(rechts)wissenschaft steht dem jedenfalls nicht nur nicht entgegen, sondern fördert dies sogar durch die aktuelle(n) Reformdebatte(n). Sie, mit den verschiedensten Akteuren und Fachrichtungen im Sachgebiet von Denkmalpflege und Denkmalschutz zu führen, ist gleichermaßen Aufgabe wie Aufgegebenes!

päisierung des Baurechts, in: H. Bauer u.a. (Hrsg.), 100 Jahre Allgemeines Baugesetz Sachsen, Stuttgart u.a. 2000, 603 ff. m.w.N.

346 Vgl. dazu ebenso exemplarisch wie grundlegend das rechts- und verwaltungswissenschaftliche Gutachten von *Gunnar Folke Schuppert*, Grundzüge eines zu entwickelnden Verwaltungskooperationsrechts: Regelungsbedarf und Handlungsoptionen eines Rechtsrahmens für Public Private Partnership, Juni 2001.

347 *Schuppert*, Verwaltungswissenschaft (Anm. 17), 920 ff.

Mitarbeiterverzeichnis

Bregger, Hans Martin, Doktorand und ehem. wissenschaftlicher Mitarbeiter Juristenfakultät Universität Leipzig, Rechtsanwalt in Saarbrücken

Bürkel, Walter, Regierungsdirektor, Referat 53, Regierungspräsidium Dresden

Hense, Ansgar, Dr. iur., wissenschaftlicher Assistent, Juristische Fakultät Technische Universität Dresden; Lehrbeauftragter am Institut für Kanonisches Recht, Westfälische Wilhelms-Universität Münster

Lege, Joachim, Prof. Dr. iur., Professur für Öffentliches Recht, Institut für Technik- und Umweltrecht, Juristische Fakultät Technische Universität Dresden

Wefing, Heinrich, Dr. iur., Feuilleton-Redakteur der FAZ - Büro Berlin -, z.Zt. San Francisco.

Dresdner Schriften zum Öffentlichen Recht

Herausgegeben von Jochen Rozek

Band 1 Matthias Röhl: Die Regulierung der Zusammenschaltung. Voraussetzungen und Rechtsfolgen der Zusammenschaltungsanordnung nach §§ 35, 36, 37 Telekommunikationsgesetz durch die Regulierungsbehörde für Telekommunikation und Post. 2002.

Band 2 Georg Mester: Die Volksinitiative in Sachsen. Ein Beitrag zur verfassungsgeschichtlichen und verfassungsrechtlichen Entwicklung des legislativen Einleitungsverfahrens seit der Verfassung von 1831. 2003.

Band 3 Ansgar Hense (Hrsg.): Denkmalrecht unter Denkmalschutz? Aktuelle rechtspolitische, verfassungs- und verwaltungsrechtliche Probleme von Denkmalschutz und Denkmalpflege. 2003.

FSC
www.fsc.org
MIX
Papier | Fördert gute Waldnutzung
FSC® C083411

Kolibri 360 GmbH
Ferdinand-Jühlke-Straße 7
99095 Erfurt, Deutschland
produktsicherheit@kolibri360.de

Druck:
CPI Druckdienstleistungen GmbH
im Auftrag der
Kolibri 360 GmbH
Ferdinand-Jühlke-Str. 7
99095 Erfurt